現代日本政治入門

新藤宗幸／阿部 齊——著

東京大学出版会

Introduction to Modern Japanese Government and Politics
Muneyuki SHINDO and Hitoshi ABE
ISBN 978-4-13-032223-2
University of Tokyo Press, 2016

まえがき

政治の変化は、じつに激しい。ここ三〇年ほどの日本政治をとりあげてみても、自由民主党の一党優位のもとで安定的に推移していたかにみえた体制は、一九九〇年代に入って流動化の度合いを加速した。一九九三年の自民党の下野、九四年の連立政権のもとでの自民党の政権復帰、二〇〇九年から一二年にかけての民主党政権、そして二〇一二年からの自民・公明党による連立政権といった具合である。しかも、現在の安倍政権のもとでは、特定秘密保護法、集団的自衛権の行使を可能とする安全保障法制の制定、これらと密接に関係する立憲主義のありかたなどをめぐって多くの論争がおきているし、政権の政治指向にたいする世論はかつて以上に分裂状況にある。

政治なるものを抜きにして市民の生活は成り立たない。政治は良かれ悪しかれ市民の生活を左右する。政治の織り成す事象について関心をもち考察することが、これほど問われている時代もないのではなかろうか。

この本は、大学の専門課程で「日本の政治」を学ぶ学生だけではなく、選挙権年齢の一八歳への引き下げによって政治を考える機会が増えるであろう高校生、また政治の動きに関心をもち学習をかさねる市民を念頭に、入門的な概説書として書かれたものである。当然、民主主義政治体制のもとでは、政治にたいするアプローチは多様であってよいし、政治をみる眼もそれぞれの人間のよって立つ場により異なってくる。

この本はその意味で現代日本の政治についての一つの見解である。とはいえ、激動している日本政治の背景にあるものは、どのような価値観であり思想であるのか、日本政治の基本的枠組とその制度実態はどのようなものであるか、また、多くの論争を生んでいる政治の動きをどのように理解すればよいのか、に焦点を絞りつつ、入門的テキストとしてまとめてみた。そして、もうひとつこの本の特徴を記すならば、中央政府の政治とならんで自治体という地方政府の歴史と制度実態にページを割いたことである。中央政府の政治や行政と自治体のそれが、高度に融合関係にあるのはいうまでもない。けれども、そうした大きな枠組のなかで市民に身近な政府の政治が展開されている。中央政府の政治（国政）のみならず自治体の政治を考察することは、トータルに日本の政治を学ぶにあたって不可欠と思えるからである。

ところで、ここで本書の成り立ちについてふれておきたいと思う。一九八六年度から八九年度まで放送大学の専門科目として「日本の政治」がおかれた。放送大学の科目終了後の一九九〇年一〇月に、「日本の政治」を担当した阿部齊・川人貞史・新藤宗幸の共著として、印刷教材をアップ・トゥ・デイトした『概説　現代日本の政治』を、東京大学出版会から刊行した。さすがに二一世紀に入るとこの本はアウト・オブ・デイトとなり、改訂せねば読者に失礼となった。

こうして改訂が著者間で話し合われたのだが、著者の一人である川人貞史・東京大学教授は諸般の事情から作業にくわわるのが難しかった。そうこうしているうちに、共著者である阿部齊は、二〇〇四年三月に放送大学を定年退職し、わずかにできた時間の余裕を利用して懸案であった心臓手術をうけた。当初、術後の経過は順調にみえたのだが、その後急速に様態が悪化し、二〇〇四年九月、残念なことに逝去した。

それからすでに一〇年余の時間が経過する。本書はこうした事情と時間の経過ゆえに、『概説　現代日本の政治』の改訂版としてではなく、この激動する時代を理解するために新たな現代日本政治の入門書として執筆したものである。ただし、日本の政治の動きをたえず批判的に考察し民主主義政治体制の充実を追究した阿部齊の遺志を受け継ぎ、『概説　現代日本の政治』において阿部齊が執筆した部分を基本的に生かし、新たな動きなどの修正をくわえ阿部齊との共著として刊行することにした。こうした新藤の意図をご理解いただき共著とすることをご快諾いただいた、阿部齊のパートナーであった中田京さんに感謝申し上げるしだいである。

一国の政治は、国内・国際環境の変化に絶えず影響をうけて動く。したがって、日本の政治はより一段と流動化の速度をはやめていくことも予測される。そこでは新たな政治体制を模索する動きもでてくるかもしれない。そして、学問的には大きな論争が展開されることにもなろう。とはいえ、将来おこりうる事態も、しょせん、過去、現在の政治の営みと無縁のものではない。したがって、どのような変化や論争が生まれるにせよ、本書で述べたことが意味を失うことはないであろう。本書が現代日本政治の洞察に寄与でき、民主政治の発展の一助となるならば幸いである。

本書は構成案の作成から編集にいたるまで、東京大学出版会編集部の斉藤美潮さんのひとかたならぬご努力にささえられている。斉藤美潮さんに心よりお礼を申しあげたいと思う。

二〇一五年一二月二五日

新藤　宗幸

目次

1　日本国憲法体制と政治の枠組

政治とは何だろうか

わたしたちはこれから日本の政治について学ぶのだが、ここでいう政治とはいったい何であろうか。政治とは何かについては、実にさまざまな説明がある。さしあたってここでは、政治とは、わたしたちの住む社会における紛争を解決し対立を調整しながら、社会の秩序を維持する人間の活動であると定義することから出発しよう。政治をこのように定義すると、政治はすぐれて近代的な活動とみなされることになる。近代以前の社会では、人びとは共同体の中で生活しており、そこには人びとの従うべき伝統や慣習が確立されていた。社会の秩序は共同体の伝統的なルールとして自然に存在しており、人びとが政治によって改めて秩序を作り出す必要もなかった。

しかし、近代社会に入るとともに、共同体は崩壊し、何らかの自覚的努力なしには、社会の秩序や安定を維持することが不可能となる。こうして、今日では政治はわたしたちの社会に必要欠くべからざる営みとなったのである。ところで、社会の中の異なる利害を調整し、社会の秩序と安定を維持していくためには、組織化の必要が生ずる。いかなる集団でも、ある程度以上にその構成員が多くなり、その集団の果たすべき機能が複雑化すれば、必ず組織化の方向に進む。同じことが社会全体についてもあてはまる。この社会全体の組織が国家である。今日の政治は主として国家の枠組の中で展開されるといってよい。

西欧諸国の場合、国家の最初の形態は、一六世紀から一七世紀にかけて多くの国々でみられた絶対主義国家である。それは、共同体が解体して無秩序になりつつあった社会に、絶対君主の手に集中されていた権力を用いて、新しい秩序を作ろうとするものであった。絶対主義国家は、君主が支配していたという意味では、まだ前近代的な性格を帯びていたが、社会の秩序を作るという課題に応えようとした点で、近代国家の出発点となった。

日本の歴史で最初の近代国家にあたるものを求めれば、それは一八六八年に成立をみた明治国家であろう。明治国家は、下級武士層を中心とする新しい勢力が天皇を表向きの支配者に据えて作り上げた近代国民国家である。日本の政治は歴史的にはこの明治国家から出発したといえよう。しかし、この明治国家は前近代性と近代性とを混在させていた。

明治国家の前近代性

明治国家の特質としてまずあげられるのは、そこに前近代的な共同体が解体されずに温存されたことである。西欧諸国の場合、絶対王政の成立する過程は同時に共同体の解体する過程であり、共同体が解体の過程にあったからこそ、国家を形成する必要があったのである。しかし、日本の場合、そもそも国家形成の必要性をもたらしたのは、共同体の解体ではなく、欧米諸国による侵略の危機であった。いわば、外圧に対抗するために、国民国家を早急に形成する必要に迫られたのである。

ところで、国民国家を形成するには、国民を育成しなければならない。しかし、大多数の人びとが農村に住み、しかも農村には前近代的な共同体がほぼ完全に残されていたとすれば、国民や国家の観念を人びとに理解させることはきわめて困難である。そこでとられたのが、家族になぞらえて国家を理解させることであった。家族には家の

❖コラム　政治を学ぶとは

大学の政治経済学部はもとより法学部の多くにも政治学科が設けられている．ただし，政治を学ぶことと政治学を学ぶこととは，必ずしも同じではない．国会議員や自治体の首長・議員あるいは政党の職員のなかで政治学を専門的に学んだ人間は，おそらく少数派である．学問としての政治学を学ばなくとも政治家になることは十分に可能である．それどころか，あたら政治学など学ばない方が政治家として「成功」するかもしれない．政治学は学問・研究の自由が保障されるとともに，言論や集会の自由がないところには成立しない．つまりは政治権力なるものに批判的な眼差しを向けることを基礎的な要件としている．したがって，政治を学ぶとは，一人の自由な人格として生きるための教養を身につけることといってよいだろう．私たちの社会は政治という営みを欠いて成立しない．政治を動かしている制度や条件，そのもとでの政治リーダーの行動が，いかなる考え方や社会的力によって動いているかを洞察し，政治のありかたを一人ひとり考え発言していくところに，政治を学ぶ意義があるといえるだろう．

長である父がいるように、国家には国家の長である天皇がおり、国民は、家にあっては父に孝養をつくすように、国にあっては天皇に忠誠をつくさなければならないとされた。こうした忠孝一致の考え方に立つ国家観は、家族国家観とよばれている。

明治国家は家族国家観に根ざす国家であったが、その特徴の一つは、国家を家族の拡大したものとみることで、国家の中から対立や紛争の可能性を排除する点にある。家族とは本来的に対立や紛争に無縁なものと考えられていたから、それが拡大されたものが国家ならば、国家も対立や紛争に無縁なものになるであろう。政治とは何よりもまず対立や紛争に関わるものであるから、明治国家は少なくとも論理的には非政治的な国家とならざるをえない。

もちろん現実には、明治国家といえども、対立や紛争を免れることはできなかった。明治政府は自由民権運動に直面せざるをえなかったし、政府の富国強兵策に対する不満や反発も絶えなかった。それにもかかわらず、家族国家的発想は、少なくとも観念の上では、日本が和を尊び、争いのないユニークな国であることを強調する。しかも、明治国家の下でも共同体が温存されていたことは、こうした観念が単なる擬制ではなく、事実に支えられていたことを意味している。大多数の人びとが居住していた自然村落は、人びとが和気藹々と生活しているところであり、そこには激烈な紛争や対立が生じる余地はなかったからである。それゆえ、明治政府はこうした村落共同体を可能な限り保持しようとした。

このように明治政府は、伝統的な村落共同体や家族共同体を温存することで、明治国家を安定させようとしたが、同時に近代的な憲法（「大日本帝国憲法」、以下「明治憲法」）を一八八九年に制定した。またこれにもとづき帝国議会を一八九〇年に開設した。これらによって明治国家の近代的外観を整えようとしたのである。ただ、ここでも日本は欧米の立憲主義的国家とは著しく異なった特色を示している。

それは、天皇がいやがうえにも絶対化されたことに最もよく示されている。明治憲法では、天皇は「神聖ニシテ侵スヘカラ」ざるものとされ、行政、立法、司法などの統治権はすべて天皇に集中された。天皇は単に政治権力の絶対的所有者であるにとどまらず、精神的権威の絶対的所有者でもあった。天皇は神の子とされ現人神とされ、国民は外面的に天皇の命令に服従するだけでなく、内面的に天皇を尊敬することを求められた。国民の日常道徳さえ、天皇の命令という形で国民に強制されたことは、教育勅語に明らかである。

だが、実際の政治では天皇の親政という形がとられたわけではなかった。天皇の絶対性は建前であって、実際には天皇は議会や内閣、元老や重臣などの「輔弼」や「協賛」を受けて、政治を行うのである。もし政治に誤算や過失などの失敗があれば、それは天皇の責任ではなく、輔弼や協賛のしかたに誤りがあるとされた。こうした政治のありかたは、西欧諸国における立憲君主制に類似した側面を持っていたといってよい。憲法学者である美濃部達吉の「天皇機関説」は、明治憲法をできるだけ立憲君主制に近づけて解釈したものであった。

ただ、明治憲法が立憲君主制的な側面を持っていたことは確かであるとしても、天皇を国民の内面においてまで絶対化したことは、立憲君主制の枠をはるかに超えるものであったといわなければならない。天皇制を批判することとは重大な犯罪であったし、天皇制に疑念を抱かせるような学問の研究も禁止されていた。あらゆる学校には天皇の写真である御真影がおかれ、その前ではすべての人が文字通り襟を正さなければならなかった。

では、なぜ一方で立憲君主制的側面を認めながら、他方で天皇の絶対化が図られたのか。それは、明治の憲法制定者が天皇を「機軸」として国家を安定させることを考えたためと思われる（丸山真男『日本の思想』）。すなわち、ようやく形成されたばかりの近代国家としての日本を永続させるためには、単なる法制度の整備にとどまらず、すべての国民に共有されつつ国民を国家に結びつける「機軸」を確立することが必要とされた。こうした「機軸」としてての役割を期待されたのが天皇であったといってよい。その場合、天皇が人並みすぐれて英明な資質の持主であれば、国民に天皇への崇敬の念を抱かせることは容易である。しかし、君主がつねに英明であるとは限らない。その意味では、天皇の資質にかかわらず、天皇を「機軸」たらしめることが大きな課題だったのであり、その一つの解決策が、天皇をいやがうえにも絶対化した疑似的な立憲君主制を作り出すことであったと考えられるのである。

日本国憲法に集成された戦後民主改革

先に、政治とは社会における紛争を解決し対立を調整しながら、社会の秩序を維持する人間の活動であると定義した。言い換えると、政治の機能は社会の統合を図ることである。しかし、このためには、社会全体の統一的意思の決定が行われなくてはならない。国の政治においては、法律や予算が統一的に決定されて初めて、国の秩序が成り立つのである。この意思の決定こそ政治の本質であるといってよいだろう。ただし、それは自然に成立するものではなく、強制力を伴った権力（政治権力）を媒介として意思決定が図られる。もちろん、政治は絶えず強制力を行使するわけではない。成熟した政治には、強制力の行使をできるだけ避けて、相互の妥協や譲歩によって紛争を解決することが求められる。いずれにしても政治が強制力を伴った権力を背景として営まれる限り、政治参加の機会は本来、社会の構成員であるすべての国民に制度として保障されなくてはならない。

明治憲法に立憲君主制的側面があったのは確かだが、明治国家の政治的意思決定の核は、内閣、帝国議会貴族院、枢密院、元老・元勲といわれた天皇の政治顧問、軍部といった、政治的代表性をもたない「非選出部分」に握られていた。国の意思決定における「選出部分」は、制限選挙のもとの帝国議会衆議院のみであった。

こうした体制は、昭和期に入ると軍部の台頭とともに、明治国家の絶対君主制的側面を利用して、独裁的な政治

日本国憲法［国立公文書館提供］ © 時事通信フォト

体制を確立しようとする動きをもたらし、全体主義的な政権が日本を支配した。この全体主義政権はついには日本を無謀な戦争にかりたて、第二次大戦における軍事的敗北によって崩壊した。

第二次大戦後、日本を占領管理したのは、連合国軍最高司令官総司令部（ＧＨＱ）であったが、その下で日本の旧体制を解体するためのさまざまな改革が行われた。これらの改革は、さしあたって日本の非武装化によって、日本が諸国の脅威にならないようにすることを目的とするものであったが、明治国家の前近代的側面を除去するという意味で、日本の近代化あるいは民主化を促進する作用を持っていたことも確かである。

占領軍による「民主化」政策の中には、男女平等選挙権の実現、言論の自由や結社の自由の保障、内務省の廃止、知事直接公選制の導入、財閥の解体、戦時中の政官財界指導者の追放、農地改革、労働組合の育成、教育制度の改革などを数えることができよう。これらの政策はいずれも戦後の日本の政治に大きな影響を与えた。まず、何よりも政治的自由権の保障は、多様な利害を表出する政党の叢生となって現われた。

戦前期の内政に絶大な影響を持っていた内務省の解体と知事公選

制の導入は、明治国家の中央集権的官治体制に打撃を与え、近代的な地方自治制度を確立する道を開いた。

財閥の解体は、四大財閥（三井、三菱、住友、安田）の下に系列化されていた各企業を独立させ、独自の経営努力を行わせることで、企業の近代化に貢献した。さらに、指導者追放は経営者の若返りをもたらし、企業経営の刷新を可能にした。こうしたことが、後に日本経済の高度成長をもたらした要因の一つに数えうることは確かである。また、農地改革や労働組合の育成は、農民や労働者の所得を著しく上昇させ、彼らの購買力の増大を通じて経済の高度成長に必要な国内市場の拡大を可能にしただけではなく、彼らに中間層意識を付与することで、民主政治のゆるぎない担い手とすることに成功した。教育制度の改革も、日本国民の伝統的な向学心とあいまって、国民の教育水準を飛躍的に上昇させ、民主政治の前提条件の一つである民度の向上をもたらしたといってよい。

こうした「民主化」政策の総決算が、一九四七年五月三日に施行された日本国憲法であったことはいうまでもない。明治憲法にみられた超絶対的天皇制は否定され、主権が国民にあることが宣言された。天皇は国民統合の象徴となった。

国民主権の原則にもとづいて選挙権は、二〇歳以上のすべての男女に付与された。女性の参政権が初めて保障されたのである。これを基礎として、戦前期の帝国議会は衆議院・参議院からなる国会に改められ、日本国憲法は「国会は、国権の最高機関であつて、国の唯一の立法機関である」（第四一条）と定めた。

内閣は、国会の多数派が首相を指名し、首相が閣僚を任命し、国会に対して連帯して責任を負う、いわゆる責任議院内閣制に改められた。また、戦前期に司法省のもとにあった裁判所は、行政権から独立し三権分立の一翼を担う機関とされた。最高裁判所を頂点とする司法の独立が憲法保障された。そればかりか、最高裁判所は、法律、命令、規則あるいは処分などの合憲性を審査する終審裁判所であるとされた。

こうして、日本国憲法の定める政治の枠組は、主権構造の天皇から国民への一八〇度の転換が象徴するように、明治憲法体制を全面的に否定するものとなった。日本における民主主義政治体制は、日本国憲法の制定・施行によって緒についたといってよい。

「民主化」政策に内在した限界

こうしたいわゆる「民主化」政策は、確かに日本の政治の近代化と民主化に大きく貢献した。だが、GHQに主導された改革は、明らかな限界をはらんでいた。

第一に、戦前の天皇制が廃止されて、新たに象徴天皇制が設けられたことは、確かに大きな転換ではあった。しかし、たとえ象徴としてではあれ天皇制が残されたことは、それ自体、戦前との連続性を象徴するものであった。GHQは占領統治の安定化を求めて昭和天皇の戦争責任を不問に付したが、少なくとも国民の旧意識を温存させ、民主主義的な外皮の下に旧来の支配様式を存続させる機能を果たしたことは疑いない。

第二に、占領軍の「民主化」政策によって、戦前の政治指導者が大量に追放されたことは確かであるが、明治以来統治機構の中枢であった官僚制はほとんど打撃を受けることなく存続した。もちろん、追放は官僚にも及んだから、人的には若干の交替があったけれども、それは官僚制の機能を弱めることにはならなかった。むしろ占領軍の間接統治の下で、直接に統治を担当した官僚機構はかえってその影響力を強化したといえる。

第三に、占領軍が至上の存在として君臨していた以上、日本は民主的改革についてそもそも自律性を持ちえなかった。アジアにおける冷戦の激化とともに、占領軍の「民主化」政策も転換した。初期の「民主化」政策は、旧来の支配関係を解体することで、日本の権力を弱体化する意図を持っていたが、厳しい米ソ冷戦とアジアの情勢は日本の権力を回復させることを要請していた。一九五〇年の朝鮮戦争を機として警察予備隊の創設、その後の保安隊・自衛隊へとつづく再軍備が図られた。再軍備だけでなく、戦争責任を問われ追放された戦前期指導者の追放解除が行われ、彼らの多くは戦後日本の政界の指導者として再登場した。そして、一九五二年のサンフランシスコ講和条約の発効によって主権を回復した日本は、追放解除された政治指導者を中心におく政権の下で、地方自治制度、教育制度、警察制度などを集権的色彩の濃いものへと修正した。これらの占領政策の修正は、当時「逆コース」（戦前への回帰）と評された。

第四に、国民の意識の変革は制度の変革にはるかにおくれていた。意識の変革はつねに制度の変革よりも長い時間を必要とする。とくに日本の場合、戦前の天皇制の下で培われた国家や社会への認識を払拭して、民主的な憲法にみあった新しい意識を作り出すには、相当に長い時間が必要であったはずである。しかし、「民主化」から「逆コース」まで時間はきわめて短かった。戦後改革は意識変革の機会として十分に機能しなかった。

第五に、新憲法では議会中心主義が謳われたが、新たな議会政治の慣行が定着しないうちに、当時の米ソ冷戦の国際政治状況を反映した激しいイデオロギー的な対立が、議会政治に持ち込まれた。もともと、政党政治の伝統と政治的訓練を欠いていたから、議会はしばしば与野党対決の場となり、実りある討論によって国民の共通理解を作り出す努力が、十分になされたとはいえない。

自民党一党優位体制の成立

サンフランシスコ講和条約によって日本は独立した。だが、講和条約とともに日米安全保障条約が結ばれた。もともと朝鮮半島での熱い戦争が展開されるなかでアメリカが主導した日本の独立は、日本を改めて東アジアにおけるアメリカの軍事的拠点とするものであり、日米安全保障条約はそれを具体化するものだった。

こうして、不完全な戦後民主改革であったとはいえ、日本国憲法のもとで独立・日本は戦後の歩みを開始する。日本は政治行政のみならず経済社会の大きな変化を経験してきた。戦後日本の歩みをきわめて概括的に述べるならば、とりわけ、一九六〇年代から八〇年代における経済成長と政党政治の安定は、特筆に値するであろう。日本独立時に結ばれた日米安全保障条約をより「双務的」なものに改めようとする岸信介政権の行動は、国論を二分し大規模な大衆的反対闘争を生み出した（「六〇年安保闘争」）。日米安保条約自体は改訂されたが、岸政権の次に登場した池田隼人政権は、「政治の季節」を脱して内政＝経済発展重視路線を追求していった。すでに日本経済は一九五〇年代後半には戦後復興をなし終え、成長の基礎条件を整えていたが、池田政権はさらに重厚長大型の第二次産業による経済成長路線をひた走ることになる。

一方、政党政治の態様は、次第に自民党一党優位体制を顕著としていく。すでに一九五五年に保守政党の一大合同によって自由民主党が、またサンフランシスコ講和条約をめぐって左右分裂していた社会党の合同が行われている。だが、六〇年代以降の政党政治は、自民党なる政権政党を中心にその周りを複数の野党が周回する一党優位政党制の色彩を濃厚とし、その意味で政党政治は「安定」をみるのである。

もちろん、驚異的とされた高度の経済成長は、ただひたすら順調に持続したわけではない。一九七四年の第一次石油危機は、一旦、成長にピリオドを打つ。また社会経済的には、全国各地に深刻な公害・環境問題を生み出した。今日なお公害病患者の救済は終わっていない。また、六〇年代は巨大な都市化の時代であり、過疎と過密の問題を政治問題としたが、同時にとりわけ都市部においては都市問題の告発や改善をもとめる住民の運動をもたらした。政党に主導された政治運動ではない大規模な住民の政治的能動化は、日本政治の変化を物語った。

ところで、自民党は政権党として歩むなかで社会の諸利益を包括した「包括政党」へと成長し、多様なしかも相反する利益を党内に抱え込むことになる。そのまま放置するならば、政党としての組織秩序は著しく劣化する。おおよそ一九七〇年代に入るころより自民党は、党内秩序を維持するために二つのルールを確立していく。一つは派閥の成員数に応じた閣僚ポストの各派閥への割り振りだった。そしてもう一つは、一年生議員が歩むべきキャリアパスの制度化だった。当選六回程度で閣僚となる資格が生じるとされた。包括政党となった自民党内において派閥を養っていくためには、巨額の資金を必要とする。個々の議員にとっても、継続して当選するための政治資金を必要とする。こうして自民党の派閥のボスから配下の議員まで、個別利益と官僚機構の関係部局を結ぶブローカーとしての色彩を濃くしていったのである（石川真澄・広瀬道貞『自民党——長期支配の構造』）。その結果、一九八〇年代末には、リクルート事件、佐川急便事件、金丸信・自民党副総裁の巨額脱税事件など、大きな政治スキャンダルが次々に明るみに出る。そして、自民党は一九九三年七月の総選挙において、第一党の座を得たものの過半数を得ることができず、約三八年に及んだ政権政党の座から退却することになった。替わって、細川護熙を首班とする七党一会派からなる連立政権が生まれる。

連立政権の時代——大手を振るう新自由主義

一九九三年の細川政権の成立以来、今日（二〇一五年）に至るまで日本では連立政権の時代が続いている。この間、二〇〇九年八月から二〇一二年一二月まで民主党が政権を担ったが、この間を除いて九四年六月から今日まで、連立政権の中心を占めているのは自民党である。

連立政権の構成や連立与党内の政治的関係については、他の章に譲ることにしよう。むしろ、ここで見ておきたいのは、連立政権の時代、とりわけ二一世紀における政治の指向である。九〇年代初頭には戦後世界政治を枠づけていた米ソ冷戦が終焉した。経済システムとしていえば、ソ連を盟主とした社会主義経済システムは崩壊し、マクロ的にいう限り、市場経済システムが世界制覇することになる。

一九九〇年代以降、政権は次々と替わっていくが、二〇〇一年四月に成立した小泉純一郎政権は、二〇〇六年九月まで五年半近くに及ぶ長期政権であった。そして、この政権のもとでとりわけ新自由主義にもとづく経済・財政改革が進行した。特殊法人の統廃合や独立行政法人化が行われ、なかでも日本道路公団、首都高速道路公団、阪神高速道路公団、本四架橋公団の民営化が行われた。日本道路公団は三会社に分割民営化されるとともに、施設の保有ならびに債務については、独立行政法人道路保有・債務返済機構に引き継がれた。またこの特殊法人改革と密接に関係するが、財政投融資制度の大幅な改革が実施された。さらに財政投融資制度と表裏の関係にあるが、政権は郵政事業の民営化に取り組んだ。日本郵政株式会社のもとに日本郵便事業、郵便局、郵貯銀行、簡易生命保険の四会社をおくものとした。もっとも、日本郵政株式会社の株式はすべて政府保有であり、傘下の四社の株式は日本郵政が一〇〇%保有とされたから、郵便事業の完全民営化とはいえない（新藤宗幸『財政投融資』）。

こうした政府部門の民営化や政府金融の改革に加えて小泉政権は、市場における自由競争こそが経済発展を促すとして各種の業に対する政府規制の緩和を実施していった。例えば、バス路線免許やタクシー台数についての大幅な規制緩和は身近な規制緩和の典型例といってよい。バス路線の免許は、事業者の都合で返上することは許されていなかったが、これが認められることによって、とりわけ地方部における市民の足の保障は大幅に脆弱となった。タクシーにしても事業者ごとの台数規制は大幅に緩められた。これらの規制緩和に加えて、銀行と証券の垣根の撤廃が経済のグローバル化への対応として進行した。それだけでなく、労働者派遣法の対象範囲が次々と拡大され、いわゆる非正規労働者＝派遣労働者の拡大が進行した。こうした経済的規制の緩和は政府事業部門にも及び、外部委託や市場化テストが検査・検定部門を中心として実施されていった。

ともあれ、小泉政権以降の新自由主義的経済・財政運営の結果、マクロ的には経済発展に寄与するところがあったものの、市民の労働条件はきわめて不安定な色合いを増した。そして二〇〇八年のリーマンショックは、一挙に雇用不安を高めた。新自由主義経済政策への批判が民主党政権への交代の背景をなしていよう。ただし、民主党政権が新自由主義的経済運営からの大胆な転換を図ることはなかった。そして、二〇一二年一二月に成立した第二次安倍政権は、「成長戦略」の名のもとに国家戦略特区の設定や医療の自由化、労働規制の緩和などによる自由競争をより一段と進めようとしている。

新国家主義の台頭

二〇一二年一二月に成立した第二次安倍政権は、第一次政権時代と同様に国家主義的な指向性にもとづく政策を次々と打ち出した。手始めは第一次政権時代と同様に、教育それも小中学校基礎教育における国家主義的再編指向だ。政権発足とともに教育再生実行会議をスタートさせ、道徳教育の教科化や教育委員会制度の見直しなどに着手した。すでに第一次政権で教育基本法が全面的に修正され、教育目標に「愛国心の涵養」が加えられているが、教育現場から教育の国家主義的な再編を図ろうとするものといってよい。

ところで、この政権は政権公約として「憲法改正」を掲げた。もともと自民党は一九五五年の結党時から綱領に「自主憲法の制定」を定めているものの、歴代自民党政権は現行憲法に批判を加えながらも積極的に「改正」に向けて動かなかった。だが、民主党政権で野に下った自民党は、新たな憲法草案を公表し民主党政権との違いを際立たせようとした。自民党憲法草案では、天皇の「元首」化、自衛隊の「国軍」化などが掲げられた。そのような状況で成立した第二次安倍政権は、首相の国家主義指向と相まって憲法改正に向けて動きを強めた。

安倍首相らの右派政治家の現行憲法批判はかなり広範囲に及ぶが、なかでも憲法九条の規定を大幅に改め、自衛隊を「国軍」として機動的に国の内外で展開できるようにすることに主眼がある。安倍政権は当初は正面からの憲法「改正」に立ち向かおうとした。だが、それが容易でないとみた政権は憲法九六条が定める憲法改正手続きの緩和（憲法改正の国民投票における三分の二の賛成規定を二分の一に改めるもの）を図ろうとした。しかし、これに対しても「裏口入学」といった社会からの厳しい批判が相次ぎ、九六条改正は沙汰やみとなった。

続いて政権が向かったのは、内閣による憲法解釈の変更である。従来の歴代内閣は憲法九条について、諸外国から武力攻撃を受けた場合、反撃としての軍事行動は許容され、そのために必要最小限度の武力を保持できる、との解釈を採用してきた。いわゆる個別的自衛権とよばれる憲法解釈である。安倍政権はこれにとどまらずに、同盟国との軍事的一体行動や海外における日本人の生命や財産に対する脅威にも自衛隊を展開できるとする「集団的自衛権」を認めようとするものである。

集団的自衛権の行使は、憲法解釈の変更といった内閣の裁量事項で済まされるような次元をはるかに超える重要事項である。だが、安倍政権は二〇一四年七月、集団的自衛権の行使は憲法上容認されるとの閣議決定を行った。これは明らかに立憲主義の原理に反する行為との批判を否めないであろう。さらに、二〇一五年の通常国会において国際平和支援法、武力攻撃事態法改正法などの集団的自衛権の行使に関連する法律を成立させた。このような第二次安倍政権の行動には、政権党内部から大きな抵抗がなかった。これは政治なる営みの劣化である、と危惧せざるをえまい。

日本が国家主義的な色彩の濃い政治を展開するならば、中国、韓国をはじめとしたアジア諸国との関係は、緊張を増していくことであろう。第二次世界大戦の終戦から七〇年である。この時間は日本と日本人にとっては長い時間かもしれない。だが、日本の軍事的侵略に傷ついたアジア諸国の人びとには、けっして忘却されない時間なのだ。

政治の変容と岐路

二〇一四年一二月、安倍政権は二〇一五年一〇月に予定されている消費税率の一〇%への引き上げを二〇一七年四月まで延長することの是非を問うとして、衆院解散＝総選挙を実施した。その結果、自民党は二九四議席を獲得し、連立与党である公明党とあわせると衆議院に三分の二を超える議席を獲得した。二〇一六年夏に予定されている参議院議員選挙後に、憲法改正を発議すると政権内部で議論されている。

明らかに日本の政治は、大きく変容しようとしている。市場原理主義といってもよい新自由主義的経済政策と新国家主義による政治が、大きな潮流となりつつあるといってよいだろう。「国権の最高機関」とされる国会は、政権与党が圧倒的多数派を形成し、野党は分散状態にある。しかも、野党はそのすべてが政権の政策に批判的でもなければ、対抗を基本的スタンスとしている訳でもない。

この問題は最終章で再度考えてみることにするが、政党政治の「衰退」するなかで、政権の政治運営と政策は、どのような帰結を日本の経済・社会にもたらすであろうか。また近隣諸国さらに国際社会からいかなる評価を受けるだろうか。政治は国民生活に直結するだけに、政治の歩みに対する深い考察が必要とされているといってよい。

2 「国権の最高機関」としての国会の機能

三権分立と優位する国会

日本の議会制度は、明治憲法下の帝国議会に始まる。明治憲法においては、立法権も天皇の統治権の一部であったが、「天皇ハ帝国議会ノ協賛ヲ以テ立法権ヲ行フ」とされていたため、帝国議会は事実上立法権を掌握していた。帝国議会は衆議院と貴族院からなり、衆議院は、公選制にもとづいて選出された議員からなっていたが、貴族院は皇族・華族・勅選議員など主として身分的特権を持つ人びとによって構成された。両院は、衆議院が予算の先議権を持っていたことを別にすれば、権限において完全に対等であった。その結果、衆議院が民意を代表して法案を可決しても、貴族院によって否決される事態が生じた。

もっとも、貴族院だけが衆議院の行動を制約していたのではない。議会を通過した法案は、天皇親政の機関であった枢密院で審議され、最後は天皇の裁可を経て、ようやく法律となるのであり、この過程で多くの制約を受けた。さらに、天皇は議会の同意なしに緊急勅令（議会の事後承認は必要であった）や独立命令を出すことができた。首相の任命も天皇の大権によって行われた。それだけでなく、行政機関の設置と所掌事務も天皇大権のもとにあった。帝国議会は近代議会の相貌を備えていたが、天皇主権のもとで、その権限には重大な制約が課されていた。

日本の議会が、民主主義政治体制の中枢機関としての位置を確立したのは、日本国憲法の施行によってである。

現行憲法においては、議会は国会とよばれている。国民主権のもとで当然の規定であるが、「国会は、国権の最高機関であつて、国の唯一の立法機関である」(憲法第四一条)とされている。国会には、法律の制定、予算の議決、条約の承認、さらに憲法改正の発議など重要な権限が与えられている。また、内閣総理大臣は国会の指名にもとづいて任命され、内閣総理大臣の任命する大臣の過半数は、国会議員でなければならない(憲法第六八条一項)。天皇の国事行為とされている憲法改正、法律、政令、条約の公布は、内閣の助言と承認のもとに行われなくてはならないし、天皇による首相の任命も国会の指名にもとづいており、これら国事行為は形式的手続きに過ぎない。

こうして憲法上、立法府である国会は、行政府や司法府に優越する地位を与えられている。もちろん、日本の憲法も三権分立と三権相互間の抑制均衡を原則としているから、行政府や司法府にも立法府を抑制する手段を認めている。例えば、内閣には衆議院の解散権を認めているし、司法府には違憲立法審査権を認めている。しかし、立法府は主権者である国民を代表する唯一の機関として、他の政府部門に優越する地位にある。国会が「国権の最高機関」とされる所以である。

二院制

国会は衆議院と参議院で構成する二院制をとっている。二院制は中世イギリスの身分制議会が二院で構成されていたことから誕生したものだが、近代議会でも多くの国で取り入れられてきた。第二院の存在理由としては、審議の慎重化、二院間の抑制均衡などがあげられるのが普通である。しかし元来は、国民の多数派を代表する議院(下院)に対抗して、異なった代表原理(身分や職能、連邦制国家のばあい州の代表など)にもとづく議院(上院)を設け、多数派の専制を防ごうとする保守的意図によるものが多かった。そのため、民主主義の進展とともに、一院制の採用や下院の優越を認める非対等型の二院制に移行した例も少なくない。

日本では、明治憲法のもとで衆議院と貴族院からなる二院制がとられ、しかも両院対等であったことはすでに指摘した通りである。現行憲法が制定される過程では、マッカーサー草案は一院制を提案していたが、日本政府の強い要請で二院制が採用された。

現在の日本の二院制には、議員の任期、被選挙権、選挙区の構成や比例代表部分の比重といった選出方法などの点で、二院間に若干の差異があるが、議員は直接公選で選出されており、代表原理は同一であるといってよい。それだけに、現実には二院ともますます政党政治に支配される傾向が強まっている。こうした状況下での二院制の存在理由は、もっぱら審議の慎重化に求められているといってよい。とはいえ、のちに述べる議院内閣制と関係するが、政権与党が衆参両院において多数派を形成しているならば、両院の結論は一致したものとならざるをえない。「参議院無用論」が語られる所以でもある。

日本の衆議院と参議院は権限において対等ではない。衆議院は予算の先議権を持つほか、内閣の信任・不信任決議、予算と条約の承認、総理大臣の指名、会期の延長などの議案で参議院に優越した権限を認められている。法律案は両議院で可決したとき法律になるとされている。だが、参議院が衆院から送付された法案と異なる議決をした場合、あるいは参議院が送付から六〇日を過ぎても採決しない場合（否決とみなされる）、衆議院が三分の二以上の多数で再可決すれば、衆議院の議決した法案が法律となる（憲法第五九条）。参議院は、衆議院解散後に緊急事態が生じた場合、緊急集会を開くことができるが、ここでの議決には衆議院の追認が必要とされている（憲法第五四条）。

衆参両院の代表原理の類似性と権限の違いを指摘したが、全体として国会（議会）にはいかなる機能の発揮が求められているだろうか。

国会に求められる機能

国会の機能は多様であるが、その最も基礎的なものは国民主権の具体化あるいは国民的意思の定式化である。日本国憲法の基本原理の一つが国民主権であることは、あらためて指摘するまでもない。しかし、国民という集合体がこうした最高意思の決定者であるということは、文字通りに解すれば、実現不可能な擬制に過ぎない。したがって、国民主権を単なる擬制に終わらせないためには、全体としての国民に代わって意思決定を行う機関を必要としている。それが議会であり、国民主権の体現者としての面を強調するために、しばしば国民議会とよばれるのである。

日本の国会もまた明らかに国民主権の体現者としての性格を備えている。国会が国権の最高機関とされていることや、国会議員が国民代表とされていることは、国会が国民全体に代わって国民的意思の定式化にあたることを前提にしているといってよい。この制度のもとでは、いかなる法律案や予算案も、国会の承認を得なければ正統性を与えられることはないのである。国会が国民主権を具体化しているということは、国会が政治的正統性を調達する機能を独占していることを意味している。

このように、国民主権を具体化することが、国会の最も重要な機能であるが、国会はこれを基礎として現実政治のなかで多くの機能を果たしている。その主なものを列挙すれば、①国民統合機能と代表機能、②立法機能、③執政部形成機能、④行政機構統制機能、であるといってよい。これ以外にも、国会という政治的アリーナ（舞台）での審議を通じて、政治家の訓練や国民の政治教育機能を果たしているといってよい。ただ、これらは立法府と行政府の制度的対抗関係に直接関わるものというよりは、政治（政党政治）全体の機能といってよいだろう。そこで、国会の重要機能である①から④について、少し詳しくみておこう。

第一の国民統合機能と代表機能とは、社会における諸利害の対立を調整し、重要な紛争を解決して社会的合意を調達することである。この統合機能自体は、君主のもつカリスマや伝統的な支配力によって果たされた時代もある。だが、多くの対立する立場や利害がある現代社会では、まさにそれが政治の舞台に表出されない限り、社会的合意を調達することは難しい。議会は国民から選出された議員から構成された代表機能をもつことによって、統合機能の正統性を担保できるのである。

第二の立法機能とは、法律、それに準じる予算、国際的な約束事である条約などの法的規範を作ることである。統合機能としての社会的合意は、法的規範として定立されていなくては実効性をもたない。民主政治のもとでは、国民の代表である議会での審議と決定によってはじめて法規範となる。議会の立法機能が常に関心をよぶ理由もここにある。たしかに、法を広い意味で捉えれば、裁判所の判決＝判例も法的規範力をもつし、行政府が法律の下位規範として作成する政令も同様である。だが、違反者に対する罰則を備えた措置や税の徴収・国庫金の支出は、議会制定法にもとづかねばならない。

近代市民革命後の議会は、「立法国家」という言葉が物語るように、法律の作成から決定に名実ともに権力をもっていた。ただ、現代においては、「職能国家」「行政国家」といわれるように、法律案や予算案などの原案作成や制定手続きへの行政府官僚制の影響力が高まっている。それでもなお、法律などの制定は議会の議決を必要としているのであり、議会の立法機能が軽視されてはならないのである。

第三の執政部形成機能とは、行政府の頂点に位置し行政機構を統制する、首相をはじめとした「政治部門」（執政部）を形成することである。通常、議会の多数派のリーダーが首相に選ばれ、首相が閣僚（大臣のみならず副大臣・大臣政務官をふくむ）を任命する。閣僚の大半も多数派の議員から選ばれる。行政機構を構成する職員は、それをほぼ唯一の職業とする職業公務員であるから、彼らを統率する首相や閣僚（執政部）の議会による選任は、行政機構の働きの行方を左右するといってよい。この機能は議院内閣制のもとでの議会に基本的に限定されており、行政府の首長が直接公選で選ばれる大統領制のもとの議会にはあてはまらない。ただし、首長＝大統領による閣僚の任命に議会の同意と承認を必要としている国もある。

第四の行政機構統制機能とは、国民の代表として行政機構の働きを統制し、国民の意思に応えた行政を実現していくことである。ここには実に多様な機能が含まれる。先に立法機能として述べた法律や予算の議決も、現実にこれらの原案が行政府によって作られていることをみれば、行政機構に対する統制機能といってよい。また、執政部の形成機能も首相の信任・不信任権限に着目すれば、行政機構に対する統制機能であるといってよい。だが、これらに加えて、議会は予算の決算統制として、財政の合規性や効率性を審議し統制することができる。また、内閣の実施する政策や事業、閣僚をはじめとした高級公務員の政治的スキャンダルに対して、国政調査権を発動し政策・事業のあり方や政治腐敗の要因を正していくこともできる。こうした機能は、議会の立法機能とならんで日常的機能として発揮されることが期待されている。

議院内閣制のもとの国会

さて、こうした国会の機能は、実際にどのように働いているだろうか。これらの機能は、いずれも内閣を頂点とした行政府との対抗関係のなかで国会に期待される機能である。すでに述べたように、日本は議院内閣制を採用しており、内閣の首長である内閣総理大臣は、国会の多数派のリーダーが指名される。閣僚も時々任命されるごく少数の民間人を除けば、国会の多数派（政権与党）の議員のなかから首相によって任命されている。議院内閣制のもとでの内閣と行政機構との関係については次章で詳しく述べるが、日本型の議院内閣制は、議会に期待される機能に大きな制約を課してきたといってよいだろう。

日本の議院内閣制は、イギリスのそれをモデルとしていると一般に語られる。だが、両者の一致点は下院（衆議院）多数派のリーダーが首相に選任される程度であって、内閣と議会との関係は大きく異なっている。イギリスのばあい、与党下院議員の多数（一〇〇名以上）が閣僚に任命されるが、彼らは名実ともに下院議員として議会に出席する。イギリスの議事堂本会議場は与党と野党の「対面型」となっているが、内閣提出法案も所管大臣が議員の資格で提出する。議会は首相・閣僚間（野党の閣僚はシャドーキャビネットの閣僚）の討論となる。いわばイギリスでは「議会のなかに内閣がある」（大山礼子『日本の国会――審議する立法府へ』）。

これに対して日本の閣僚（首相をふくめて一九名――二〇〇一年一月の行政改革で閣僚数は二〇名から一八名とされたが、東日本大震災の復興のために二〇一二年に一九名とされた。さらに二〇一五年に東京オリンピック担当相が期限付きで設けられた）の大半は、もちろん議員としての地位を維持しているが、本会議・委員会のいずれにあっても閣僚席に座る。閣僚であっても常任委員会の委員となることを原則としているが、例外なく就任を辞退している。閣僚は、与野党議員から提出された質問に答弁することを「任務」としており、質問者に「逆質問」を浴びせ討論することは、予定されていない。いわば、内閣は「議会の外部」にある。

しかも、予算と条約案件の国会への提出権は内閣のみにある。法律案については、議員（個人ではなく集団）にも提出権があるが、多くの法案は内閣提出法案である。加えて内閣は、いったん国会に提出した議案の審議手続きについては介入することができない。

こうした内閣と国会の制度的な位置関係は、とりわけ議会の立法機能と行政機構の統制機能に、日本的といってもよい特徴をもたらす。つまり、政権与党は内閣提出案件の成立に全力を傾けるし、また内閣に対する統制をできる限り弱めようとする。しかも、内閣提出法案に対して与党が「党議拘束」を解除して、賛否を与党議員の自由な意思にゆだねることなど、まったくの例外に属す。いきおい、国会における立法機能の実際は、政党間の関係に左右されることになる。

もちろん、現代社会の議会が高度に政党政治に支配されているのは、日本に限ったことではない。しかし、以上のような議会の「外部」に存在する内閣を支える政権与党と、それに対抗する野党との関係は、国会の審議組織体制や運営方法に影響をもたらすとともに、逆に「先例」が支配する国会運営に左右される。

国会審議期間

国会の会期（召集によって開始される国会の活動期間）は、常会、臨時会、特別会に区分されている。国会の召集は天皇の国事行為の一つだが、それは形式に過ぎず内閣が実質的決定権をもっている。

国会の定例会である常会は、憲法五二条、国会法二条にもとづき毎年一回、一月に召集されることになっている。会期は一五〇日間（国会法第一〇条）である。会期中に議員の任期が切れたとき、あるいは衆議院の解散が行われたときは、その時点で終了する。また逆に両院の全会一致で一回だけ延長できる（全会一致ができない場合は衆院の議決）。

臨時会は、常会終了後に生じた政治・経済問題への対処のために内閣によって召集される。また、いずれかの議院の総議員の四分の一以上の要求がある場合には、内閣は臨時会を召集せねばならない。こうした規定とは別に、臨時会は衆議院の任期満了による総選挙後ないし参議院通常選挙後、新議員の任期の始まる日から数えて三〇日以内に召集されることになっている。

特別会は、衆議院が解散された場合、選挙の日から数えて三〇日以内に召集されることになっている。臨時会、特別会ともに会期ならびに延長については両院の全会一致を原則としている。延長は二回まで可能とされている。

このように日本の国会は、通年ではなく会期によって区切られているから、通常会の延長や臨時会の召集・延長は国会を構成する会派（実質的には政党別の議員団）間の交渉であり、そこにさまざまなテクニックが弄されることになる。また、会期不継続が国会運営の原則であるから、内閣提出法案の審議にあたって野党は、会期切れ・廃案に追い込もうとすることもあれば、それをもとに与党＝内閣から譲歩・修正を引き出す議会戦術をとることもある。

表2-1　衆参両院常任委員会構成

衆議院	参議院
内閣委員会	内閣委員会
総務委員会	総務委員会
法務委員会	法務委員会
外務委員会	外交防衛委員会
財政金融委員会	財政金融委員会
文部科学委員会	文教科学委員会
厚生労働委員会	厚生労働委員会
農林水産委員会	農林水産委員会
経済産業委員会	経済産業委員会
国土交通委員会	国土交通委員会
環境委員会	環境委員会
安全保障委員会	国家基本政策委員会
国家基本政策委員会	予算委員会
予算委員会	決算委員会
決算行政監視委員会	行政監視委員会
議院運営委員会	議院運営委員会
懲罰委員会	懲罰委員会

委員会中心主義の国会審議

ところで、国会の主たる審議の舞台は、衆参両院の常任委員会であって、本会議ではない。戦前の帝国議会においては、本会議中心主義が採用されており、法案の審議も本会議における読会制を基本としていた。戦後の国会法の制定にあたってGHQは、常任委員会の設置とそこでの審議を中心とすることを指示した。

現在の衆参両院における常任委員会の編成は、「表2―1」のとおりである。このうち、両院の議院運営委員会、予算委員会、衆議院の決算行政監視委員会、両院の国家基本政策委員会（党首による討論の舞台）、参議院の決算委員会、行政監視委員会、両院の懲罰委員会を別とすると、両院の常任委員会は内閣側の府省編成に対応している。

本会議が実質的に討論の場とされていないこともあって、予算委員会とりわけ予算の衆議院先議（憲法第六〇条）にもとづいて開かれる衆院予算委員会（委員数五〇名）は、内閣提出の予算案について細部にわたって議論を交わすよりはむしろ、国政の重要政策全般にわたって野党が内閣に論戦を挑む舞台となっている。

衆院の決算行政監視委員会、参議院の決算委員会は、長らく形骸化が指摘されてきた。委員も長老議員や一年生議員が占め、重視されることはなかった。この点は、議員たちが予算に関心を示しつつも、「過去のもの」となった公金の支出や事業の実施に無関心であったことを物語る。ただし、近年ではようやくにして特定のテーマのもとに決算の政治的統制や行政の監視に関心を注ぐ動きが生まれている。参議院にも決算委員会とは別に行政監視委員会が設けられたことは一つの証左といってよい。

これらを除いた常任委員会は、さきにみたように中央政府の府省編成に対応している。内閣提出法案は所管府省によって実質的に作成されているから、審議にあたっても所管府省ごとの委員会編成の方が「効率的」とすることに一理ないわけではない。ただし、府省別の常任委員会は、自民党が政権党として長期にわたって「君臨」したこともあって、府省の個別利益を支える「族議員」集団の活動の場となってきたことは否めない。二〇〇九年から一二年にかけて民主党が政権の座を占めたが、基本的に変化はなかった。立法機能やそれを通じた監視機能の重視という原点に立つならば、府省編成とは異なる政策・事業を横断する常任委員会編成が重視されてもよいであろう。

常任委員会に加えて両院には特別委員会がつくられている。これはいずれの常任委員会にも属さない事項の審査、あるいは複数の常任委員会にまたがる事項の審査のために設けられる。特別委員会の設置目的や委員数などは、それぞれの議院の議決による。また、委員会に類似するものとして調査会がある。調査会の設置に先鞭をつけたのは参議院であった。参議院はその改革の一環として、一九八六年の国会法の改正にもとづき調査会を設置した。調査会は法案の審査は行わないが、法案提出権および他の委員会に法案提出勧告権を持つ。さらに、近年、関心をよんだ調査会に、二〇〇〇年の国会法の改正にもとづいて衆参両院に設置された憲法調査会がある。

衆参両院議員は、閣僚をふくめていずれか一つの常任委員会に所属せねばならないのが原則とされている。閣僚は先に述べたように委員を辞退するのが慣例となっているが、いずれにせよ、国会における法案の審査や国政の重要事項の調査・審議などの主たる舞台は、委員会である。とすれば、委員会を議事の中心とした審議手続きのあり方が、国会に期待される機能の実際を左右しているといってよい。

不透明な議事手続き

国会の議事手続きに権限をもっているのは、衆参それぞれの議院運営委員会である。提出された法案の付託先委員会の決定や審査期間は、議院運営委員会において決定することが原則とされている。そのうえで、それぞれの委員会には、各会派の議員からなる理事会が設けられており、委員会の議事日程や会派ごとの質問時間などは、理事会で決定される。

議院運営委員会は、国会運営の透明性を図ることを目的として設置されている。だが、実際の議事日程に大きな影響力をもってきたのは、各政党の国会対策委員会であり、国会対策委員長による会議である。国会対策委員会は各政党の内部組織でしかない。それが議院運営委員会での議事日程審議への対応を協議し方針を決定することは、政党としてなんら批判されることではない。だが、国会内の会議室で各政党の国会対策委員長会議が開催され、しかもそれが議院運営委員会の方向を事実上決定しているならば、国会運営の透明性は限りなく低下するといってよい。いうまでもなく、国会対策委員長による会議は、国会の正規の会議ではないから、公的な議事録は残されることがない。かつて、自民党・社会党を基軸とした一九五五年体制下の国会運営には、「国対政治」という言葉が頻繁に使われた。法案審議における取引が密室で行われたばかりか、与党側から野党側への金品の提供などの便宜供与があったと「証言」する政治家ＯＢもいる。

一九九〇年代初頭からの連立政権の時代に入って、連立の組み合わせの変化や政党の編成の流転によって、「国対政治」はかつてほどの影響力をもっていないとの評価もある。だが、国会議事日程の決定や法案審査の順番などが、国会の公的機関である議院運営委員会を舞台としているかとなれば、依然として国会対策委員会の影響力は否定できない。そこに、国会の機能に不信の眼が注がれる理由があるといってよいだろう。この意味で、議事手続きの徹底した公開が行われなくてはならないし、それが国会の機能を高めるために不可欠な課題である。

議員の活動とスタッフ機関の体制

政党政治が高度に発展した現代社会ではあるが、国会の立法機能や行政機構への統制機能を維持するためには、議員の政治行政・経済社会の分析能力やそれを踏まえた政策立案能力が問われる。議員は所属政党の単なるマシーンであってはならないだろう。現代国家は「行政国家」といわれるように、執政部のもとに巨大な官僚機構を整備し、政策・事業の原案の作成のみならず、それらの実施を官僚機構にゆだねてきた。それだけに、国会と行政府の対抗関係の実際は、組織としての政党はもとより議員の能力に左右されるといってよい。

✣コラム　変わった国会の委員会審議――政府委員制度の廃止

21世紀も15年が過ぎ去ったから必ずしも多くの人びとが記憶しているとは限らないかもしれないが，国会の委員会審議は様変わりしたといってよいかもしれない．委員会審議には，関係する閣僚に加えて局長級官僚が政府委員として出席していた．主として野党委員からの質問に閣僚は自ら答えず「政府委員に説明させます」と平然と述べ，官僚が答弁していた．それればかりか，政府委員たる幹部官僚は，「説明員」とよばれる下僚を陪席させるのがふつうであった．1980年代から日本の政治では政治家と官僚のどちらが優位しているのかをめぐる議論が展開されてきたが，委員会審議の光景は，官僚優位の姿を示していたといってよい．1999年の自民党と自由党の連立政権協議にあたって，当時の自由党党首・小沢一郎は，小渕恵三首相に政府委員制度の廃止と政務次官制度の廃止を申し入れ，自民党側も渋々ながら同意した．2001年1月の府省の大規模再編に合わせて実施された．こうして，委員会審議では所管の大臣が直接答弁するか，政務次官制度の廃止に伴って導入された副大臣ないし大臣政務官が答弁することになった．府省の官僚の出席が必要と判断する場合は参考人として招聘する．府省の最高責任者である大臣が自ら答弁するのは，議院内閣制からすれば当然のことである．ただし，官僚による質問予定者への質問採りと大臣へのレクチャーがなくなったわけではない．

国会は議員の活動をサポートするためにスタッフ機構を整備してきた。衆参両院にはそれぞれ議員立法による法案の準備を支援するために法制局が設置されている。衆参両院の常任委員会（両院の議院運営委員会、懲罰委員会、国家基本政策委員会を除く）には調査室が設けられており、委員会の所管に関わる法案の分析や重要事項の調査を担っている。調査室には室長である専門員をはじめとした一〇名程度のスタッフが配置されている。また、衆院事務局には一九九八年以降、調査局が設置され予備的事項の調査にあたっている。国立国会図書館も国会の機構の一部だが、とくに調査及び立法考査局は、法制度の動向分析や国会にかかっている重要事項の調査にあたっている。

これらのスタッフ機関の職員は国家公務員であり、国会事務局、両院法制局、国会図書館がそれぞれ独自の採用試験を実施している。これら機関の人員の充実は長年の課題として指摘されてきた。だが、近年では逆に、「行政改革」の名のもとに人員の削減や調査業務の外部委託などが提起される状況にある。しかし、翻って考えれば、議員たちがスタッフをどれほど活用し、使いこなしているかという問題にも通じる。議員は官僚機構に比すならば専門能力や政策・事業の立案技術において、所詮アマチュアである。スタッフ機関の充実のためにも、これらを積極的に活用して議員としての能力を向上させることが問われていよう。政党幹部の指示に従順に従う、あるいは官僚機構に説明や資料の提出を求めるといった行動以前に、議員個々人の自律的責任において、用意されているスタッフ機関を活用した能力の向上が求められるといってよい。

代表と公開

これまで議会の機能として代表性を指摘してきた。だが、従来から議論される問題として、議員はいったい何を代表するのかがある。この点について、今日の支配的考え方は、議員が代表するのは国民全体の利益だとするものである。つまり、いずれの地域の選挙区から選出されていようが、日本国民全体の利益が存在すると想定し、それを明らかにするべく努力するのが、議員の責務だとするものである。日本国憲法も「両議院は、全国民を代表する選挙された議員でこれを組織する」（第四三条）としている。こうした代表観は、一般に国民代表観とよばれている。

しかし、現実政治において、国民代表の理念のもとで地域代表あるいは特定利益の代表として行動する議員が多いことも否めない。議員の最大の関心が「再選」されることにあるとき、ある意味で必然的行動でもある。しかし、それを認めてしまったら、議会の指導性は失われ、議会での討論を通じて政治に方向を与えていくことは不可能である。さりとて、国民代表の理念を強調するだけでは、現実政治に意味をもたない。

議員には国民代表としての理念を自覚しつつ行動することが求められるのは当然だが、結局のところ、国会の可視化が追求され、議員活動が絶えず国民の目に触れるものとなっていることが基礎前提である。衆参両院の本会議や予算委員会は、ほぼ恒常的にテレビ中継されるが、それは国会活動の一部分に過ぎない。それどころか、本会議の傍聴は認められているが、手続き的にはきわめて煩雑であり、市民が自由に傍聴するのは難しい。議事録は公開されているが、事後の削除や修正が加えられたものもあり、実際とは異なる部分がある。委員会に配布された資料の入手もふつうの市民には容易ではない。このように国会の公開度は、けっして十分な体制にあるわけではないのである。

国会が「国権の最高機関」であることを担保し、国民代表の理念にできる限り近づけていくためには、議事やそれに関わる情報の公開度を高める改革が、何よりも問われている。そのうえで、議員は何が国政上の争点であるのかを絶えず明示していかなくてはならない。一方、市民の側にもこうした国会改革を求めつつ、偏狭な地域代表や個別利益代表としての行動をとる議員を監視していくことが、求められていよう。

3　日本の立法過程

内閣と議員による法案提出

「国権の最高機関」と憲法に位置づけられた国会の権能や、国会多数派の形成する議院内閣制の実態についてみてきた。この章では、国会の重要機能の一つである立法機能を、内閣・行政機構との関連でみていくことにしよう。法律案の提出権は議員と内閣の双方にある。憲法には内閣が法律案を提出することについて何の規定もおかれていないが、内閣法の第五条に、「内閣総理大臣は、内閣を代表して内閣提出の法律案、予算その他の議案を国会に提出し」とあり、これが内閣提出法案の根拠となっている。ただし、憲法学者のあいだには、内閣による法案提出には憲法上疑義があるとの議論も残っている。

議員の法案提出権は、それ自体「国権の最高機関」（憲法第四一条）から導かれるが、議員による法案提出は容易でない。国会法は議員個人による法案提出を認めていない。国会法第五六条第一項は、議員が法案を発議するには、予算を伴わない法律案の場合、衆議院において議員二〇名以上、参議院においては議員一〇名以上の賛同者を必要とするとしている。さらに、予算を伴う法律案の場合には、衆議院では五〇名以上、参議院では二〇名以上の議員の賛同を必要とするとしている。ここにいう賛同者には発議者は含まれない。それぞれのケースに一名を加えなくては、議員による法案提出は成立しないことになる。したがって、衆参両院選挙で、とりわけ野党は議員提出法案によってその存在をアピールするために、この条件をクリアできる議席の確保に力を注ぐ。

制定当時の国会法には、議員による法案提出に賛同者要件は定められていなかった。逆にいえば、議員個人が法案を提出することも可能だった。だが、選挙区目当ての法案が目立つとの理由によって一九五五年に国会法が改正され、現在のような厳しい賛同者要件が課されることになった。議員提出の法案には、与党会派が一体となって提出するもの、個々の野党会派ないし複数の野党会派が合同して提出するもの、与野党を超えて議員が提出するものなど、多様なパターンがある。それらの内閣提出法案との関連性や議員立法の意義については、のちに述べることにする。国会では、内閣提出法案を「閣法」、衆議院議員提出のそれを「衆法」、参議院議員提出のそれを「参法」とよんでいる。

法案の審議手続きと成立

さて、議員あるいは内閣によって議会に提出された法律案は、いずれかの議院で先に審議されるが、先議の議院の議長は、それを適当な常任委員会（あるいは特別委員会）に付託する。議院運営委員会が認めた重要法案については、本会議で説明することもあり、また緊急を要する場合には、議院の議決にもとづいて委員会の審議を省略することもできる。なお、国会用語として本会議での法案審議を「審議」、委員会でのそれを「審査」というが、ここではいずれも「審議」とする。

常任委員会は2章でみたように、現在衆議院と参議院にそれぞれ一七設けられている。各常任委員会は、両院の議院運営委員会、予算委員会、懲罰委員会、国家基本政策委員会、衆議院の決算行政監視委員会、参議院の決算委員会と行政監視委員会を別にすれば、いずれも内閣の各府省に対応している。二〇〇一年一月に大規模な省庁の再編成が行われたが、府省編成に対応した常任委員会編成の基本には変化がなかった。例えば、両院の厚生労働委員会は、厚生省と労働省の統合によって生まれた厚生労働省に対応して、従来の厚生委員会と労働委員会を再編したものである。国土交通委員会も同様であって、従来の建設委員会、運輸委員会、内閣委員会が所管していた旧北海道開発庁、旧国土庁の所管事項を引き継いだものである。

衆議院と参議院では府省に対応した委員会編成に若干の違いがある。衆院では、外務省の所管事項に対応する外務委員会と防衛省のそれに対応する安全保障委員会が別個につくられているが、参議院では外交防衛委員会が両省の所管事項を扱っている。こうした常任委員会のほかに、両議院はそれぞれ七つか八つの特別委員会をおいているのが普通である。特別委員会の所管や委員数は設置の際に決められる。

委員会での審議日程などは、会派代表からなる委員会理事会において決定される。この決定にあたっては、国会の慣例（先例）として全会一致を原則としており、与党会派が多数決で押し切ることはできない。それゆえに、とくに内閣提出の重要法案の場合、野党は審議の引き延ばし、会期切れによる廃案などを目論むことになる。

委員会の法案審議は、法律案の趣旨説明に始まり、質疑応答、討論、修正などが行われた後、採決によって可決または否決される。委員会での政府側の答弁は大臣・副大臣、大臣政務官によって行われる。

一九九九年に制定された国会審議活性化法（「国会審議の活性化及び政治主導の政策決定システムの確立に関する法律」）以前には、各省庁の局長や部課長らが政府委員や説明員として大臣を委員会審議で補佐してきた。答弁に立った大臣は、「詳しくは政府委員に説明させます」と頻繁に発言し、実質的な意味のある答弁は、行政官僚である政府委員や説明員によって行われてきた。国会審議活性化法は、九九年の自民・自由党の連立政権協議において、当時の小沢一郎・自由党党首が小渕恵三首相に提案し、自民党側が受け入れたものである。大臣あるいは副大臣による責任ある答弁という意味では一歩前進といってよいだろう。ただし、官僚の委員会での発言は、参考人として委員会によばれたときに限られているが、委員会に陪席し答弁に立つ閣僚にメモを差し出すのは常態でもある。

委員会審議の過程で、国会外部の学識者や利害関係者を公述人、参考人として招いた公聴会が行われることもある。だが、公聴会が委員会審議の重要な部分を占めているアメリカ連邦議会やドイツ連邦議会に比べると、十分に活用されているとはいえない。たいていのばあい、公聴会が開かれるのは法案審議の行方が定まった最終段階であり、一種の「儀式」となっていることは否めない。なお、会期中に委員会で採決までに至らない法律案は、審議未了となり廃案とされる。

委員会で採決された法律案は、委員長によって審査経過と結果とが本会議に報告される。本会議でさらに質疑、討論が行われて採決に入るが、委員会中心主義の立法過程であり、実質を伴っているとはいえない。先議の議院で可決された法律案は、後議の議院に送付されるが、衆議院と参議院の議決が異なることもありうる。こうしたケースで法律が成立するのは次の三つのばあいである。第一に、参議院が衆議院送付の法律案を修正可決した場合、衆議院が回付された修正案に同一会期中に同意すれば、法律として成立する。第二に、参議院が衆議院から送られた法案を否決（六〇日以内に議決しなければ否決とみなされる）ないし修正可決したばあい、衆議院が出席議員の三分の二以上の多数で原案を再可決すれば、衆議院の議決が国会の議決となる。第三に、両院協議会を開いて合意に達すれば法律が成立する。両院協議会の開催をそれぞれの議院は拒否できないのが原則であるが、参議院が衆議院から回付された法案に同意せずに、衆議院に両院協議会の開催を求めたときに限って、衆議院はそれを拒否できる。

第二のケースである衆議院による出席議員の三分の二以上の多数による再可決は、衆議院の第一党（政権与党）がそれだけの議席をたえずもつのは稀であり、参議院で政権与党が過半数割れとなることもレアケースだから、現実にはめったに発動されない。

小泉首相のもとで郵政民営化の是非を問うた二〇〇五年九月の総選挙において、自民・公明の連立与党は衆議院に三分の二以上の議席を獲得した。ところが、二〇〇七年の参議院議員選挙では、民主党をはじめとする野党が参議院の過半数を獲得した。いわゆる「衆参ねじれ現象」が生じた。この結果、与野党対立の厳しい内閣提出法案は両院での可決が困難となった。福田政権とそれにつづく麻生政権は、二〇〇八年一月のテロ対策特別措置法の延長をはじめとして道路財源特別措置法など九本の内閣提出法案を、衆議院の三分の二による多数で再可決し成立させた。二〇一四年一二月の衆議院総選挙で、自民・公明の政権与党は衆議院に三分の二以上の議席を確保しているが、参議院でも多数派であり、衆議院による再議決が近く起きることはないだろう。

法律が成立すると、最後に議決した議院の議長が内閣経由で天皇による公布を求める手続をとり、三〇日以内に法律の公布が官報に掲載されて、国民に対する法律の効力が発生する。もちろん、これは形式的な手続に過ぎない。

立法過程の特色と変化

日本の立法過程の特色として伝統的にいわれてきたのは、内閣提出法案が圧倒的に多いとの指摘であった。たしかに、自民党一党優位体制が「盤石」であった時代には、内閣提出法案は、平均して毎年の国会に提出される法案の約七割近くを占めてきた。成立件数ともなれば、与党が衆参両院で過半数を占めており、内閣提出法案が八五パーセント以上という状況にあった。

しかし、二〇〇〇年以降をみると、［表3−1］にみるように、法案提出件数でいうならば、議員提出法案はかつて指摘されていたほど低調ではない。もちろん、成立件数でいうならば、けっして高率とはいえないが、これはす

表 3-1　閣法と議員提出法案　提出件数，成立件数

年（国会）		提出件数	両院通過
2004 年（159，160，161 国会）	閣法	147	144
	衆法	78	22
	参法	30	0
2005 年（162，163 国会）	閣法	113	96
	衆法	64	23
	参法	13	2
2006 年（164，165 国会）	閣法	103	102
	衆法	48	15
	参法	29	6
2007 年（166，167，168 国会）	閣法	107	104
	衆法	78	31
	参法	28	4
2008 年（169，170 国会）	閣法	95	77
	衆法	35	15
	参法	40	4
2009 年（171，172，173 国会）	閣法	81	76
	衆法	68	22
	参法	33	2
2010 年（174，175，176 国会）	閣法	84	50
	衆法	55	20
	参法	29	2
2011 年（177，178，179 国会）	閣法	106	95
	衆法	35	26
	参法	34	5
2012 年（180，181，182 国会）	閣法	93	68
	衆法	43	26
	参法	40	8
2013 年（183，184，185 国会）	閣法	98	90
	衆法	78	17
	参法	48	5
2014 年（186，187，188 国会）	閣法	129	105
	衆法	71	28
	参法	36	4

注：両院通過件数には継続をふくむ．法案件数は新規提出法案のみ．
参考：各年『衆議院の動き』衆議院事務局から作成．

でにみたような日本型議院内閣制をとる限り、当然といってよい。それでも、与野党を超えて議員が法案提出への関心を高めたことは特筆されてよいだろう。しかも、そのなかには社会的にみてかなり重要な法案がふくまれている。

議員提出法案には、いくつかのタイプがある。第一のタイプは、国会法や公職選挙法のように国会自体に関わる法律である。行政府の最高機関である内閣が法案を提出することは、三権分立の原理からいって適切でないとの判断にもとづく。ただし、例えば公職選挙法の場合、内閣側には選挙制度調査会がある。そして、問題状況に応じて一定の方向性をしめす。それをベースとして与野党間協議が重ねられる。内閣側が主導権を発揮しているわけではないが、与野党間協議の合意事項にもとづく法技術的意味で法案を作成しているのは行政府側である。

第二のタイプは、近年は目立っていないが、地域格差の是正や画一主義の弊害解消のための各種の地域振興立法、例えば北陸地方開発促進法、中部圏開発整備法、離島振興法、山村振興法、過疎地域振興特別措置法などである。これらは、与野党を超えて選挙区利益に応えたものといってよい。これらを主導したのは政権党（自民党）議員だが、こうした法案は各省に所管がまたがるものである。与党議員が各省にプレッシャーをかけ法案を作成させるとしても、各省間の調整は容易ではない。その意味で、各省官僚機構に法案作成作業を手助けさせつつ、議員立法として成立を図ったものである。

第三のタイプは、新たな社会立法というべきものである。育児休業法、貸金業の規制等に関する法律と出資の受入れ、預り金及び金利等の取締りに関する法律の一部を改正する法律（いわゆるサラ金二法）、児童虐待防止法、DV（ドメスティック・バイオレンス）防止法、そして臓器移植法ならびにその改正法などは、これらの新たな社会問題に対応するための法律の代表例といってよい。これらの立法背景は、それぞれ個別にみれば異なっている。ただし、児童虐待防止法やDV防止法などは、与野党を超えた女性議員の共同作業に負うところが大きい。また、臓器移植法ならびにその改正法は、ドナーから臓器を摘出するにあたって人間の死とは何かを法的に定義せざるをえないのであって、そもそも行政権力の行使を担う内閣による法案提出は適切でない。二〇〇九年の臓器移植法改正法案のばあい、まず衆議院に三法案が提出された。それらの違いは基本的に人間の死をいかに考えるか、であった。こうした第三のタイプの議員法案は、今後増加していくであろう。この意味では、議員の立法活動における重要な変化として記憶されてよいだろう。

日本の立法過程の第二の特色として、従来から委員会審議が中心で本会議での審議が実質的な意味をもっていないことが指摘されてきた。イギリスの議会では三読会制をとって本会議での審議の慎重化が図られているが、日本の議会は一回審議制をとっている。三読会制ではまず、第一読会で法案の上程と簡単な趣旨説明が行われ、第二読会で法案の一般討論が行われ採否を決める。その後、全院委員会あるいは常任委員会での審査をへて、第三読会を開き、法案の最終的な採否を決定する。日本でも帝国議会の時代には、この三読会制が採用されていた。三読会制のばあいは、本会議での各法案の審議時間が長くなり、それだけ慎重な審議が期待される。一回審議制のばあいは、審議の迅速化は期待できるが、個別利益や圧力集団に影響されやすい常任委員会での審査結果に対して、本会議が抑制を加えることは期待し難いとされる。

ただし、現行の委員会中心主義が、与党の「暴走」を抑制してきた側面もある。本会議中心主義＝三読会制に戻すことだけが課題なのではなく、常任委員会の府省別編成の改革、本会議審議の討論のありかたの見直しなどが、まずは追求されるべきであろう。

内閣提出法案と官僚の役割

国会を通過する法案は、若干の重要な議員立法があるにせよ、大半は内閣提出法案である。そして、内閣提出法案は内閣の補佐・補助機構である府省官僚によって起草されるのがふつうである。

内閣が提出する法案には、まったく新たな法案もあれば既存の法律の一部改正法案もある。したがって、新しく法律を準備する必要性の発議がどこから行われるかは、かならずしも同一ではない。各省は新たに顕在化した問題状況に応えるために、局長レベルでの研究会・懇談会とよばれる「私的諮問機関」で検討を開始し、それをもとにして大臣の諮問機関である審議会に諮り法律案の概要をまとめることもある。このレベルでの法案の準備については、5章で述べることにする。

各省内部における法案の準備過程の概要を述べると、次のとおりである。各省の事務（しごと）の分担は各省設置法に定められているが、その政令・省令は、内部組織である局・課の事務分担を定めている。したがって、既存の法律であればもとより、まったくの新規立法であっても、所管の局・課が定まっている。

多くのばあい、局議においておおよその方向性が議論された後に、担当課において課長、課長補佐、係長などが協議して法案要綱案の作成が開始される。そして、第一次案がまとまると局長が主宰する局議での協議がなされる。ここでは原課の作成した法案要綱案第一次案に修正の注文がつくのがふつうである。こうした幾度かの局レベルでの担当課と局議の往復作業によって局の法案要綱案がまとまる。この過程では、利害関係や類似の事務を所掌する関係省との折衝や調整が図られる。局の法案要綱案がまとまると、各省の法令審査を担当する大臣官房文書課の審査にかけられる。文書課から注文がつくこともある。各省は原案が確定すると、次に行政府全体の法令審査を担当している内閣法制局の審査を受けて、原案を法案として仕上げる。こうして、省議をへて法律案が確定すると、事務次官会議をへて閣議に提出され、最終的に内閣提出法案が決定されてきた。これが民主党政権時代を除いて基本的パターンである。

このように、内閣提出法案の多くは、各省設置法の定める所管事項に応じて、それぞれの省が作成作業を開始する。ただし、二〇〇一年以降の特徴として、二〇〇一年一月に生まれた内閣府が重要法案への影響力を高めたことを指摘しておこう。小泉政権下の一連の有事立法、道路公団等民営化法、郵政事業民営化関連法、安倍政権の国家公務員法一部改正法、麻生政権による国家公務員法改正法案（二〇〇九年七月の衆院解散で廃案）、二〇一四年の国家公務員法改正法、特定秘密保護法などは、防衛庁（現・防衛省）、総務省、国土交通省などの所管省によるよりは、内閣官房・内閣府の主導のもとに作成されたといってよい。この限りでいえば、内閣府（政権）の総合調整機能が強化されたといえよう。

いずれにしても、内閣提出法案というが、法案の多くの作成過程は府省官僚によって主導されてきたといってよい。

自民党政務調査会との協議・同意

ところで、法案作成の立法技術という観点にたてば、官僚機構が今日なお大きな影響力を維持していることは否めないのだが、自民党の一党優位体制が固まった一九七〇年代に入ると、内閣提出法案への自民党の影響力も次第に高まっていった。一党優位政党制のもとで半恒久的に政権を掌握してきた自由民主党は、多数の議員が閣僚経験を持つことによって、ある程度まで行政府官僚に対抗しうる統治能力を獲得した。それだけではない。自民党はまさに「政権党」であるがゆえに、経済社会の多様な利益を包括する政党となっていった。それらには、農業利益と工業利益、工業利益のなかも業界利益にみるように、相対立する利益を傘下におくことになる。こうして自民党内は、個別の利益集団の「代理人」ともいうべき「族議員集団」に仕切られていった。

自民党には政策審議機関として政務調査会が設けられている。この内部には、中央政府の府省編成に応じて部会がつくられている。そして、各部会は「族議員集団」の拠点であると同時に各省の「応援団」でもある。

さきに各省内部の局レベルにおける法案要綱案の作成をみたが、局における法案要綱案は、第一次案の段階から自民党の政務調査会部会にもちこまれる。それは官庁にとって自らの「応援団」である部会に限定されない。対立する利害に仕切られた部会にもかけられる。それぞれの部会からは、当然さまざまな注文がつく。それを聞き法案要綱案の修正が図られる。このやり取りは官庁側と部会側の合意が成り立つまでつづけられる。したがって、政務調査会との協議段階で大幅に修正されるものもあるし、政務調査会での同意が得られないために日の目をみない法案も少なくない。一九七〇年代初頭から数次にわたって繰り返された環境アセスメント法案は、この典型例といってよいだろう。

この自民党政調会と官庁側との協議は、与党事前審査制とよばれてきた。もちろん、これは何らの法的根拠をもつものではない。公的過程ではないから、公開の対象となるものでもない。先にも述べたが、政調会の部会編成は国会の常任委員会編成とほぼ同一である。各省を所管する常任委員会が与党会派によって多数が占められており、メンバーも重複している限り、委員会の実質的な審査はすでに国会に法案が提出される以前に終了しているといってよい。国会での審議過程において、もちろん野党はすべて内閣提出法案に反対してきたわけではない。与党との妥協や修正も図られている。あるいは、多様な戦術を駆使して、廃案に追い込むこともある。しかし、自民党一党優位時代の日本の立法過程における大きな特徴は、実はこの与党事前審査制にあったといってよい。

内閣提出法案に対する与党事前審査を政権党の政策能力の向上とみる見方もある。そこから政治が官僚に優位する時代であるとの言説も引き出される。だが、実態は「包括政党」さらには「超包括政党」となった自民党の個別利益で仕切られた議員集団と各省部局との「結合」が際立ったというべきであろう。

連立政権の時代と立法機能

ところで、一九九三年の衆院総選挙によって自民党はいったん政権の座から退いた。しかし、九四年六月には、社会党・新党さきがけと連立政権を構成し政権に復帰した。九三年八月の細川護煕を首相とする七党一会派による連立政権以降、日本には連立政権が続いているが、九四年以降は自民党を軸とする連立政権が二〇〇九年まで継続した。

九四年から九六年一〇月の総選挙までの連立政権とそれ以降の連立政権の立法機能には、違いを認めることができよう。自民・社会・新党さきがけによる連立政権の法案準備を特徴づけたのは、政権与党の政策調整会議が重要法案について実質的な影響力を有したことである。そこでの合意事項をもとにして与党政策責任者会議さらに政府与党首脳連絡会議が、最終的にオーソライズする手続がふまれた。地方分権推進法、環境アセスメント法、特定非営利活動促進法（NPO法）、消費税率の引き上げを図った消費税法改正法などは、こうした連立与党の政策調整による。また法律の成立は一九九九年だが、長らく懸案とされてきた情報公開法の制定に向けた作業を開始したのも、この連立政権である。

しかし、小渕政権から二〇〇九年に崩壊した麻生政権までは、たしかに連立政権であるものの自民党優位の政権であり、自民・社会・新党さきがけによる連立政権時のような与党間の政策調整機能は実質をもたなくなった。先にみた与党事前審査についても、小泉政権は二〇〇三年の信書便法案の提出にあたって、与党との協議を行わずに国会に提出し成立を図った。小泉政権は公的に与党事前審査制の廃止を掲げていたが、実際にはこの一件だけであった。したがって、二〇〇九年の衆院総選挙による自民党政権の崩壊まで、内閣提出法案に対する与党の個別利益に仕切られた議員集団の影響力は、きわめて大きかったといってよいだろう。

民主党政権と立法機能の行方

二〇〇九年八月三〇日に実施された衆院総選挙において、野党であった民主党は三〇八議席を獲得した。これに対して自民党は一一九議席と惨敗し、自民党と連立を組んできた公明党も二一議席に後退した。この結果、二〇〇九年九月一六日に鳩山由紀夫を首班とする民主党を核とした連立政権（社民党、国民新党との連立）が発足した。

この政権は「官僚主導から政治主導へ」を政権運営の基本としたが、そもそもそれがいかなるシステムとして展開されるべきかを、時間をかけて議論してきたものではなかった。二〇〇一年の行政改革で導入された府省のトップマネジメントを担う、大臣・副大臣・大臣政務官を「政務三役」と位置づけた。その一方で、政権獲得当初は民主党幹事長職のもとに政策調査会をおき議員の多くを府省に対応した部会に所属させた。政務三役主導の政策形成――その具体的な規範としての法案作成が追求されるとともに、他方において政権党（民主党）主導の法案の作成と内閣による決定＝国会上程が行われた。

政治主導とはいうものの、このシステムは政権（内閣）主導というよりは政権党主導といった方が適切だろう。しかし、これを仕切った小沢一郎は「政治とカネ」問題で幹事長職を辞任し、また民主党政権の初代首相であった鳩山由紀夫も、政治資金問題に加えて沖縄の普天間基地問題で行き詰り辞任する。民主党内は小沢対反小沢の党内対立を深刻化させるが、そのような状況下で未曾有の東日本大震災が発生し、巨大津波と原発崩壊＝放射性物質の拡散による地域壊滅の危機をもたらした。政権は内閣を中心として危機対応の新規立法に努めていくが、政権としてのシステマティクな対応からは程遠い状況を呈した。

加えて、民主党内の対立が深まるなか、二〇一〇年七月に参議院議員選挙が実施された。前年の〇九年の総選挙で圧勝した民主党は惨敗し、参議院の過半数を失った。こうして、衆議院では政権党が優位し参議院では野党が優位する「衆参ねじれ」状況が生まれた。通常の法案審議において衆議院と参議院の権限関係は同等であるから、法案審議の滞りもさることながら与野党関係が複雑かつ不透明なものとなっていった。

こうした状況に対して「決められない政治」といった批判がマスコミから起きる。だが、「決められる政治」とは、そもそも何か。熟議の方法が真剣に考えられなくてはなるまい。それ以上に、参議院は議員の選出制度、院の権限の類似性などから衆議院の「カーボンコピー」と長らくいわれてきた。ところが、政治は参議院さらには二院制のありかたの検討をなおざりにしてきた。少なくとも、現行二院制をとるかぎり「決められない政治」と批判する前に、両院協議会や衆参議長の役割、両院の委員会構成の類似性などが再考され、国会を討論と合意調達の場として機能させる仕組みが真剣に考えられるべきであろう。

第二次・第三次安倍政権と立法機能

二〇一二年一二月の総選挙によって第二次安倍政権が誕生した。その後、二〇一四年一二月の総選挙においても自民党は勝利し第三次安倍政権がスタートした。この政権は「政治（政権ないし内閣）主導」体制を掲げ、立法過程においても、かつての自民・公明連立政権とは異なる様相をみせている。

第二次・第三次安倍政権の立法過程には、二つの特色を認めることができよう。第一は、自民党政権全盛時代にみられた与党の事前審査制が「復活」していることである。これは主として内政上の各省の所管事項にかかる法律案などの作成過程にみられる。自民党政務調査会の部会は、この意味で各省の「応援団」であるとともに、背後の利益集団の代弁者として機能しているといえよう。

ところが、第二次安倍政権は新国家主義による国の機能の再編指向がきわめて濃厚である。そのような指向から

安保法制／衆院平和安全法制特別委員会で採決に反対する野党議員ら（2015年7月15日） ©EPA＝時事

具体的には特定秘密保護法、集団的自衛権の行使容認の閣議決定と法体制の整備、教育改革などが実施に移されてきた。個別的にはこれらの政策の作成については、内閣官房・内閣府に政権ブレーンないし政権と政治指向を同一とする有識者をあつめ、基本的方向を審議しつつ、具体的な法律の条文案や基本事項は、内閣官房に「一本釣り」した官僚を用いてまとめ上げる傾向がみられる。集団的自衛権の行使容認に向けて消極的である内閣法制局に政権の意向に沿うように憲法解釈を修正させるために法制局長官を更迭し、集団的自衛権に積極的言説を展開してきた外務官僚を任命したことなど、その典型といってよいだろう。政権はそれを「官邸主導」としてアピールしているが、この政権には伝統的自民党政治と「官邸主導」の二極分化が起きているようにみえる。そして、おそらくは、高度に国家の存立に関わる安全保障政策や、政権が「国益」と判断するエネルギー政策などについては、「官邸主導」が一段と濃厚になっていくのではないだろうか。

　こうした状況が生まれている理由は幾点か指摘できよう。第一に、二〇一二年一二月の総選挙において自民党が圧勝し

❖コラム　党議拘束

国会の本会議における首班指名はもとより委員会審査で予め政党としての意思を決めておくことが党議拘束であり，違反者にはそれなりの処罰が政党執行部によって科されるのがふつうである．日本のように議院内閣制をとる国に多くみられるが，与党が安定多数を得ている場合には，採決以前から結果が見通せるため，議会審議の形骸化につながるともいえる．政権党である自民党の日常的意思決定機関は総務会であり，党議拘束をかけるかどうかは総務会で決定されることがほとんどである．党議拘束は政党としての一体性を保つために必要とされるのが政党サイドの主張だが，参議院改革の１つとして党議拘束の緩和が議論されてきた．衆議院本会議での首班指名選挙は党議拘束が必要であろうが，個々の法律については議員の間にもさまざまな判断がありうる．参議院は衆議院の「カーボンコピー」といった揶揄があることを考えるならば，二院制に意義をもたせるためにも，参議院での党議拘束は緩やかであってよいのではないか．

たのはすでに述べたが、この選挙の結果、自民党内の派閥の領袖・重鎮といわれた長老議員の多くが引退し、議員の年齢構成が若返るとともに派閥の機能が衰退したことである。これは現行の衆議院議員選挙制度の結果でもある。小選挙区制度のもとで議員候補者の公認権は名実ともに党中央に掌握されるようになっている。また政党助成法による政党助成金は選挙区支部に配分され、現職議員ないし公認立候補予定者の政治活動資金となっている。いきおいそれは、総理・総裁の影響力の増大として帰結しているのである。

第二に、従来はどちらかというと「黒子」に徹してきた内閣官房長官が、自民党内役職ポストや高級官僚人事、政府関係機関人事に表立った形で介入するようになったことである。もちろん、これは衆参両院の圧倒的な議席ならびに安倍政権のマスメディアなどでの支持率の高さを背景にしているのだが、新たな官房長官の行動スタイルといえよう。

第三は、衆参両院ともに自民・公明優位体制であることに加えて、野党が多数に分裂しており、しかも、野党といえども自民党の右派に近いグループから共産党のような左派に分かれている。したがって、与党（内閣）法案に共同して対抗法案を提出することや問題点を指摘することが難しい状況となっている。

こうして、安倍政権が「官邸主導」のもとで国家主義的政策を次々と打ち出す中で、自民党内はもとより国会の立法機能はダイナミックさを失いつつある。

4 日本の官僚制

官僚制の多様なイメージ

戦後日本がナショナルゴールとした先進経済国に「追い付け・追い越せ」がほぼ達成されたのは、一九六〇年代末である。この目標の達成に行政官僚機構が大きく貢献したことを認める議論は、ひろく展開されていた。ところが、七〇年代さらには八〇年代に入ると、官僚機構への社会的批判が一挙に噴き出した。実際にも、高級官僚による数々のスキャンダルが発生した。また、政権党と官僚機構との「癒着」も批判の俎上に載せられた。九〇年代には「官主導の政治・行政」から「政治主導の政治・行政」が、提唱されるようになる。そして、二〇〇九年八月に成立した鳩山由紀夫を首班とする民主党政権は、政権（内閣）主導の政治を強調した。この「政治主導」は、三年間の野党時代を経て政権に復帰した安倍晋三を首班とする自民・公明連立政権においても強調されている。

しかし、そもそも官僚制の役割とは何であろうか。また政治（政権）との関係は、どうあるべきなのだろうか。官僚機構の改革課題について考えてみることにしよう。

社会科学で用いられる概念は、同時に人々の日常生活に用いられる言葉であることが多い。政治や行政といった概念自体がそうであるが、本章で扱う官僚制、官僚といった概念もこのたぐいである。こうした概念は、日常の用法でも科学的用法でも、一般にきわめて多義的である。官僚制はその最たるものの一つといってもよい。

通常、「官僚」的とか「官僚」主義とかいうとき、そこには批判的かつ否定的な意味が込められていよう。公務員の世界においても「官僚」といわれることに、かなりの違和感があるとされる。そしてこうした傾向は、別段日本に特有なのではない。西欧においても官僚制（bureaucracy）は、もともとカース・ワード（呪い言葉）であって、悪意が込められていたといわれる。

このような言葉を社会科学の概念として定義することはかなり難しい。だが、近代官僚制を考察する際に、一つの重要な準拠とされるのは、マックス・ウェーバーによる価値中立的な概念定義である。

ウェーバーの官僚制概念

マックス・ウェーバーは官僚制というよりはむしろ官僚制的行政幹部の特徴を次のように列挙した。それらは①人格的に自由であって非人格的な職務に服し、②階統制的に組織されており、③明確な権限を与えられており、④自由な選抜の原理により、⑤専門資格にもとづいて任命され、⑥金銭による給与を受け、⑦官職を唯一のまたは主たる職業とし、⑧昇進という経歴を見込んでおり、⑨行政手段から分離され、⑩厳格な服務規則と統制に服していること、である。その上でウェーバーは「官僚制的行政は知識による支配を意味する。これこそは官僚制に特有な合理的根本特徴なのである」と述べ、専門的知識こそ近代の行政に必須の条件であることを強調した。

ところで、ウェーバーは「官僚制的支配」を「合法的（依法的）支配」の「最も純粋な形態」と述べた。これは近代市民革命によって出現した法の支配の装置として、官僚制が最も優れていることを示したものといえよう。なぜならば法の作成と執行は、それ自体合理的であるとは限らない。官僚制的組織には仕事の遂行における客観性、精確性、安定性、迅速性、能率性といった機能的合理性を期待できる。また、法にもとづく支配は、官僚制の行動を予測することができる。ここに官僚制が行政のみならず会社、学校、教会その他大規模集団に広く組織された理由がある（マックス・ウェーバー『支配の社会学I〜III』世良晃志郎訳）。もちろん、ウェーバーがこうした機能的合理性の裏面に進行しがちな非能率、法規万能、繁文縟礼といった事態を知らなかったわけではない。だが彼は、西欧における資本主義発展を支えたプロテスタンティズムの倫理——なかんずく禁欲の精神に機能的合理性の発現を期待していたといえよう。

日本における近代官僚制の形成

ところで、近代日本では、少なくとも制度の外観としてみると、ウェーバーのいう官僚制はかなり早い段階に整えられた。日本における近代行政官僚制の成立時期は、ほぼ一八八五年の内閣制度の成立から一八九九年にかけてであるといってよいであろう。

明治政府は従来の太政官制度に代えて内閣制度を設け、これに行政機構を統合し、やがて設置される帝国議会に備えようとした。同時に日本の近代化のために専門的知識や技術を備えた官僚を必要とした。このために一八八六年に官吏の養成を目的として帝国大学法科大学（のちの東京帝国大学法学部）が設けられ、同大学卒業生は無試験で高等文官に任用された。一八九三年になるとこの特典は廃止され、少なくとも形式的には広く人材を求めるために、文官任用令、文官試験規則の勅令が定められる。また外交官、司法官の任用にも試験制度が導入された。さらに一八九九年には、文官任用への政党政治の介入が厳しく規制されるとともに、文官懲戒令及び文官分限令も定められ、ここに近代的官吏制度の体系が整えられた。

このように、明治三〇年代初めに成立した官吏制度は、資格任用制を基本としており、その実質はともかく広く社会に門戸を開くものであった。しかし同時に、官吏は天皇主権の下において、天皇に無私の忠誠を尽くすべきものとされた。官吏は近代市民革命を経験した国にみるような国民の使用人（公僕）なのではなく、あくまで天皇の使用人にほかならなかったのである。したがって外部世界とのあいだには「官尊民卑」という言葉が示すように、一種の封建的身分的諸関係が築かれることになった。また官吏制度の内部には、親任官、勅任官、奏任官（以上は「高等官」といわれた）、判任官の身分的階級区分が、職務上の職位関係と別に導入されていた。

こうした官吏制度も、大正末から昭和にかけての「大正デモクラシー」期の政党政治の下において、パトロネージの対象となった。しかし政党政治は、政治的訓練の未熟と激変する国際環境の中で継続しなかった。そして「政治の混乱」を背景として、「革新官僚」と自己規定する一群の官吏集団が台頭してくる。彼らは政党政治を排して政治運営を主導する組織体の形成をめざし、やがて軍部と結びついていく。これは天皇に無私の忠誠を誓うべき官吏が著しく政治化したことを意味するが、日本における「官僚」という言葉の一般化は、こうした官吏の政治化を契機としていた。

原理の転換と公務員

第二次世界大戦後の主権構造の根本的転換は、官吏の地位にも基本的転換をもたらした。国民主権の下で官吏は「公務員」とよばれることになり、国民の公僕であるとされた。そして身分的階級区分も廃止された。人事行政は国家公務員法にもとづき、政治的中立性を保障された人事院によって担われることになった。しかし政治原理の転換がただちに官僚の行為規範に変容をもたらすわけではない。辻清明は一九四九年に「公務員制の意義と限界」と題する論文において、国民の民主的統制にもとづき行政国家にふさわしい行政職能を能率的に遂行する公務員制度を創り上げるために、第一に政治的官職の枠を拡大し、少なくとも各省の事務次官までひろげること、第二に公務員に対する弾劾制度を確立すること、第三に人事院に対する民主的統制手段を確立すること、第四に下級公務員の政治活動を自由にすることを求めた（辻清明「公務員制の意義と限界」『新版　日本官僚制の研究』）。

このような改革案はしかし実現をみなかった。公務員制度の実際には、戦前期官吏制度の伝統が実質的に引き継がれたといってよい。以下のような戦後公務員制度については、二〇一二年に成立した第二次安倍政権のもとの二〇一四年に国家公務員法が改正され、幾点かの重要な改革が行われている。それについては後述することにして、まず戦後公務員制度の特徴点を指摘しておこう。

第一に、公務員の採用には資格任用制を原則として採用試験が実施されている。人事院の行う国家公務員採用試験は、Ⅰ種、Ⅱ種、Ⅲ種試験に区分されてきた。このうちⅠ種試験合格者のみが、将来の幹部候補生（キャリア組）であって、本省の課長・局長・事務次官にまで昇進する可能性をもっている。他の試験合格者は、ノンキャリア組と俗称され、昇進可能性を著しく制約されている。この仕組みは一般に「入口選別」とよばれるが、戦前期の官吏制度との対比で「隠れた身分制」ともいわれる。なお、二〇一二年度から国家公務員一般職の試験区分は、「総合職」と「一般職」に改められた。「総合職」は政策の立案・企画立案、調査および研究に関する事務をその職務とする者、「一般職」は定型的な事務を職務とする者とされている。したがって、総合職試験に合格し採用された者が「キャリア組」であり、一般職採用者にも幹部候補への道はひらかれているが、実質的に「ノンキャリア組」である。

第二に、人事院の行う国家公務員採用試験は、公務員となるための「資格試験」であって、実際の採用は各省別に行われる。採用にあたっての人事権限者は、各省大臣であって内閣総理大臣ではない。この各省別採用もまた戦前期の伝統を引き継いでいる。

こうした戦前期官吏制度の残滓を払拭できなかった戦後日本の官僚制は、政党政治の未成熟ともあいまって、政治行政の意思決定に「絶大」な影響力を発揮した。

戦後近代化と官僚制

朝鮮戦争の特需に助けられて戦後復興を一九五〇年代前半に果たし終えた日本は、「先進国に追い付け・追い越せ」をナショナルゴールとした。一九五〇年代後半以降の日本経済は、高度の成長を記録していく。とりわけ六〇年代に入ると、実質GNPで年率一〇%を超える驚異的成長を果たすことになる。

この経済成長に果たした官僚機構の役割は、実に大きかったといってよい。各省官僚機構は、個別の業界ごとに「業法」と称される法律を制定し、業界への参入規制から生産量、製品の企画、製品価格、さらには企業の役員人事までをコントロールしていった。代表的な業法をあげるならば石油業法、建設業法、道路運送法などだが、タテマエ上有価証券の公正取引や秩序ある金融システムの監督などを掲げた銀行法や証券取引法も、「業法」そのものである。銀行や証券会社は業を営むためには所管庁の免許を必要としたし、商品や営業時間、支店の開設までも政府規制の対象とされた。これらの業に対する規制は、許可、認可、免許、届出、承認などの許認可権限によって行われた。言い換えるならば、業界分野ごとに監督官庁による「仕切られた市場」が作られたのである。

ただし、このように述べると、あたかも強圧的な「官僚支配」がイメージされるかもしれない。だが、実態はかなり異なる。「官僚制によって仕切られた市場」に包摂された企業側からみれば、この市場内の秩序に従っている限り、他社を打ち負かして寡占状態を築くことはできないが、何らかの経営危機に陥るならば、政府融資のみなら

✣コラム　キャリア組・ノンキャリア組

公務員の世界でキャリア組，ノンキャリア組といった言葉が使われ，マスコミにも登場することがある．日本の国家公務員制度の1つの重要な特徴は，入口選別制度であるといってよい．国家公務員採用試験は2011年度の試験までⅠ種，Ⅱ種，Ⅲ種試験に分かれていた．Ⅰ種試験に合格し（試験自体は一種の資格試験・3年間有効）各府省に採用された者が，将来事務次官まで昇進する可能性をもった幹部候補生であり，Ⅱ種試験の合格採用者は，せいぜいのところ本省の課長補佐が上限である．法的な根拠のある言葉ではないが，Ⅰ種試験合格採用者は「キャリア組」，それ以外は「ノンキャリア組」とよばれてきた．2012年度の国家公務員採用試験からⅠ種，Ⅱ種，Ⅲ種の区分は廃止され総合職と一般職試験に改められた．従来のような厳格な入口選別を改めていく動きもあるが，実際には政策形成能力を重視する総合職（大卒程度）が，従来のⅠ種試験を引き継ぐものといってよいだろう．戦前期の官吏制度は高等文官試験と普通文官試験に分けられ，高等文官試験の合格採用者が幹部候補生だった．この意味で入口選別は戦前からの伝統を引き継ぐものである．なお，一口にキャリア組というが，彼らは事務官と技官に分かれる．現在の総合職（大卒程度）試験は，政治・国際，法律，経済，人間科学，工学，数理科学・物理・地球科学，化学・生物・薬学，農業科学・水産，農業農村工学，森林・自然環境に区分されている．これらの区分試験の前4者の合格採用者（多数は法律，経済）は事務官，他の区分試験の合格採用者は技官とされる．一般に，日本の官庁では同じキャリア組であっても，技官は昇任ポストなどで冷遇されてきたといわれる．

ず官庁からの支援を受けることができる。それだけではない。実は、許可、認可をはじめとした官庁側の市場統制ルールは、官庁側と業界側の共同統治ルールであって、両者のフォーマル・インフォーマルな協議の産物であった。許認可権の行使は強権的に行われるのではなく、行政指導といわれる指導・助言・勧告などが前置されたのである（新藤宗幸『行政指導——官庁と業界のあいだ』）。

日本の経済発展の結果、日本市場の閉鎖性が貿易摩擦の深まりとともに、諸外国から問題視された。「非関税障壁」の存在や「株式会社ニッポン」といった批判は、まさにこうした経済発展における官庁と業界との関係性に由来している。それだけではない。国内的にもこの関係は、政治スキャンダルの温床となっていると批判されてきた。つまり、政治家集団は特定業界と結びつき官僚機構に業界利益を伝達して政治資金を得ようとする。官僚機構もまた業界団体との結びつきを深め、「天下り先」の確保や饗応を受ける。こうした事態が最も露骨に表れたのは、一九八〇年代末から九〇年代であった。「カラスの鳴かない日はあっても、官僚批判の起きない日はない」とさえいわれた。

行政手続法と規制緩和

政府は内外からの官僚制「主導」の経済構造に対する批判に応えて、一九九三年に行政手続法を制定し、翌年一〇月から施行した。これは許認可権限の行使基準や処分までの期間を公開すること、許可、認可、免許の取消などの不利益処分をする際には相手方の事情を聴聞せねばならないこと、行政指導については官庁側の「お願い」であることを法文上に明示したうえで、従わないことを理由とした制裁を加えてはならないこと、行政指導の相手方から指導内容について文書の交付を求められたならば、責任者を明示した文書を交付せねばならないこと、などを定めたものである。

少なくとも、行政手続法の制定は許認可や行政指導の透明性を確保するための必要条件であり、その限りにおいて大きな進展であったといってよい。ただし、行政手続法の施行から二〇年余が経過している。果たして官僚制と業界等との関係は透明化したのだろうか。官僚と業界団体との関係は、大きなスキャンダルこそ発生していないが、透明化に向けて大きく前進したとはいえないのではないか。その一つの傍証として、行政手続法施行後、行政指導についての文書の交付はわずかに一件に過ぎないことをあげることができよう。官僚機構による行政指導が姿を消したわけではない。にもかかわらずこの事実は、業界側が官僚機構との「良好」な関係――言い方を換えれば共存関係を維持しようとしていることを意味するであろう。

二一世紀冒頭に成立した小泉純一郎政権は、政府規制の緩和および官業の民営化を提起し経済の再生を図るとした。道路関係四公団の民営化、郵政事業の民営化などはその典型である。ただし、組織形態はいずれも株式会社へと変化しているが、株式は依然として政府保有である。したがって、これらに対する所管省（国土交通省や総務省）の監督権限は依然として大きい。経済的規制の緩和も金融・証券や道路運送事業などの規制緩和が実施された。しかし、そのことによって、官僚機構の影響力が衰退をみたわけではない。政府は「事前規制」から「事後規制」への転換を強調した。これ自体は妥当な方向であるとしても、官僚機構による事業評価の所見は、事業体に対する助言・指導・勧告などとなって現われる。表面的な官業の民営化や規制緩和の「華々しさ」とは別に、官僚機構と業界・個別企業との不透明な関係にメスが入れられたとは、言い難いのである。

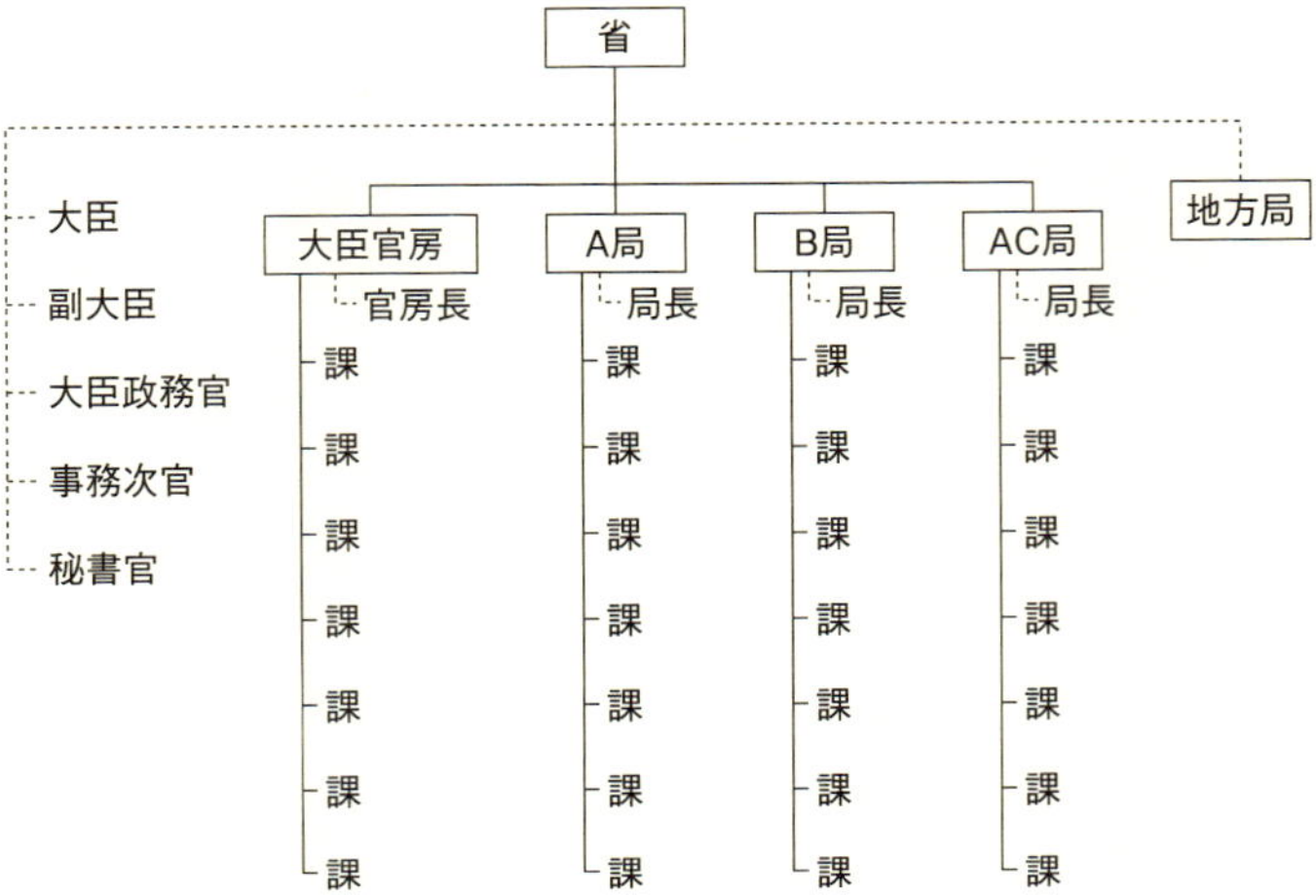

図 4-1　省組織の概念図

官僚制組織の特徴

ところで、日本の各省官僚制組織をみるとき、いくつかの重要な特徴を見出すことができる。さきにも述べたように、職員（公務員）の採用は各省別に行われる。国家公務員といわれるが、内閣が一括採用し配属先の府省を決定しているわけではない。したがって、国家公務員とはいうが、実際は各府省職員にほかならない。

さて、職員は概念図［図4-1］のような内部組織や地方局に配属される。それぞれの内部組織には当然のことだが局長・課長といった長がおかれている。そして長のもとに複数の職員が配されている。これら内部組織の所掌事務は、各省設置法令によって定められている。しかし、その規定の仕方は課・局といった組織単位ごとの所掌事務を定めるものであって、課長、局長といった職（ポジション）の権限と責任を定めるものではない。それゆえ、課としての意思決定にあたって課長がリーダーシップを発揮するとしても、その決定は情報の共有を前提とした議論の結果となる。この決定方式を採る限り、ラディカルに問題の本質を突いた議論は排除されよう。かつてある高級官僚は、こうした意思決定の結果について、「一〇〇点取れなくとも八〇点取れれば良い」と語ったが、この決定方式を採るならば六〇点程度の及第点がせいぜいであるだろう。官庁の意思決定が激動する時代状況に応えきれていない、あるいは時間的な迅速性を欠くといった批判が生まれる所以であろう。

こうした組織の特徴に加えて日本の官庁組織は、戦前期からの歴史を引きずり、行政作用法と行政組織法の関係が整理されていない。戦前期の中央省庁は、各省官制通則（勅令）を基本法とした各省官制（勅令）を設置根拠とした。そして各省官制は、内部組織とその所掌事務を定めるものだった。行政組織法とは現在の各省設置法、戦前期の各省官制のように、行政機関の設置、内部組織、所掌事務を定めた法規範である。一方、行政作用法とは公権力行使の根拠規範である。現代の民主主義政治体制のもとにおいては、行政作用法が制定され、その後に所管省の所掌事務に加えられる。行政作用法の規定なしに行政組織法のみによって、権力的行為をなすことはできない。

ところで、戦後日本は主権構造を一八〇度転回させた。行政は国権の最高機関である国会制定法を基本とした「法律による行政」として展開される。中央行政機構の編制も、国家行政組織法を基準法として各府省設置法によるとされた。こうした体制が整うまで官庁は戦前期の官制で仕事をし、同時に設置法案を作成して内閣を通じて国会に提出し、その成立によって設置法（行政組織法）にもとづく官庁となったのである。しかし、この「綱渡り」のような設置根拠の「改革」は、官制をほぼ踏襲したものであり、行政作用法との関係性や整合性について精査するものではなかった。したがって、今日なお、各省設置法の所掌事務規定は行政作用法の規定を欠くものが少なくないのである。

戦前期の天皇主権のもとでは官庁は天皇の使用人の集団であり、官制のみを根拠として公権力を行使することも可能である。だが、民主主義体制のもとでは、すでに述べたようにそのようなことは本来あってはならない。しかし、「法律による行政」に関する無理解もあって、政治はさほど問題視してこなかった。例えば、コメの減反の根拠を問われた農水官僚は設置法にもとづくと答弁したが、質問者の方は「法的根拠があるのか」と感心する始末である。この行政作用法と行政組織法の不整合問題は、単にそれにとどまるものではない。「法律による行政」ないし「法治行政原理」がきちんと認識されていないゆえに、官僚制の権限は無原則に増殖し、社会の隅々まで浸透していってしまうのだ。

公務員制度改革

先にも述べたように、二一世紀に入って政治主導による政治・行政が、日本政治の大きなアジェンダ（課題）とされる。経済成長を主導した官僚機構であったが、はるか以前に「追いつき型近代化」を達成することによって、官僚機構のモラール（士気）とモラル（職業倫理）の低下が目立った。激動する国際社会へ対応するためには、政治（内閣ないし政権）のリーダーシップが強化されねばならない。こうした政治課題が大きく叫ばれるようになり、政治（政権）と官僚機構のありかたが問われていく。

こうして公務員制度の改革が二〇〇〇年段階から政権の課題となり、国家公務員法の改正法案が数次にわたってつくられるが、政権交代や衆院解散によって廃案になる、といった曲折を重ねた。結局、第二次安倍政権のもとの二〇一三年一一月に国家公務員法等一部改正法案が国会に提出された。これに対する与野党の修正協議の中身については省略するが、二〇一四年四月に成立し、同年五月から六ヵ月以内に順次施行されることになった。

今回の改革の最大の「目玉」は、内閣に人事局（局長は内閣官房副長官）を設置し、内閣の国家公務員制度に対する統制を強化したことだ。とりわけ、幹部職員人事の一元管理として府省の幹部職（事務次官級、局長級、部長級など約六〇〇人）の適格性審査にもとづき幹部候補者名簿を作成することだ。そして、幹部職の任免はこの候補者名簿をもとに任命権者である各大臣が首相・官房長官と協議の上で行う。加えて、内閣人事局は、幹部候補育成課程に関する事務、制度の企画・立案、人事管理の総合調整、任用・試験・研修の実施、級別定数の決定、機構・定員等の審査などに権限をもつとされた。

また、内閣の重要政策のうち特定のものについて企画・立案し、首相を補佐する内閣総理大臣補佐官（五人以内）、同様に各大臣を補佐する大臣補佐官（各大臣に一人）を内閣が任免するとした。

従来、日本の国家公務員制度の管理を中心的に担ってきたのは、国家公務員法にもとづき設置され、内閣から相対的に独立性の高い人事院であった。だが、任用、試験、研修についての人事院の権限は弱められた。級別等級とは国家公務員俸給表にもとづく各等級の定員を決定することであり、これは人事院の大きな権限であったが、今後、人事院は内閣に意見を述べるにとどまる。採用試験は、すでに二〇一二年度の採用試験から従来のⅠ種、Ⅱ種、Ⅲ種の区分から総合職と一般職に変更されているが、幹部候補育成課程とは、主として総合職試験合格・採用者を対象として将来の幹部候補を育成するものだ。ここにも内閣の意思が強く反映されることになる。

国家公務員制度の管理に人事院と内閣のどちらが主導権を発揮すべきかについては、一九六〇年代以降、時に政治の争点とされてきた。だが、大きくは人事院の権限は揺るがずに推移した。もともと、人事院が設けられた重要な理由は、国家公務員に労働基本権を完全保障しないことの代償措置としてであった。政府は度重なるＩＬＯの勧告を拒否してきた。もちろん、人事院の安定性は裏返すと各省官僚機構の安定性と割拠性に通じるところがあったのも事実である。その意味では、政権主導が政治のアジェンダとして浮上したことを背景として実施された二〇一四年改革は、戦後公務員制度（官僚機構）の大きな転換であるといってよいだろう。

ただし、各省で育ってきた職員を幹部級に至って政権主導で任用することが、果たして妥当かどうかについては、慎重に考察されていかねばならない。今回の改革で極端なケースを想定すれば、国土交通省道路局次長を文部科学省初等中等教育局長に任用することもできる。ここまで極端な人事は行われないであろうが、類似のことが頻発するとき、公務員（官僚）の専門性は生かされていくのだろうかという疑問も生じる。

また、政権主導の人事を掲げて実際には政治による情実人事も起こらないとはいえない。とりわけ、政権交代が頻繁となるか、あるいはきわめて強力な権力・権威をもつ首相が登場するならば、その可能性は高まるともいえる。それは官僚制の機能的合理性を損なうことになる。

要するに、政権主導の公務員人事には、政治の側に高度の説明責任の遂行が問われているのである。この大規模社会において高い倫理性と専門能力を備えた官僚機構は不可欠である。この意味で、二〇一四年改革の行方に注目しておくべきである。

5　政策と政策の形成・実施

政策の概念と実施手段

政策（policy）という言葉は、日常頻繁に使われている。政府の政策のみならず、企業や学校をはじめとして多様な組織において用いられている。ここでは政府の政策（public policy）を考察の対象とするが、この場合でも単に政策という言葉が使用されるだけでなく、「政策を形成する」「政策を実施する」ともいう。このような言葉の間には、どのような連関があるだろうか。

政策とは、中央政府や自治体が一つの目標の実現のために採用する行動の指針である、ととりあえず定義しておこう。するとそこにはまず、目標と並んでその実現に用いられる手段が設定されているはずである。逆にいえば目標と手段とがセットになっていない限り、政策とはいえない。通常、政府の政策は多様な形態をとって、社会的に公示される。主たるものをあげるならば、法令、条例、予算、計画、通知、要綱、閣議決定、施政方針、省庁間了解などがそれである。これらは一方において政策の目標を部分的に示すとともに、他方において手段としての実施機関、実施権限、権限行使基準、構造技術基準、充当財源、配分基準などを部分的に示すものである。したがって、一口に福祉政策、環境政策などというが、政策は右のような公示形式の複合物である。政策の実像の把握には、それらの組み合わせを具体的にみなくてはならない。

ところで、このように多様な公示形式をとる手段を対象との関係で大きく分類すると、①政府が公権力を背景として個人や団体の一定の行動を禁止すること、②政府が公共財ないし準公共財を直接提供すること、③一定の望ましい方向に個人や集団を誘導するための行動、の三つをあげることができよう。

第一の権力的禁止は、今日の公共政策の手段としてはきわめて限定されている。とはいえ、一例をあげておくならば、一定の要件を満たさない銃剣類や麻薬の取引の禁止、あるいは政府による特定物質の専売に典型をみることができよう。これらは見方によっては犯罪の抑制に向けた誘導手段といえないこともないが、権力行使の基準や手続きにおいて質的に第三の誘導とは異なる。

第二の公共財や準公共財の政府による直接的供給は、道路、港湾、学校、上下水道、公園、医療サービス、年金、住宅などに典型をみることができよう。これらは行政機関ないし政府出資法人によって提供される。いずれにしても広い意味で政府部門による財の供給である。これらの公共財・準公共財の提供には、一部に受益者負担が設定されてきた。公営住宅の賃貸料、大規模圃場整備事業の受益者負担は一例である。一般的にいえば、受益の普遍性が高く社会的公平性の維持が必要とされる領域では、受益者負担の程度は低い。また、施設などの構造上、受益者を特定できる（排他性のつよい）ケースでは、受益者負担が課されてきた。代表例は一般道と高速道路の差異である。いずれにしても、政府公共部門は公共財・準公共財の直接提供を、歴史的に有力な政策手段としてきた。

第三の誘導は、今日最も多用されている。政府公共部門は公共財と準公共財を直接供給する一方で、民間事業者に一定のインセンティブを与えて、とりわけ準公共財の整備を行わせる。小中学校から高校・大学に至る私立学校は、一つの典型例であろう。また最近ではＰＦＩ（Private Finance Initiative）という考え方のもとに、民間事業者に道路などの社会資本の建設・整備をゆだね、政府がそれを借上げないし年賦で購入するという手法もみられる。

一方、大気汚染や水質汚濁などの環境問題の解決、労働条件の確保、雇用の促進、公正な市場取引の実現などに向けて事業者を誘導する方法も一般化している。

ただし、誘導の方法は一様でない。一般的にいえば、まず施設の整備や構造上の基準、運営の基準、適切な行動などについての法的ルールが設定され、これにもとづく行動の順守が求められる。違反者には法的制裁が科される。つまり、一定の状態を確保するための権力的規制手段が前置される。多数にのぼる私立学校も、事業者の自由意思で設置できるものではない。学校教育法や各種の設置・運営基準に適合していなくてはならない。大気汚染防止法や水質汚濁防止法は、汚染物質の排出を抑制するために、排出物質の基準と生産・浄化施設などの構造を定める。これに違反した場合には罰則を科し、大気や水質を保全しようとするものである。労働基準法も労働時間、賃金などの対価の支払い、事業所の保安条件などを定め、これへの違反行為には操業の停止や刑事罰を科すことを定める。

しかし、誘導のカテゴリーに属す政策手段は、こうした公権力による規制のみではない。政府の補助、融資、租税特別措置（例えば製造設備について原価償却率の割増しなどの特例を設け法人税減免を行うこと）などによって、個人や民間法人の行動を一定の方向に誘導することが一般化している。大気汚染防止法や水質汚濁防止法は、たしかに厳しい規制を定めているが、他方において事業者に汚染防止装置の設置を促すために、租税特別措置による税制上の優遇措置がとられている。私立学校にも税制上の優遇措置や各種の運営交付金が設けられている。個人や民間事業者による住宅の建設や住環境の整備・改良を促すために、住宅減税制度や政府金融機関による融資制度が整えられてきた。そして、こうした政府による補助、融資、租税特別措置などは、多くの場合組み合わされている。さらにいうと、事業者の行為に法令違反がみられても、即座に権力的制裁が発動されることは稀であり、政策実施機関は違反行為が見出されたとき、通常は改善勧告などの指導や助言を行い、一定期間内における事業者の自己改善努力を求める。一般に、こうした行動は「行政指導」といわれる誘導手段である。

このように、設定された政策目標を実現する手段は多岐にわたっており、複数の手段の複合となっている。逆にいうならば、設定された目標の実現にとって「最適」な手段が選択されねばならない。とはいえ、目標の設定が利用可能な手段に規定されているのも事実である。したがって、目標実現の「完全解」といったものは現実には存在しない。それだけに、政策の立案の仕組みや設計の中身が政治の世界で大きな論争となるのである。

政策体系と政策実施

政策の概念を目標と手段の関係を中心として考えてきた。目標と手段がセットにされていないならば、それは政策とはいえない。目標のみを掲げて「政策」というケースが、政治の世界において多々見られるが、それは単なる期待の表明でしかないのである。

ところが、政策の準備・決定過程においてはじめから手段が「完璧」に整えられているわけではない。政策の概念を考える際に注目しておきたいことは、いかなる政策領域（policy area）を取り上げても、そこにはピラミッド型の目標と手段の連鎖構造がみられることである。例えば大気汚染防止政策を取り上げてみよう。高次の目標としてのNO_xやCO_2の削減が設定されたとする。この目標を実現するための手段は、けっして一つではない。広範な排出ガス源を規制することが手段として浮かび上がるだろうが、それを実効性のあるものとするためには、対象にそくして手段を設定せねばならない。そこで工場と自動車の排出ガス規制が考えられたとする。さて、工場の排出ガス規制のためには規制基準値に合致させるために、工場の排出ガスの浄化装置の設置や排出ガスの取引などの手段が考えられる。一方、自動車の排出ガス規制についても同様であって、規制基準値に合致させるために、装置

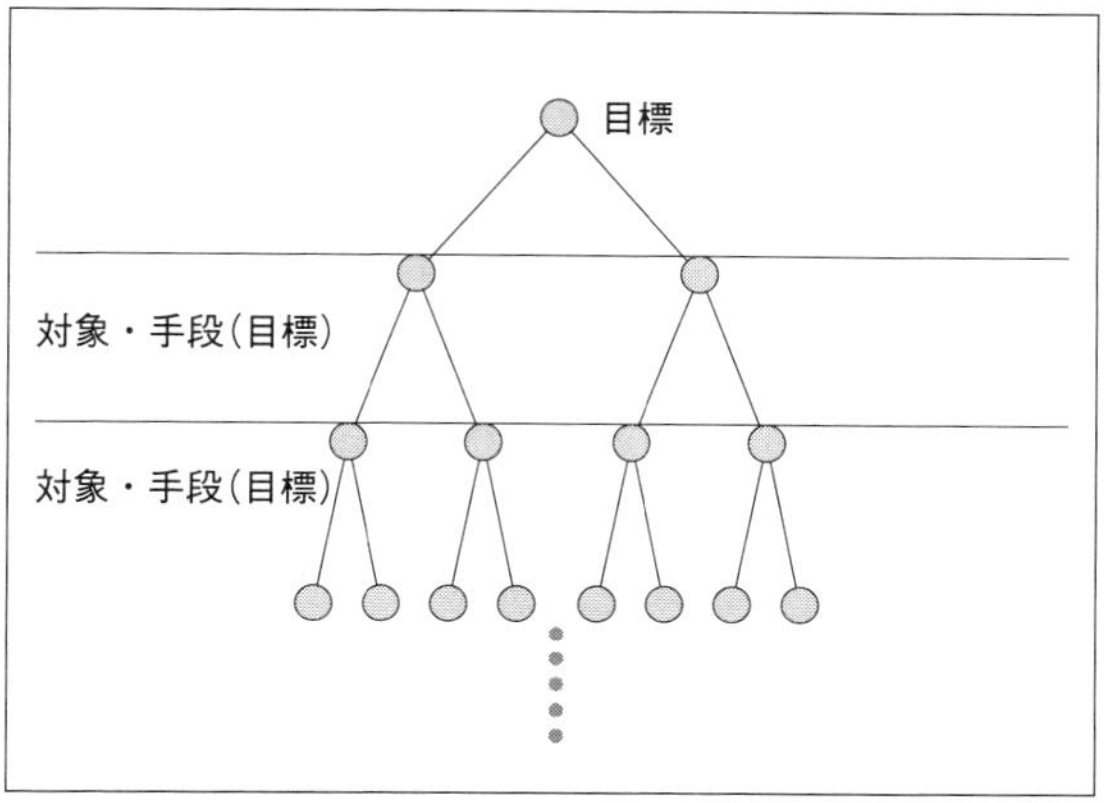

図 5-1　政策体系

の改善の義務付けや自動車そのものの総量規制が考えられよう。他方、こうした系列とは別に、エネルギーの転換を推し進めることも考えられる。

このように考えると、政策は目標と手段がツリー状に連鎖し、裾野を広げていくことを構造上の特徴としている〔図5-1〕。つまり、高い段階の目標からみれば次の段階は手段だが、その手段はその次の手段からみれば目標である。こうした政策の構造を政策体系とよべば、このツリー状の連鎖は目標と手段が転移しながら裾野を広げていく。政策体系ははじめからつくられている訳ではない。政治が政策体系を決裁し、行政官がそれを実施するといった政治・行政二分論は実際にはありえない。政治が決裁するのはかなり高次の政策であって、その実施過程では下位の目標と手段が順次作成されていく。しかも、政策実施過程のアクターは中央政府の官僚機構に限られるわけではない。とりわけ、日本のような中央と自治体の関係が高度に融合的な国においては、自治体もきわめて重要なアクターである。

要するに、政策の作成と政策の実施は、概念的にも実際にも区分できるものではない。政策の実施過程は政策の作成過程でもある。したがって、特定の政策の研究を行う際には、政策の実施過程に登場するアクターの行動を視野に入れることが重要となる。

政策の準備と作成

さて、政策の作成には、さまざまなマクロ的モデルが存在するが、ここでは本書の性格に応じて、中央政府レベルでの政策がどのように準備され、作成されていくかを中心に述べていくことにしよう。

政府の政策は「公共問題」の解決をめざした行動の指針といえる。したがって、政策の準備は課題の設定から始まる。とはいえ、政府は社会経済条件の変化によって生まれる問題のすべてを、政策による対応課題として捉えるわけではない。政治が対応を要すると認識しないことには、政策の準備活動はスタートしない。

新たな政策の作成ないし既存政策の修正がどこから発議されるかは、実に多様であるといわねばならない。政策と一口にいうが、その機能は多様である。政策を機能から大きく分類するならば、「戦略的政策」と「実施政策」に分類できよう。ここで「戦略的政策」というのは、例えば、公共支出の削減を全体としてどのように行うのか、安全保障政策や防衛政策のような国の本源的機能の発揮に関する基本方向を定める政策を意味する。これに対して「実施政策」は、より経済社会や市民生活にみられる諸問題の解決をめざした事業や規制の展開を意味する。

先にも述べたように政策体系はピラミッド型の連鎖構造をとっており、「戦略的政策」と「実施政策」は、まったく分離できるものではない。公共支出の削減をきわめて高次の政策として設定しても、所詮は各政策分野の再編成を伴う。同様に、防衛政策として軍事能力の向上を図るとしても、具体的には基地などの整備拡充を必要とする。したがって、土地利用規制や住民の合意のとりつけが必要となる。このように、「戦略的政策」と「実施政策」は連鎖せざるをえない。にもかかわらず「実施政策」には、それに必要な知識と技術、情報、あるいは対象との具体的交渉が不可避であって、高次の「戦略的政策」と相対的に区分しえよう。
また、「戦略的政策」と「実施政策」では、政策準備に至る発議主体にも違いがみられるといえよう。「戦略的政策」は、政権ならびに政権党のトップエリートの政治指向を端的に反映する。ときにそれは高度にイデオロギー的でもある。例えば、第二次安倍政権による集団的自衛権の行使容認政策は、客観的にそれを必要とする事象が生じているわけではない。政権・政権党のトップリーダーの国家観に発している。

戦略的政策——集団的自衛権の行使容認のケース

さて、近年の日本政治において「戦略的政策」を最もよく現わしているのは、集団的自衛権の行使容認に関する閣議決定であるといってよいだろう。日本国憲法第九条は「①日本国民は、正義と秩序を基調とする国際平和を誠実に希求し、国権の発動たる戦争と、武力による威嚇又は武力の行使は、国際紛争を解決する手段としては、永久にこれを放棄する。②前項の目的を達するため、陸海空軍その他の戦力は、これを保持しない。国の交戦権は、これを認めない」と定めている。自民党・社会党（現・社民党）の対立状況のつづいた五五年体制のもとでは、社会党は自衛隊の存在自体が憲法九条に反するとしてきた。だが、九四年の自民・社会・新党さきがけ連立政権の首班に就いた社会党党首の村山富市は、自衛隊の存在を合憲とした。これ以前の自民党政権は、当然、自衛隊を合憲としつつも、「専守防衛」の言葉が物語るように、日本に対する何らかの軍事的侵略のあった場合にのみ、自衛隊の軍事行動が許されるとしてきた。いわゆる「個別的自衛権」の発動である。内閣法制局も「個別的自衛権」の発動は憲法上許容されるが、これを超えた他国の軍隊との共同軍事行動（集団的自衛権）は、憲法上できないと繰り返してきた。とはいえ、日本は軍事同盟条約といえる日米安全保障条約を結んでおり、さらに周辺事態対処法やアメリカとの共同軍事行動のガイドライン（日米防衛協力の指針）を策定しているから、「個別的自衛権」の限定もかなりあいまいにされてきたことは否めない。

二〇〇六年に成立した第一次安倍晋三政権は、従来の政府公式見解を否定し、集団的自衛権の行使に向けた法制度を作るために、首相の私的諮問機関として安保法制懇談会を設けた。ここで「私的」というのは、首相のプライベートな勉強会ではない。法律ないし政令にもとづいて設置されたものではなく、要綱等で設置されたものを指すが機能は公的であるといってよい。第一次安倍政権は一年ほどの短期間に終わったが、二〇一二年一二月に成立した第二次安倍政権は、安保法制懇談会を再び立ち上げた。そして、同懇談会は二〇一四年三月に集団的自衛権の行使は憲法を改正せずとも可能であり、それに向けた法制度の整備を行うべきだと報告した。これを受けた政権は集団的自衛権の行使容認に向けて具体的内容の検討に入った。ただし、政権の前に立ちはだかったのは、内閣法制局であった。内閣法制局は従来から憲法九条が許容しているのは個別的自衛権のみであるとしており、その見解は歴代内閣の憲法解釈に反映されてきた。

だが、安倍政権は内閣法制局長官を行使容認論者の外務官僚に交代させるという「荒療治」を行う。そのうえで少数の外務官僚、防衛官僚、自民党最高幹部による「密室」での協議を重ね、集団的自衛権の行使の範囲や軍事行動の内容について骨格をまとめた。こうした意思決定過程をへて、二〇一四年七月に現行憲法のもとでの集団的自衛権行使容認の閣議決定に至った。

この集団的自衛権の行使に関する閣議決定は、政権党内でもほとんど議論されなかった。連立与党である公明党は、もともと集団的自衛権の行使に消極的であり、当初は安倍首相への批判的言動が目立ったが、結局のところ連立の維持を大前提として批判の矛先を緩め閣議決定に同意した。この一連の過程は、まさに首相指導といってよいのだが、集団的自衛権の行使容認についてのケースは、政権のイデオロギーが強調されるあまり、民主政治とは何かという問題を残したといえよう。このことは、第二次安倍政権のすすめた特定秘密保護法の制定、武器輸出三原則を廃止し「防衛装備品移転三原則」に改め、一定の条件のもとで武器輸出を可能としたこと、ＯＤＡ（政府対外援助）の使途変更にも、あてはまるといってよいだろう。

実施政策と官僚制

実施政策の発議主体は、官僚機構内部の場合もあれば、利益集団を背後にもつ議員集団のこともある。あるいは政権が新たな政策の準備を官僚機構に指示することもある。だが、いずれであるにしても、政策の準備作業は各省の所掌事務に照らしてまずは官僚機構が主体になる。この際に官僚機構がまったく内部のみで原案を作成することは、かなり例外に属するといってよい。

類型的にいうと、次の三パターンをみることができる。第一は、局長レベルに私的諮問機関（研究会、懇談会、有識者会議など名称は多様）を設けて、政策の可能性やスケルトンを研究するパターンである。日本の老人福祉行政の「転換」ともいえる介護保険制度の導入は、これの典型といってよい。厚生省（当時）は、老人保健局長の諮問機関として高齢者介護・自立支援システム研究会を一九九四年七月に立ち上げ、同年一二月に介護保険制度のスケルトンをまとめた。第二は、官庁周辺に存在する公益法人（公益財団、一般財団など多様）に調査研究を委託するものである。もちろん、これら法人は研究所や研究センターといった名称を付けていても研究スタッフがいるわけではない。外部の識者を招いた研究委員会などを組織するのが通例である。第三は、官庁周辺の利益集団（通常は社団法人）との協議によって一定の枠付けを検討するものである。これらは、概念的な区分であって、第三から第二、第一へと「上向型」にステップを踏むばあいもある。

こうした政策準備は官僚機構に政策準備の知識や技術、情報が不足しているために行われるのではない。実際にも、これらのいずれのパターンにおいても官庁側の担当官が同席しており、官庁側の意向や関連資料を提示している。したがって、こうした政策準備手続きをへるのは、一つには予めの合意調達の準備であり、また今後の政策立案に向けて核となる外部専門家を調達するためといってよい。

こうした組織での政策の準備はまさに最も基底の動きである。これらの組織の報告等を基礎として、官僚機構は政策案の骨子をまとめる。そして各省のもとにある諮問機関（国家行政組織法八条にもとづく審議会等）に諮問する。この諮問機関の中核的メンバーは、先に述べた政策の下準備に関わった有識者である。ただし、審議会等の設置は、タテマエであれ利害関係者の声を広く聴取し、政策のありかたを議論することにあるから、関連する利益集団代表や当初より異論を述べるであろうと推定される有識者も委員に加えられる。だが、ある意味で基本的方向はすでに「定まっている」から、審議会等の答申が下準備された政策案から大きく変化することはないといってよい。ここに従来から指摘されてきたように、「審議会隠れ蓑論」――多様な意見を聴取したという体裁づくりの場との議論――が提示される所以がある。ともあれ、官僚機構はこうした手続きをへて、新たな政策案の法的根拠となる法案要綱の作成を進める。

法案要綱と政権与党

民主党政権下の三年間（二〇〇九―一二年）は、政権が「官僚主導から政治主導へ」のスローガンのもとに官僚機構を「無視」した政策作成を重視していたため、官僚機構と政権ならびに政権与党の関係は全体として疎遠であったといってよい。

二〇一二年に政権党に復帰した自民党は、実施政策に関する限り、一党優位体制時代と同様の関係を官僚機構とのあいだに展開しているといってよい。自民党内には政務調査会が設けられてきた。これは政策審議機関とされているが、内部組織は政務調査会全体会のもとに府省編制に応じて部会が設けられている。これらの部会に加えて、税制調査会のように組織ないし政策横断的な調査会も設けられる。政務調査会部会は各行政分野に精通した議員からなるともいえるが、一方で個別の利益集団と結びついた「族議員集団」の活躍する舞台でもある。

通常、各省の局は法案要綱の草案（一次案）を作成すると自らに密接に関連する自民党政務調査会の部会ならびに法案要綱に関係があると思える部会に出向いて説明する。いうまでもなく、部会側からはさまざまな注文がつく。そして官庁側はこれらを持ち帰り第二次法案要綱案を作成し部会で説明する。こうした法案要綱をめぐるキャッチボールは、両者の合意が成立するまで繰り返される。合意がみられずに作業が停止することもあるが、最低でも四、五回のやり取りが繰り返されるという。合意をみた法案要綱にもとづき官庁側は法案作成作業に入り、省内の法令審査部局である大臣官房文書課の審査をへて省議で決定する。その後、内閣法制局の審査にかけられ法制局意見にもとづき修正されることも珍しくない。法制局の審査の主眼は、既存法令との整合性を図ることにあるが、法令案審査と政策内容審査の境界は、かならずしも明確に区分できるものではない。ともあれ、法制局審査をへた法案は閣議決定され、「閣法」として国会に上程される。一方で自民党側は、政務調査会全体会の議論をへて、政権党の日常的な党務の最高意思決定機関である総務会で承認する。

与党事前審査制の問題点

二〇〇一年に誕生した小泉純一郎政権は、こうした政務調査会部会による審査（与党事前審査制）を廃止するとした。しかし、実際には、信書便法案（宅配業者が信書の配送を可能とするもの）のみが与党事前審査の対象外とされただけに終わった。

小泉首相は与党事前審査制の廃止を「首相指導」「政治主導」を論拠とした。ここには個別利益による介入を防ぐという意味が込められていたであろう。だが、そのような政権も個別利益に仕切られた党内を改革できなかった。首相指導＝執政部指導を確立して、官僚制部局・族議員集団・利益集団のトライアングルを「解体」することは、なお重要課題のままである。

加えて、与党事前審査制は国会での議論と情報公開を限りなく形骸化させる。すでにみたように、日本の国会は常任委員会での審議を基本としている。各常任委員会の政権党委員の多くは「族議員」である。しかし、彼らの法案審査は繰り返すまでもなくすでに「終了」している。与党委員から「おざなり」の質問しか提出されないのも、こうした事情による。そればかりか、自民党政務調査会は法的な意味で国の行政機関ではない。ということは、ここでの議論は情報公開法の対象ではない。もちろん、官庁側には事前審査における議論のメモの類は残されており、それは基本的に情報公開法の対象である。だが、「意思決定過程中の情報」として非開示とされたり、墨で塗られて開示されることも多い。要するに、政策の重要骨格の一つである法案の作成過程は、透明度がきわめて低い。日本の民主政治に横たわる重要問題といわねばならないのである。

✣コラム　審議会

国の府，省，委員会，庁には，一般に審議会とよばれる諮問機関がおかれている．これらは国家行政組織法第8条，内閣府設置法第37条，54条を根拠として法律ないし政令で設置されている．名称は審議会が多いが，委員会，調査会，協議会とするものもあり，行政上は審議会等とされている．2014年7月1日現在で125が設けられている．審議会の機能は多様である．一例をあげれば，国の機関的な制度のありかたや運用について審議するもの（財政制度等審議会，社会保障審議会，地方制度調査会など），重要政策のありかたを審議するもの（労働政策審議会，産業構造審議会，総合資源エネルギー調査会など），不服審査に関するもの（関税等不服審査会，原子力損害賠償紛争審査会など）がある．ところで，各府省の重要政策について審議する審議会等には，従来から繰り返される議論に「審議会隠れ蓑」論がある．審議会等は一般論としていう限り，行政への市民参加や外部の専門的知識の活用のための機関とされる．しかし現実には，行政機関が自らに密接に関係する利益集団の代表や支援すると思える専門家を集め，あたかも外部の意見を尊重したかのように見せるための装置であり，その意味で「隠れ蓑」と批判されてきた．審議会の委員の人選は所管庁の裁量だが，委員としての任期は最長で10年，審議会委員の兼任は3つを原則とする．女性委員の比率はおおよそ30%とするなどの指針が設けられている．審議会議事録などは当然，情報公開法の対象だが，官庁の側が議事のマスコミへの公開や議事録の官庁ホームページでの公開などの情報提供に努めている．「隠れ蓑論」は依然として否定できないものの，近年では自ずと限界につきあたっているともいえよう．なお，審議会と類似の機関に研究会，懇談会，有識者会議といった名称の組織が存在する．安倍政権の集団的自衛権の行使容認に理論づけした安保法制懇談会もこの種の組織である．これらは法令上の根拠をもたず要綱などで設けられている．

6 予算と政治・行政

予算の意義と機能

現代の政府は国民の信託の下に国防、治安、外交のみならず教育、社会保障、公共事業など幅広い活動を行っている。この活動はいうまでもなく財源によって裏づけられていなくてはならないが、その財源は主として国民から強制的に徴収された租税である。いいかえると、国民は義務として租税を支払い、公的なシステムを支えているのである。したがって権力的に徴収された財（租税）が、特定の権力者によって恣意的に使用されてはならない。民主主義国家における予算（budget）の観念は、イギリスにおいて発展したといわれる。近代市民革命によって成立した議会は、最初は国王の租税徴収権に制限を加え、次第に使途決定権も自らのものとしていった。近代の予算は、まさに市民による国王権力の剝奪の過程で生まれたのである。

さて、予算とは何であろうか。一口にこれを定義することは困難だが、少なくとも形式的にいうならば、一定期間における政府の収入、支出、債務負担などに関する計画であって法律（ないしそれに準ずるもの）として、議会の議決と承認を得たものといえるだろう。しかし予算は、加藤芳太郎のいうように単なる文書でもないし計画でもない。つまり予算は「文書（予算書）に盛られているいくつかの機能を果たす具体的内容」である。また「計画としての性格を持っているけれども、執行される以前の計画という含意で定義するのは正確でない。なぜなら、予算の具体的事業に関する計画は、むしろ執行過程において決められていく」（加藤芳太郎「財政のしくみ」肥後和夫編『財政学要論』）からである。いわば予算は国民（議会）の統制の下で文書と計画という形式をとりつつ展開される政府財政機能の総体といってよいであろう。

ところで、予算はあらゆる政府活動の基盤となっているが、それは政府の政策の行方を貨幣価値で示したものである。もちろん、政府の政策は実施過程においてさまざまな制約を受け修正される。しかし予算は政治権力がいかなる優先順位の下に、政府活動を行おうとしているかを、数字という否定し難い事実をもって提供することになる。さらに、政策の優先順位がいかなるものであれ、行政国家といわれるほどに機能の拡大をみた政府公共部門は、今日国民経済の行方を左右している。日本の一般会計歳出が国内総生産に占める比率は一九％（二〇一三年度当初予算）である。こうして予算は、単に政策の優先順位ばかりか、経済さらには市民生活の水準を大きく規定する力を持つことになる。

予算は冒頭でも述べたように、民主政治の下で議会の議決と承認を必要とする。しかし予算が右のような巨大な政治、経済機能を持つに至った今日、予算は多元的な集団の交渉、妥協、対立のるつぼの中におかれざるをえない。この予算をめぐる政治の構造は、いうまでもなく各国の統治構造、予算の法制度や手続きなどに規定されて多様である。日本では次にみるような予算制度の下に、財務省、各省庁、内閣、国会、政党のみならず多様な利益集団がまさにアクターとして登場し、予算の作成から実行の過程において一定量の財の獲得をめざす「攻防」を展開することになる。

予算制度の概容

内閣は毎会計年度（四月一日から翌年三月三一日）の予算を作成し、国会に提出して審議を受け議決をへなければならない（憲法八六条）。一般に国の予算というとき、一般会計予算を思い浮かべがちだが、内閣が国会に提出する予算は、一般会計のそれだけではない。国の収入と支出は統一的に管理されるべきであるとする「予算統一の原則」からいえば、単一の会計が望ましい。だが、実際問題として政府職能が高度に発展した今日、一般の歳入歳出と区分して、特定の歳入を特定の歳出にあてるために、別個の会計を設けておく方が合理的である場合が多い。こうして政府の会計は、一般会計と法律で設置された特別会計（二〇一四年度で一五会計）に分かたれている。

内閣はこのすべての会計予算と、法律が国会の審議と議決を要すると定めている政府関係機関（二〇一四年度現在、四機関）の予算案を作成し、国会に提出せねばならない。巨額の国の歳出は、原則として公債または借入金以外の歳入をもって、その財源とされねばならない。ただし公共事業費、出資金及び貸付金の財源は、国会の議決をへた金額の範囲内で、公債ないし借入金をもってまかなうことができる（財政法四条）。

また一般会計及び特別会計の予算は、通常観念される歳入歳出予算だけで構成されるのではなく、予算総則、歳入歳出予算、継続費、繰越明許費、国庫債務負担行為の五つから構成されている（財政法一六条）。したがって予算の持つ影響力を考察するためには、この五項目全体をみなくてはならない。

ともあれこうした予算は、財務大臣（二〇〇一年一月四日以降、財務省・財務大臣だが、それ以前についても、これを用いる）の責任において作成され、閣議の決定をへて国会に提出される。財務大臣の作成する予算は、行政府に属す機関の予算だけではない。国会、司法府及び会計検査院のものを含んでいる。財務大臣さらには内閣の持つ予算統制権は、強大であるといえよう。財政法は内閣に対して「毎会計年度の予算を、前年度の一月中に、国会に提出するのを常例とする」（二七条）との規定を課しているが、これはその時々の政治状況に左右され、大きく遅れることも珍しくない。

予算は先に衆議院に提出され審議されねばならない（憲法六〇条、衆議院の予算先議）。委員会制を議会の審議原則とする日本では、実質的な予算審議は、五〇名の委員から構成された衆議院予算委員会において行われる。予算が国の政治と経済に甚大な影響を及ぼすゆえに、激しい論議が交わされるとともに、政党推薦と一般公募による公述人をよんだ公聴会が開かれる。予算委員会で審議された予算は、つづいて衆議院本会議において審議され議決された後に、参議院に送付される。ここでも同一の過程が繰り返されるが、参議院が衆議院と異なる議決をなし両院協議会においても意見の一致をみないとき、あるいは参議院が衆議院の可決した予算を受けとってから、国会休会中を除いて三〇日以内に議決しないときは、衆議院の議決が国会の議決となる（憲法六〇条）。

成立した予算は実行に移される。内閣は国会の議決した予算にもとづいて、各省庁の長に歳入歳出予算、継続費、国庫債務負担行為を配分する。これを受けて各省庁の長は、支出負担行為（国の支出の原因となる契約その他の行為）の支払計画書を、財務大臣に通常四半期ごとに送付し、財務大臣さらに内閣の承認を受けない限り、支払いを行うことはできない。国の予算執行において、現金による支払いは例外に属し、原則として日本銀行を支払人とする小切手、ないし日本銀行に交付する国庫金振替書による。つまり「国庫統一の原則」にもとづき国の金銭は、すべて日本銀行の国の預金口座で統一して管理されているのである。しかし予算の執行は、市場に貨幣が流出することを意味する。したがって政府は、支払計画を調整することによって、景気調整を行うことができるのである。

国の予算は次年度の四月三〇日まで収入、支出を行うことができる。この日で締め切られた予算は次に決算の段階に移る。各府省庁の長は七月三一日までに歳入歳出決算書を作成して財務大臣に送付する。そして財務大臣は一一月三〇日までに歳入歳出決算書と付属書類を添えて、会計検査院長に送付せねばならない。これらを基礎とした会計検査院長の検査報告書は、次の通常国会に提出される。国会の決算審議の結果は、日本の場合、何らの法的拘束力を持つものではない。もちろん執行に誤りがあれば政治的責任の追及は行われようが、法的拘束がないことは日本の予算制度の重大な欠陥であるといえる。

予算編成——基本的枠組

このような予算制度の上に展開される予算政治を、予算編成過程に限って論ずることは適切とはいえない。だがここでは予算の分捕り合戦として、各政治主体の利害が激しく対立する編成過程を考察しておこう。

さて、次年度の予算編成作業は、新年度の予算が成立すると間もなく始められる。この作業過程は、各省庁の課レベル、局レベル、省庁レベルそして全政府レベルという具合に完全な積み上げ型として進行していく。そしていずれの次元においても要求側と査定側が存在し、攻防を展開するのである。全政府レベルにおける査定機関は、財務省主計局であるが、各省において予算要求を査定し取りまとめるのは大臣官房会計課（予算課）であり、局レベルのそれは局総務課である。通常、課レベルの予算要求案作りは、前年の五月ころから開始される。そしてほぼ七月中に当該省庁の予算担当部局まで上げられ、そこにおいて各局からの事情聴取と調整が図られ、省庁としての予算要求案が作られる。こうした作業は、いわゆる「三段表」なる統一様式によって行われ、要求予算の名称、要求額、前年度予算額、積算の根拠が示される。

ところで、内閣から各省庁に統一した要求基準が示されないならば、各省庁は要求実現の一つの戦術として非現実的な金額を財務省に「ふっかける」こともありうるだろう。事実、「昭和三四年度の概算要求の総額は約三兆円

31日締め切りの2016年度予算の概算要求で，提出書類の数字を確認する農林水産省（左側）と財務省の担当者（財務省，2015年8月31日） © 時事

であった。ところが、結局のところおちついた予算規模は約一兆四〇〇〇億円であった」（加藤芳太郎、前掲論文）。こうした事態を避けるために、政府は一九六一年以降閣議で次年度予算の概算要求基準（シーリング、当初の名称は概算要求枠）を決めている。高度経済成長期には、増分主義を特徴としていたが、八〇年代に入って国財政の危機が深刻化するに伴い、減分主義に転じた。しかし、経常経費と投資的経費（裁量経費）の双方にわたる減分主義は、人口の高齢化に伴う社会保障関係費の自然増や政治の圧力に耐えられるものではない。九〇年代以降の概算要求基準にみられる特徴は、その時々の政治判断に応じた「特別枠」を設け、予算を優先的に配分するようになっている。それほど、概算要求基準は複雑化し、予算要求の秩序形成を難しくしている。

例えば、二〇一四年度予算の概算要求基準（一三年八月）では、年金・医療については、前年度当初予算額（二八・四兆円）に自然増（九九〇〇億円）を加算した範囲内での要求とされ、義務的経費についても前年度（一二・三兆円）と同額とし、投資的経費は前年度（一三・二兆円）の九〇%の範囲内とされた。だが、別途「新しい日本のための優先課題推進枠」が設けられ、三兆円の範囲内で要望を認めるとされた。

二〇一五年度予算の概算要求基準においても、二〇一四年度一四・七兆円の公共事業費について一律一〇%削減するが、削減後の金額の三〇%程度、最大四兆円を「成長戦略」にかかる事業費に振り分けるとされた。年金・医療については一四年度の社会保障費（二九・三兆円）に自然増を加えた要求を認めるとされた。

さて、省庁としての予算要求は八月三一日までに財務省に提出される。財務省主計局は各省庁担当主計官の下にある主査を中心に、九月中旬以降各省庁からヒアリングを行う。またこれとは別に、各省庁の局総務課長から主計官へ、各局の重点要求事項についての説明が行われる。こうした場で得られた情報にもとづき主計官が審議し、主計局の会議をへて予算の財務省原案が作成される。それは通常一二月二〇日過ぎに、財務大臣から閣議に報告され各省庁に内示される。

以上が作業の公式的な過程であるが、実はこの過程は各省庁、財務省ともにさまざまな戦術を駆使する過程でもある。各省庁は重点事業について自らと関係の深い与党議員集団と早い段階から接触し応援体制を固める。また新規重点施策を新聞などにリークし、支持の世論作りをすることもあれば、『白書』をはじめとする公刊物でのPRに努めることもある。さらには主計官、主査との人的つながり（出身大学など）までが駆使される。しかし、同時にこのような要求実現の戦術は、査定側にとっては要求側の「本音」や世論の支持を見極める情報回路として機能する。査定基準はさまざまに説明されるものの、所詮は「目の子勘定」である。例えば一〇の公共事業要求に五つ分の資金枠しかない場合、どれを削減するのが最も政治的リアクションが少ないかの判断は、右のような過程で培われるといえよう。

ところで、財務省から各省庁に内示された原案は、とくに重点事業に削減の手を入れているのが普通である。受け取った省庁は、直ちに内示の状況を与党の関係組織の会議に報告する。そこでは官房長ないし局長が説明にあたり、復活折衝の戦術が練られる。各種の利益集団に動員がかけられ、〃族〃議員とともに財務省、自民党幹部に対する陳情が展開される。復活折衝は総務課長折衝、局長折衝、事務次官折衝、大臣折衝へと官僚制の階統制的構造を上昇する形で行われ、次第に決着していく。これでも残された政治的色彩の濃い問題（官僚用語で㊜という）は、政府・与党間の会議ないし首相の裁断に委ねられ、編成作業はその後の計数整理を残して終結するのである。

ところで、利益集団に全国動員をかけた復活折衝は、高度経済成長期には華々しく展開され、マスコミによって大きく報道された。だが、財政の逼迫の度が増すにつれて復活をめぐる運動は衰退していった。もともと、財務原案の予算総額と最終的に帰結した総額には、ほとんど変化がない。最初の財務原案の中に復活要求のための財源が隠されているからである。これは「隠し財源」とよばれてきた。だが、「隠し財源」を大規模につくり利益集団に自己充足感を植え付けることは、とりわけ二一世紀に入って不可能となっていった。これは日本の予算政治における大きな変化であるといってよいだろう。

国債の累積と予算政治

日本が財政法第四条の認めている建設国債を初めて発行したのは一九六六年度であった。この前年に東京オリンピック後の景気後退に対応して経常経費に充当する特例公債（赤字国債）が発行されたが、これはこの年度限りとされた。翌六七年度からは建設国債が発行され続けている。そして、第一次石油ショック後の経済の低迷が深刻化し、建設国債に加えて特例公債が七五年度の補正予算から継続的に発行されている（ただし消費税の導入後の九〇年度から四年間は発行されていない）。「特例公債」といわれるのは、財政法上の制約を回避するために毎年度財政法の特例法を国会に提出し、それを根拠として発行されるからである。

［図6–1］にみるように、二〇一四年度末で一般会計における公債残高は約八〇七兆円になると見込まれている。二〇一四年度の一般会計税収予算額は約五〇兆円だから、一般会計税収の約一五年分に相当する。これ以外にも、政府短期証券、財政投融資債（政府金融である財政投融資の原資調達のために発行される債券）、借入金などの残高が、二〇一四年度末で三六三兆円と見込まれており、国債および借入金の残高は一一四四兆円に達するとされている。これは先進国のなかでも最悪の水準である。GDPに占める債務残高の割合は、アメリカ一〇六・三％、イギリス一一〇・〇％、ドイツ八三・四％、フランス一一五・八％、イタリア一四六・七％であるのに対して、日本は二三一・九％である（二〇一三年一一月現在　OECD統計）。ここには中央政府のみならず地方政府、社会保障基金の債務がふくまれているが、それにしても異常な値という以外にない。

こうした巨額の公債残高の累積は、何よりも政策・事業の自由度を制約する。［表6–1］にみるように、各年度における歳出のうちで公債費（国債償還のための元利合計金）の増加は著しい。公債費の歳出に占める割合が高くなれば、財政の弾力性が失われていく。しかも、国債の償還は後年度負担だから、世代間の不公平感が増大する。それだけでなく、国債への信認低下は国債金利の上昇をもたらし、それは民間部門の資金調達を難しくし経済の低迷に結び付く。そして税収の減少をもたらし政府の資金調達を制約する。

歴代政権は、プライマリーバランスの回復（均衡）を公約してきた。プライマリーバランスとは、その時点で必要とされる政策的経費が、その時点の税収等でどれだけ賄われているかを示す指標である。つまり、借入金などを除いた税金などの正味の歳入と、借金返済のための元利支払いを除いた歳出を均衡させることが、プライマリーバランスの均衡となる。しかし、これは財政収支の均衡ではない。なぜならプライマリーバランスが均衡しても、利払分だけで債務残高は増加していくから、単年度当たりの新たな借金額と過去の借金償還額が同額である必要がある。

❖コラム　財政投融資

少なくとも1990年代まで12月末の次年度政府予算案の決定をうけた新聞報道は，一般会計予算の規模や特徴とならんで，「第2の予算」として財政投融資計画の規模や運用先に多くの紙面を割いていた．最近は扱いが小さくなっているが，財政投融資という活動が姿を消したわけではない．財政投融資の定義はかならずしも容易ではない．もともと，財政投融資計画（財投計画）は予算審議の参考資料であって，一般会計や特別会計に計上されている原資および投融資活動の一部を括りなおしたものである．しかし，5年未満の短期融資や一般会計・特別会計からの直接融資は計上されていない．結局，財政投融資とは現代政府の予算機能を出資，融資という活動によって「補完」するものといってよい．ただ，財投計画に括られた投融資計画が中心を占めているのは事実であるといえよう．こうした財政投融資活動の歴史は長い．財投対象機関としての公団・事業団・政府系金融機関などの活動の原資とされ，高度経済成長期の生産基盤の整備や政策金融をささえてきた．ところが，日本の近代化の達成とともに，財投対象機関の経営の悪化，それにもかかわらず公団・事業団の肥大化をまえにして，行財政改革の一環として公団・事業団の整理とならんで財政投融資システムの改革が，90年代中盤以降政治課題とされた．従来，郵便貯金・厚生年金・国民年金掛金は，大蔵省資金運用部（実体組織ではなく，管理は理財局）に強制預託され，財投機関などに投資されてきた．2001年の財政投融資改革は，この強制預託を廃止した．その結果，財投の原資は，財政投融資特別会計の発行する財投債（国債の一種）ならびに財投対象機関の発行する財投機関債によって賄われている．

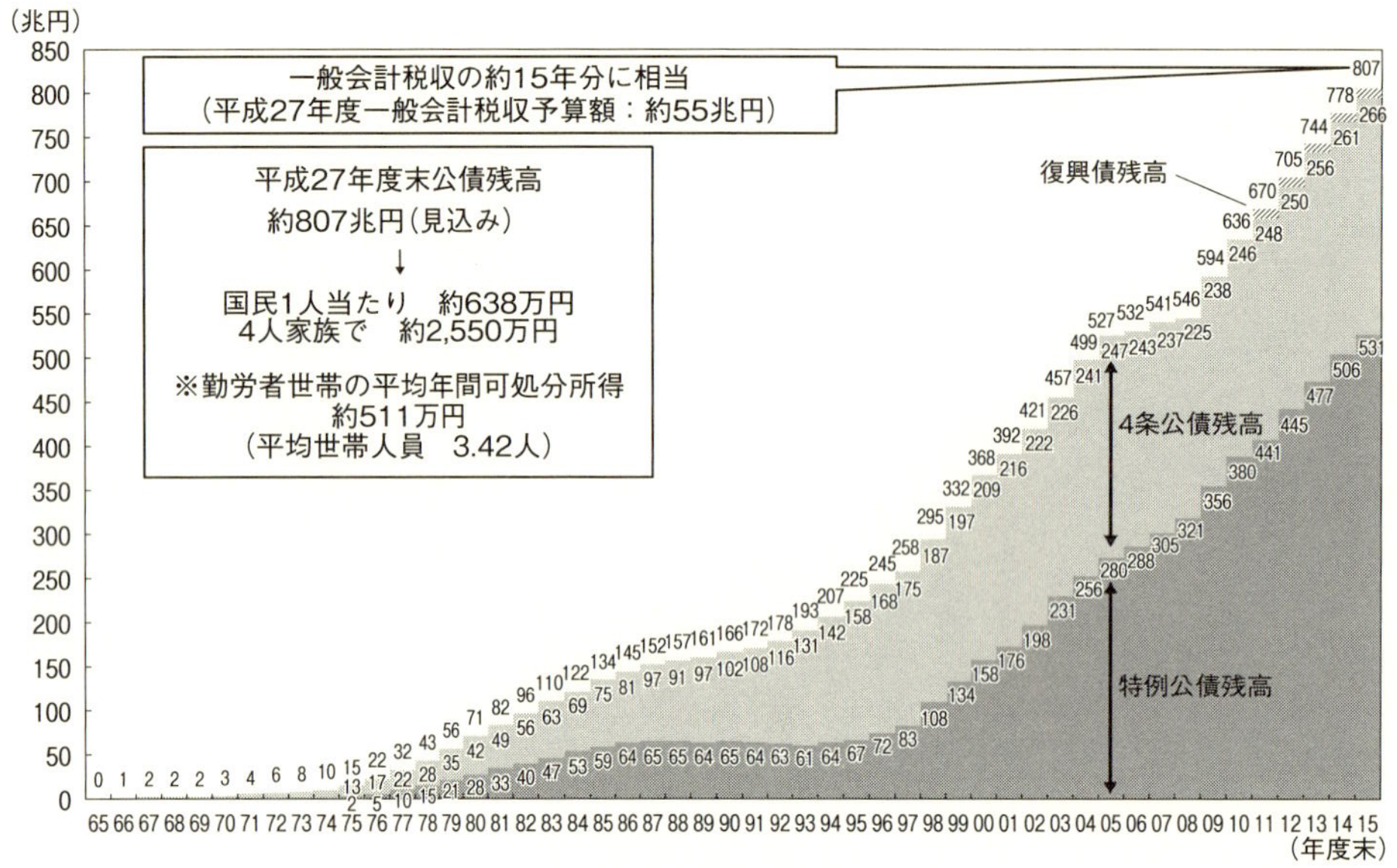

図 6-1　公債残高の推移

注 1：公債残高は各年度の 3 月末現在額．ただし，平成 26 年度末は補正後予算にもとづく見込み，平成 27 年度末は予算にもとづく見込み．

注 2：特例公債残高は，国鉄長期債務，国有林野累積債務等の一般会計承継による借換国債，減税特例公債及び年金特例公債をふくむ．

注 3：東日本大震災からの復興のために実施する施策に必要な財源として発行される復興債（平成 23 年度は一般会計において，平成 24 年度以降は東日本大震災復興特別会計において負担）を公債残高に含めている（平成 23 年度末：10.7 兆円，平成 24 年度末：10.3 兆円，平成 25 年度末：9.0 兆円，平成 26 年度末：9.4 兆円，平成 27 年度末：10.3 兆円）．

注 4：平成 27 年度末の翌年度借換のための前倒債限度額を除いた見込額は 775 兆円程度．

出典：財務省ホームページ　https://www.mof.go.jp/tax_policy/summary/condition/004.htm

表 6-1　一般会計歳出予算に占める公債費の割合

年度	2008	2009	2010	2011	2012	2013	2014
予算額	83,061,340	88,548,001	92,299,103	92,411,612	90,333,932	92,611,539	95,882,303
公債費	20,163,230	20,243,731	20,649,078	21,549,099	21,944,217	22,241,492	23,270,155
%	24.3	22.9	22.4	23.3	24.3	24.0	24.3

注：各年度とも当初予算
　　単位　百万円
出典：『平成 26 年度国の予算』（2015. 1. 29　大蔵財務協会）より作成.

これはプライマリーバランスの均衡にも増して険しい道である。

歴代政権が語ったプライマリーバランスの均衡はいずれも実現していない。第二次安倍政権も、二〇一三年六月に閣議決定した「骨太の方針」（経済財政運営と改革の基本方針）において、国・地方のプライマリーバランスについて、二〇一五年度までに二〇一〇年度に比べ赤字の対GDP比を半減し、二〇二〇年度にプライマリーバランスの黒字化を達成し、その後の債務残高の対GDP比を安定的に引き下げるとしている。だが、これが目標通りに実現するかどうかは、まったく未知数であるといわねばならない。

ところで、こうした厳しい財政状況にあるにもかかわらず、予算政治のアクターには、果たして緊張感が存在するであろうか。新規事業の必要性の理屈付けには、およそ事欠かない。その典型は東日本大震災を受けて国土強靭化が必要であり、全国的に大規模な防災公共事業を実施せねばならないといった論理である。また尖閣列島などの島嶼防衛のために軍備の高度化と増強を必要とするという論理であろう。介護の充実、国民健康保険の赤字解消、子ども・子育ての支援の強化なども、それ自体としては否定できない。ただし、社会的に否定しがたい「大義名分」を掲げて、政治家集団、事業官庁、利益集団は、それぞれの組織リソースの拡大を追求してきた。厳しい財政状況は今後ともつづく。財政の弾力性をいくらかでも改善するためには、現実の財政状況に緊張感を持ちつつ、予算要求の中身について精査する議論を社会的に展開する必要があろう。

7　行政改革

概念の多義性

かつて「行政整理」という言葉が一般に使われていたが、一九八一年三月から二ヵ年間設置された第二次臨時行政調査会の活動以来、「行政改革」なる言葉は、広く社会に浸透した。しかし一般に、「政治の世界」に登場する言葉は、多義性に富んでいる。「行政改革」にも、そのような色彩が濃いといえよう。

さて、現代日本の政治過程から一旦離れ、「行政改革」なる概念の意味内容を考えてみよう。いずれにせよ「行政改革」が語られるのは、革命、政権の交代、経済変動など行政環境の変化を与件としており、おおむね次の四つの意味内容を「行政改革」に見出すことができる。第一は国の行政を支える基本的な制度――行政組織制度、地方制度、公務員制度、税財政制度などの改革である。第二は既存の行政組織制度の枠内における行政省庁の統廃合、新設などである。第三は行政組織の主として管理面における改革であり、人事、定員の削減、経費の縮減などである。第四は政府の政策内容により深く関わるものであり、事務事業の縮小などの責任領域の変更である。

これらは必ずしも相互に独立した意味内容ではない。基本的な行政制度の改革は、必然的に行政組織の編成や内部管理のありかたに影響を及ぼすであろうし、政府の責任領域と連動せざるをえないであろう。逆に政策内容を変更しようとするならば、他の意味内容とも連動しよう。ただ、日本を含めて各国の時々の「行政改革」なるものをみるならば、その力点は、以上のいずれかに該当しているといえないことはない。

ところで、このような行政改革には、手法面からみるともう一つの特徴を認めることができる。通常、行政の基本的制度の改革を除いた右のような改革は、大なり小なり年次予算編成過程に見出すことができる。しかし、これを「行政改革」と形容することは皆無といってよい。日本の第一次、第二次の「臨時行政調査会」、「行政改革会議」、アメリカの「第一次、第二次フーバー委員会」（一九四七、五三年）、イギリスの「ホールデン委員会」（一九一八年）のように、内閣ないし大統領の下に諮問委員会が設置され、そこでの調査活動と報告を推進力として改革が進められていくことが多いのである。

行政改革が行政環境の急激な変動に対応するものである限り、この手法にはそれなりの合理性がある。改革には専門的知識を必要とするであろうし、改革に向けて国民の関心を喚起しなくてはならない。既存の巨大利益集団と結びつき組織、権限、機能を絶えず維持しようとする行政官僚制の内部努力に改革を期待することは難しい。しかし、行政改革はその課題とするところが、行政における機能的合理性の追求であるとしても、基本的には一定の政策目標から離れて存在しえない。したがって、行政改革が実態として政策内容に深入りするほど、このような手法は、民主主義政治とは何かという重要な問題をよびおこす。後述のように、繰り返されてきた行政改革問題の核心もこの点にある。行政改革はしかし、この意味での「政治」と密接するばかりか、既存の利益を保持しようとする多様な政治集団との対立、妥協、取引に巻き込まれざるをえない要素を持つ。行政改革の目標をどのように評価するにせよ、改革が容易に進展しないのは、右の意味での「政治」の焦点となるからである。

さて、行政機構の統廃合は第二次大戦前においても「行政整理」の名の下に行われた。また第二次大戦後の「戦後改革」はまさに大規模な行政の基本的制度の改革であった。その後も一九四九、五一、五四年に吉田茂内閣の下で経済統制事務の廃止や人員整理が同じく「行政整理」として実施されている。しかし、今日ほどではないにしても、「行政改革」なる言葉が一般化したのは、一九六二年に池田内閣が設置した臨時行政調査会（以下「第一次臨調」）の審議過程においてであった。

第一次臨調は全会一致で国会を通過した設置法にもとづき、七人の委員（会長、佐藤喜一郎・三井銀行会長）の下に、多数の専門委員、調査員から構成された大規模な行政改革諮問委員会であった。二年間の審議をへた一九六四年、第一次臨調は内閣の機能、中央省庁、共管競合事務、広域行政、予算会計など一六項目について勧告をまとめた。この第一次臨調答申は総論の冒頭において、政治や政策のありかたに直接関連する事項には、立ち入らなかったと記した。確かに答申内容は行政機構や管理機能の改革に限定されていた。この答申はその後「行政改革のバイブル」とまでの高い評価を一部から得た。そして行政改革は、政策や政治のありかたに踏み込むべきでない、とする一つの観念を定着させたといえよう。

けれども、今日の視点からみるならば第一次臨調の役割は、高度経済成長に対応し、同時にそれを促進する行政機構の整備にあった。この意味で政策内容に直接踏み込む必要もなかったといえる。「行政改革」を行政機構の整備や管理の改善に限定することが妥当かどうかはともかく、ここに生み出され定着した観念は、一つの時代状況の所産であったことは確かである。

その後の行政改革

このような第一次臨調答申がどの程度実施されたかは、かなり評価が難しい。ただ政府は第一次臨調に引きつづき行政監理委員会、行政改革本部を設置し、行政管理庁（現、総務省）を主体として国家公務員の定員削減、省庁内部部局の削減などを図っていった。とくに定員面では六七年に国家公務員総定員法にもとづく定員削除計画がスタートした。また省庁内部部局についても佐藤内閣時代の六八年に一省庁一局削減が実施された。このような評価ができる半面、行政組織の管理面においては政府自らが認めるように、第一次臨調答申が実施されたとはいい難い。

「小さい政府」論の台頭

ところで、一九七三年の第一次石油危機を直接の契機として、日本は高度経済成長から一転して低経済成長の時代に入った。日本のみならず世界の先進資本主義国は、程度の差異があるにせよ、インフレーションと失業とが同時進行する困難な経済状況を迎えた。当然のことながら、経済条件の激変は国の財政に連動する。こうして各国は経常経費を補塡する「赤字公債」の発行を余儀なくされ、公債残高が急速に累積する財政破綻状況に陥っていった。

日本でも前述のように公務員数や省庁内部部局数は抑制されてきたものの、財政支出は増大の一途をたどった。政府は七五年度補正予算において二兆九〇五億円の「赤字公債」を発行し、今日まで発行しつづけている（九〇年度から九三年度は消費税導入によって赤字公債は発行されていない）。

このような財政破綻状況の下で、「小さな政府」論が次第に台頭してきた。それはイギリスのサッチャー政権やアメリカのレーガン政権の政治哲学に端的にみることができるが、日本においても一つの有力な政治観を形成した。これは政府の責任領域を全体として縮小しようとするものではない。公的なものと私的なものとの区分には、普遍の基準が存在するわけではない。だが「大きな政府」は、経済活動や私的個人の営為に過剰に介入することによって、社会の創造力や個性を喪失させてきた。「小さな政府」論はこのように考えることによって、政府の責任領域を本源的な政府機能である国防や外交に純化させ、経済社会への規制や助成を緩和ないし削減することを主張する。もちろんこうした政治哲学が、そのままの姿で国の政策に反映されるわけではない。だが、公共支出の削減が政治目標とされる財政破綻状況下では、かなり有力な政治的影響力を持ちうる。

第二次臨時行政調査会

右に概括したような経済財政状況下の一九八一年三月、鈴木善幸内閣は臨時行政調査会（以下「第二次臨調」）を設置した。第二次臨調の組織形態は第一次のそれと基本的に変わらない。第二次臨調設置法にもとづき、九名の委員（会長、土光敏夫・元経団連会長）の下に多数の専門委員、参与、調査員から構成された。第二次臨調は八一年七月、八二年一月、同八月、八三年二月、同三月の五次にわたる答申を、内閣総理大臣に提出した。

この五次の答申を個別に検討することはここでの課題ではない。第二次臨調は「高度経済成長期以来肥大化してきた行政機構の見直し」と「増税なき財政再建」によって、「活力ある福祉社会の建設」と「国際社会への積極的貢献」を、行政改革の基本目標として掲げた。そして実に多面的な領域にわたって改革を提言した。

しかし、この行政改革がときに「行財政改革」といわれたように、第二次臨調の提言を特色づけているのは、国の累積する赤字公債をいかに削減するかにあったといえよう。「増税なき財政再建」なる目標の下で、第二次臨調の目を個別具体的な政策や事業内容の検討に向けさせたといえる。第二次臨調には、歳出削減のための諮問機関としての色彩が濃かったが、歳出削減を理論づけていたのは「小さな政府」論と「民間活力」論であった。いわば政府の規制や助成を縮小し民間の創造力を引き出すことこそ、政府支出の削減と社会経済の発展につながるとみるのである。それゆえ、国鉄や電電公社の民営化をはじめとして、社会保障、社会福祉、教育など「福祉国家」の成長とともに拡大してきた政策領域ごとに、個別具体的に政策や事業の転換を求めていった。

第二次臨調の各次の答申は、臨調設置途中において各年次の予算編成に反映されるとともに、立法措置がとられていった。第二次臨調解散後にはミニ臨調ともいうべき構成の「臨時行政改革推進審議会」（土光敏夫会長・行革審）が設けられた。同審議会は第二次臨調の報告をより具体化した『意見』を次々と内閣総理大臣に提出し、それらは年次予算編成過程において実現が図られた。この結果、もともと第二次臨調が右に述べたように「民間活力」「小さな政府」論による政策転換を求めていることもあって、年次歳出予算には「国防費の突出・福祉の切り捨て」との批判がまた生じた。

政治改革としての行政改革

財政の再建を掲げた行政改革は、大統領型首相を説く中曽根首相（当時）の政治スタイルと経済摩擦による外圧の高まりと相まって、内閣総理大臣のリーダーシップの強化と危機管理のための組織改革を促した。臨時行政改革推進審議会（行革審）は、八五年七月に「総合調整機能の充実方策」を答申し、①経済摩擦などの各省庁にまたがる対外問題に対処するために、内閣官房の機能の強化を図るべきこと、②緊急事態の発生に対処するために国防会議を改組して安全保障会議を設けるべきこと、などを述べた。

この答申を受けた政府は、八六年一月の第一〇四国会に、安全保障会議設置法を上程しその成立を図るとともに、内閣官房組織令（政令）の改正を行った。こうして、八六年七月一日に、安全保障会議と新しい内閣官房がスタートした。安全保障会議は、内閣総理大臣を議長として、外務大臣、大蔵大臣、内閣官房長官、国家公安委員会委員長、防衛庁長官、経済企画庁長官から構成され、必要に応じて関係大臣、自衛隊統合幕僚会議議長が出席するものとされた。また、内閣官房には、外政審議室、内政審議室、情報調査室、参事官室、広報官室に加えて、従前の国防会議事務局が安全保障室として加えられた。そして、それぞれに局長級の室長が配された。こうして、少なくとも制度的には、首相の総合調整機能を向上させる基盤が整えられたのである。

このように見てくるならば、第二次臨時行政調査会に始まる行政改革は、単に財政再建の方策を審議し実施するものではなかった。それは、「民間活力」論に象徴される新自由主義的な経済政策への転換と新国家主義的な色彩の強い政治の改革を、合わせて実現しようとするものであったといってよい。

連立政権の時代

「民間活力」を重視した行政改革は、円の過剰流動と相まって、土地、株などへの投機を促していった。投機が投機をよぶ状況は国内にとどまらずに、外国の土地、国債への投機へとつながったのである。地価の暴騰が重大な社会問題となったが、諸外国からも円の投資に対する批判をよび起こした。また、政府公社の解体・民営化に象徴される政府規制の緩和からは、例えば、リクルート疑獄にみるように大規模な政治腐敗が生じた。リクルート疑獄は行政改革の背理をかなりよく物語っているだろう。つまり、電気通信事業の民営化は、確かに新規事業参入を可能とした。だが、誰でもがこれに「自由に」参入できるわけではない。官僚制による事業の許可等を必要とする。こうした状況下で新規参入者が他者との競争に打ち勝とうとするならば、政治と行政に「庇護」を求めるのも、ある意味で当然である。逆に、政治が「庇護」を掲げて政治資金等を求めることにもなる。「民間活力」や「政府規制の緩和」を掲げた行政改革は、基本的には業界と行政と政治の癒着の構造にメスを入れるものではなかったし、むしろ新たな「利権の鉱脈」を掘り起したとすらいえる。

いわゆるバブル経済による土地投機や大規模な政治スキャンダルの発生を受けて、自民党政権への批判が急速に高まった。一九九三年七月の衆院総選挙の結果、政権党であった自民党は第一党の座を確保したものの、過半数を得ることができなかった。その結果、細川護熙を首班とする七党一会派からなる連立政権が誕生した。政権は政治改革を掲げて、衆院議員選挙制度の改革、政治資金規正法の強化、政党助成法の制定、地方分権改革に取り組む。衆院選挙制度改革は九四年一月に現行の小選挙区・比例代表制度に改められ、政治資金規正法の「改正」や政党助成法も実現をみる。地方分権改革は14章で詳しく見るように引きつづきアジェンダ（課題）とされる。しかし、細川連立政権は、細川護熙の佐川急便事件とのかかわりや連立与党内の対立によって九四年三月に瓦解する。その後、羽田孜を首班とする短命の内閣が成立するが、九四年六月に社会党（現・社会民主党）、自民党、新党さきがけによる、村山富市（社会党委員長）を首班とした連立政権が成立した。九三年の細川連立政権以降、組み合わせは異なるが日本は連立政権の時代に入っていく。

村山連立政権は行政改革委員会を設け、環境アセスメント法の制定や情報公開法の制定に取り組む。だが、九六年一月に村山は首相を辞職する。連立三党の枠組は変わらなかったが、自民党総裁であった橋本龍太郎を首班とする内閣が成立する。自民党は再び政権の中枢に返り咲いたのである。

当時の日本経済社会は、「失われた一〇年」なる言葉に象徴されるように、バブル経済の破綻からもたらされた閉塞状況を濃くしていた。橋本政権は行政改革、財政構造改革、金融システム改革、教育改革など「六大改革」の達成を打ち出す。それによる閉塞状況の打破と政権の基盤の強化を意図したのである。

こうしたなかの九六年一〇月、新たな選挙制度のもとで初めての衆議院議員総選挙が実施された。この選挙ではほぼすべての政党が「行政改革」を中心的公約として訴えた。橋本政権は総選挙後の一一月に、首相自らが会長を務める行政改革会議（総理府本府設置令による）を設けた。そして、行政改革会議は少なくとも外形的にいう限り、大規模な行政改革の構図を描き、その実現のベースを築いた。

行政改革会議による行政改革――首相発議権

一九九六年一一月に設置された行政改革会議（九七年九月に『中間報告』、同年一二月に『最終報告』）は、大きく三つの課題を掲げた。第一は「二一世紀に相応しい中央省庁体制の構築」、第二は「首相指導体制の確立」、第三は独立行政法人の設立であった。後にも述べるように、この第一の課題は当時の一府（総理府）・一二省庁体制を再編しようとするものであり、マスコミをはじめとして人びとの眼を惹きつけた。しかし、それまでの日本政治の「構造的脆弱性」と改革以降の政治に照らすならば、第二の「首相指導体制の確立」こそ、最も重要な改革課題であったといってよい。したがって、政権の掲げた改革の順位はともあれ、首相指導体制の確立からみていくことにする。

一般に、首相の権力・権限は強大であるような印象がもたれているが、それは自民党一党優位時代に党内の最大派閥の領袖が総裁・首相に就任したことによる。いわば、与党内権力が首相の政治権力を支えていたのである。ところが、一九九〇年代に入り連立政権の時代となった。行政改革会議を設けた橋本龍太郎は、三党連立の第一党の党首ではあったが、彼は自民党内派閥の領袖ではないし、他の二党との調整に腐心せざるを得なかった。

日本の内閣運営の三原則とされるのは、首相指導の原則、合議制の原則、所轄の原則である。首相指導の原則とは首相に閣僚の任免権があることを意味する。合議制の原則とは閣議の決定は合議（それも全員一致）によるというものである。所轄の原則とは、内閣法および国家行政組織法にもとづき、府省はそれぞれの主任の大臣によって所轄されるというものである。首相が主任の大臣であるのは総理府（当時）のみであり、各省はそれぞれの大臣によって所轄される。首相といえども個々の省を指揮監督できない。

こうして、内閣運営の三原則のベースとなっているのは、第三の所轄の原則である。閣議が全員一致となるのは当然である。首相に人事権があるといっても、意に反する閣僚を解任することは、政治的リスクが大きく簡単にできるものではない。

このように首相としての権限は制度的に制約されており、首相指導体制からはほど遠いのが実態であった。行政改革会議は、首相の指導体制の確立に向けて、内閣法第四条第二項の改正を提起した。つまり、「閣議は、内閣総理大臣がこれを主宰する」としていたが、「この場合において、内閣総理大臣は、内閣の重要政策に関する基本的な方針その他の案件を発議する」なる一文を加え、首相発議権の法制化を図った。しかし、二一世紀を目前になって首相発議権が認められたことは、日本政治がいかに「平和」な時代を生きてきたかを象徴していよう。

中央省庁体制の再編成

第二の中央省庁体制の再編成に移ろう。行政改革会議は審議途中で幾度となく「中央省庁数の半減」を掲げた。だが、長い歴史を有しそれぞれに利益団体、関係議員集団をかかえる中央省庁数を半減することは、きわめて政治的コストが大きい。細かい審議過程は省略するが、結果的に実現したのは「一府一〇省一委員会一庁」体制であった［図7-1］。

この再編の特徴を記しておくと、第一に巨大省の出現である。国土交通省（建設省、運輸省、国土庁、北海道開発庁

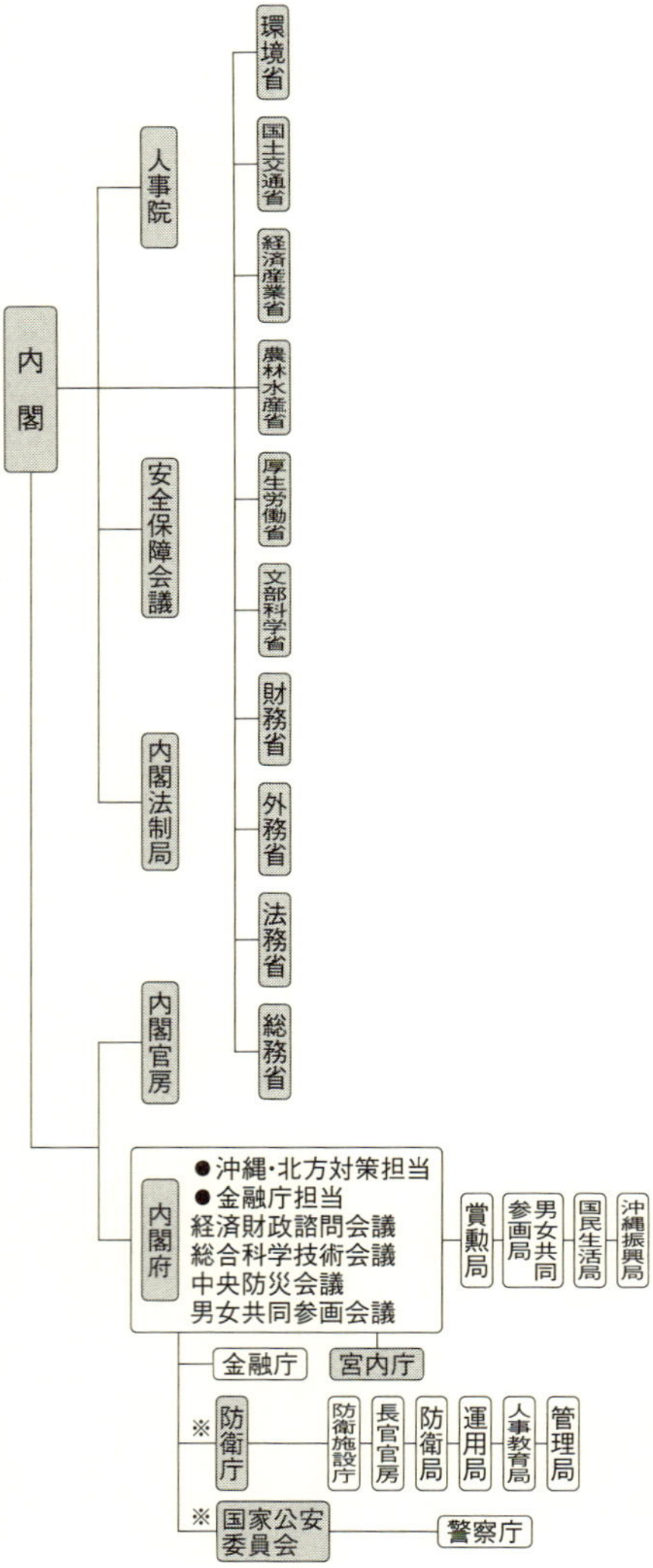

注：金融庁は2000年7月設置，金融再生委員会は2001年1月廃止．郵政事業庁はその設置の2年後の属する年に郵政公社に移行．

（網掛け枠）府・省・庁に外局として置かれる委員会・庁

※……上記のうち，国務大臣を長とする委員会・庁

（白枠）各省庁の内部部局で，官房および局についてのみ掲げた．

出典：『朝日キーワード［別冊・新版］政治・憲法』「日本の統治機構（2001年1月）」（朝日新聞社，2000年，p. 149）．レイアウトを一部改変した．

図 7-1　2001 年省庁体制

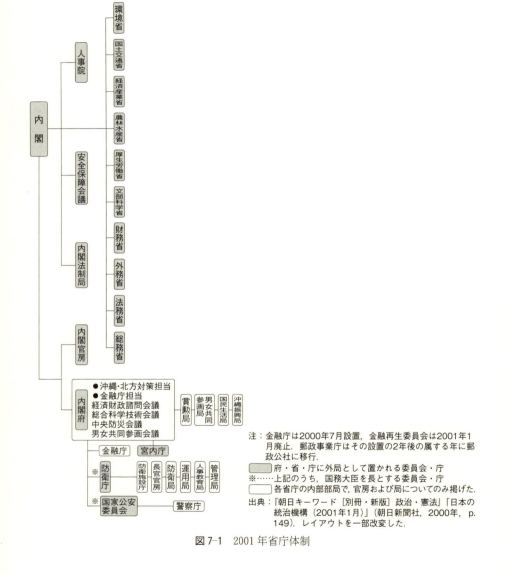

❖コラム　独立行政法人

橋本龍太郎首相を会長とする行政改革会議は，独立行政法人制度の導入を打ち出し議論をよんだ．これは行政事業のアウトソーシングのために官庁による直営事業，試験研究機関，博物館，美術館などを独立行政法人として切り離すものだ．独立行政法人通則法の定める独立行政法人は，ほぼ次のような性格をもつ．第1に，国からは独立した法人格をもつが，大半の法人において職員は国家公務員とされる．主務大臣の定める3〜5年の中期目標にもとづき中期計画を定めて目標の実現にあたる．この間，外部の評価委員会の評価を受けるものとし，中期計画の達成時に組織・業務の全般的見直しを行う．第2に独立行政法人の会計には，発生主義や複式簿記などの企業会計原則を導入し，貸借対照表，損益計算書などの財務諸表を公表する．監査は原則として会計法人による監査を義務づける．第3に年度を超えた予算の移流入などの弾力化を図る．第4に職員には業績給与制を導入する．2001年4月には国立美術館，国立博物館，航空宇宙技術研究所など59法人が発足した．また2003年に財務省造幣局，印刷局が，2004年には国立病院・療養所が独立行政法人化された．ところで，2001年に成立した小泉純一郎政権は，特殊法人の民営化を打ち出した．道路公団などの民営化は行われたが，大半の特殊法人とその所管庁は抵抗を強め，結果的に独立行政法人に移行した．今日，○○機構との名称（旧日本育英会→学生支援機構など）をつけた政府関係機関のほとんどは，このときの移行機関だ．本来，独立行政法人は特殊法人改革の受け皿としてスタートしたわけではない．官僚の知恵に舌をまいた向きもあったが，官僚機構の外延部はしぶとく生き残ったといってよい．なお，独立行政法人通則法の適用は受けないが，2004年に全国の国立大学は国立大学法人とされた．国立大学法人の運営の仕組は，ほぼ独立行政法人と同じである．6年を一期として中期目標・中期計画を策定し，外部評価機関の評価を受ける．運営は一般運営費交付金を基本とするが，その使途の大半は人件費である．研究費などは文科省・日本学術振興会などの競争的資金に依存することになる．学長の権限は強化され，それと引き換えのように教授会の権限は弱体化した．

の併合)、総務省(自治省、郵政省、総務庁)、厚生労働省(厚生省、労働省)、文部科学省(文部省、科学技術庁)のようにである。第二に、これと関連するが、総理府の外局としておかれ、長を国務大臣としてきた国土庁、北海道開発庁、科学技術庁、総務庁は、新たな省の内部部局とされた。また経済企画庁と沖縄開発庁は後に述べる内閣府に統合された。環境庁はこの行政改革の「目玉商品」ともいわれ環境省に昇格した。さらに国家公安委員会と防衛庁は長を国務大臣としたまま、新設された内閣府の外局とされた(防衛庁は二〇〇七年に防衛省に昇格)。

こうした中央省庁の再編に加えて、この行政改革の核心は内閣府の設置であるといってよい。内閣府は「内閣の重要政策に関する基本的な方針に関する企画及び立案並びに総合調整に関する事務」(内閣法第一二条)などを担う内閣官房を助けて、「内閣の重要政策に関する行政各部の施策の統一を図るために必要となる企画立案及び総合調整事務」を担う(内閣府設置法第四条第一・二項)とされている。そして、内閣府は首相を「主任の大臣」とし、内閣官房長官の指導の下に副大臣・大臣政務官を配し、さらに事務次官の下に官房、賞勲局、国民生活局、沖縄振興局などから構成された。加えて、内閣府には経済財政諮問会議、総合科学技術会議、中央防災会議、男女共同参画会議なる民間人議員を加えて重要政策を審議する会議が常設された。また内閣府には経済財政担当、沖縄・北方対策担当などの担当大臣が、その時々の重要課題に応じておかれることになった。

事務次官のもとの各局は総理府や経済企画庁の部局を引き継ぐものである。目玉とされたのは、四つの常設会議のうち経済財政、予算政策を審議し首相を補佐する経済財政諮問会議であった。

内閣府は日本の省庁体制の基準法とされている国家行政組織法の枠外の機関とされ、それだけ内部組織編制の自由度が高いものとされている。つまり、首相指導体制の確立に向けた補佐機関としての色彩が濃厚なのである。

独立行政法人の設立

行政改革が常に掲げる課題は、「行政のスリム化」あるいは「効率化」である。行政改革会議においても、イギリスのサッチャー政権のもとで発足したエージェンシー制度の導入が議論された。中央省庁の現業部門、試験研究機関、博物館・美術館などを中央省庁から分離し、相対的に独立させる方向が議論され、『最終報告』において日本版「独立法人」の導入がまとめられた。

独立行政法人通則法がいう独立行政法人とは、ほぼ次のような性格を有する組織である。第一に国から独立した法人格をもつが、大半の組織において職員の身分は国家公務員とされる。そして主務大臣が定める三ないし五年の中期目標にもとづき中期計画を定めて目標の実現にあたる。この間、外部の評価委員会の評価を受け、中期計画達成時に組織・業務の全般的検討を行う。第二、独立行政法人の会計には発生主義や複式簿記などの企業会計原則を導入し、貸借対照表、損益計算書などの財務諸表を公表する。監査には原則として会計監査人による監査を義務づける。したがって、予算の年度を超えた移流用などの弾力化を図る。また職員給与には法人の実績、職員の業績を反映する業績給与制を導入する。

行政改革会議の報告にもとづく以上の改革は、膨大な既存法令の改正を必要としたが、二〇〇一年一月四日から実施に移された。

二〇〇一年改革以降

この改革は、首相発議権の法制化や内閣府の設置にみるように首相指導体制の枠組みを整備したといってよい。また、大規模な中央省の再編は、ほとんど不可能と考えられてきただけに注目に値する。ただし、とりわけ省庁統

新しく取り付けられた国土交通省の看板を除幕する扇千景国土交通相（東京・霞が関の同省）© 時事

合で生まれた巨大省が人事をふくめて内部の総合調整に苦慮していることも事実といってよい。

また、独立行政法人は設置当時の趣旨とかなり離れている。小泉純一郎政権下の特殊法人改革は、当初、廃止や民営化をかかげた。だが、かつての公団、事業団、銀行、公庫などの特殊法人は、独立行政法人に衣替えしている。この意味では、官僚機構のしたたかさをみるとともに、行政機構の「スリム化」は依然として残された課題である。

行政改革会議の報告をもとにするこの改革以降、大規模な行政改革のための審議機関をもうけて行政体制の改革を行おうとする動きはみられない。むしろ、政治的かつ行政的基盤を強化した首相のもとで経済財政政策や安全保障政策の見直しなどが進行している。行政体制は政治指導のための枠組みであるから、政権がそれを用いて政策の変更を図ろうとするのは、ある意味当然である。それゆえ、行政の新たな枠組が政策の変更にどのように機能しているかに考察の関心がおかれてよい。

しかし、その一方で、前章でも述べたように、中央政府一般会計の公債累積残高は八〇〇兆円を超えており、毎年度の歳出総額の四〇%超が国債によって賄われている。この意味では行政改革の歴史を通じた関心である「行政のスリム化」は、政策・事業の優先順位についての活発な議論にもとづき、絶えず追求されていかねばならない。

8 選挙制度

政治改革としての選挙制度改革

一九八〇年代末から九〇年代初頭にかけて日本の政治は、大きな政治スキャンダルに見舞われた。リクルート事件、佐川急便事件、金丸信・自民党副総裁の巨額脱税事件がそれらである。いずれも直接的には政治資金の調達と利益供与に係るものであり、「政治とカネ」をめぐる問題が一挙に政治の重大問題となり、政治改革の必要性が広く社会的関心とされた。

「政治とカネ」をめぐる病理を生み出している要因はけっして一つではない。しかし、政治改革の主たる焦点とされたのは、第一院である衆議院議員の選挙制度であった。衆議院議員選挙制度は、第二次大戦敗戦後の一時期、人口の多い七都道府県域が二分割されたが、ほかは各県が一つの選挙区となり、定数四から一四の議席を争う大選挙区制度を採用していた。しかも、有権者は選挙区の定数に応じて二から三の候補者を記入できる「制限連記制」を採っていた。だが、この選挙制度は、早くも一九四七年に吉田茂内閣による衆議院議員選挙法の改正によって、いわゆる「中選挙区制」に変更された。全国一一七選挙区（定数四六六）において複数の議員を選出する制度に変えられた。投票も一人だけの候補者名を書く「単記制」とされた。この選挙制度は議員定数の変化はあるものの一九九四年まで存続することになる。

政治改革として中選挙区制度の改革が取り上げられたのは、この選挙制度では同一政党からも複数の候補者が擁立されるため、いきおい政党や政策本位の選挙とならず、利益誘導政治に結び付くとの理由による。その論理的妥当性はともかく、政党本位であり政策の違いが鮮明となる小選挙区制度（定数一）に改革すべきだとの議論が一挙に高揚した。小選挙区制度の導入は、これ以前に幾度も議論されているが、議員の身分そのものに直結する問題だけに実現をみなかった。この意味では「政治とカネ」の問題がいかに大きな衝撃を与えたかを物語る。ただし、完全な小選挙区のみの選挙制度とするのか、比例代表を加味し少数政党に配慮するかの問題が残された。

一九九三年七月の総選挙において自民党は、第一党ではあったが過半数（二五六）を下回る二二三議席にとどまり、細川護熙を首班とする七党一会派からなる連立政権が成立する。連立政権成否のキャスティングボートを握った細川護熙の日本新党と武村正義の新党さきがけは、小選挙区二五〇、比例代表二五〇とする小選挙区比例代表並立型で一致していたが、連立与党内の意見は分かれていた。また自民党も党内の意見が割れた。

衆院選挙制度改革は紆余曲折をたどるが、一九九四年一月、土井たか子衆院議長の仲介により細川護熙首相と河野洋平自民党総裁の間で妥協・合意が成立し、①小選挙区三〇〇、比例代表二〇〇、②比例代表は一一ブロックなどの骨格が決定された。そして、九四年三月に公職選挙法の改正が実現した。あわせて政治資金規正法の改正、政党助成法の制定が行われたのである。こうして五〇年弱にわたった衆議院の中選挙区制度にはピリオドが打たれ、小選挙区比例代表並立型選挙制度に変えられた。この選挙制度による最初の総選挙は九六年一〇月に実施された。

小選挙区比例代表並立型

一九九六年に実施された最初の小選挙区比例代表並立型の総選挙では、右のように小選挙区三〇〇、比例代表二〇〇を定数としたが、二〇〇〇年に比例代表部分の定数が二〇削減された。それ以降の総選挙は小選挙区三〇〇、比例代表一八〇で争われた。そして、後に論じるが、「一票の格差」問題に関する最高裁判決（二〇一一年）を受けて、二〇一三年に小選挙区定数を「〇増五減」とする公職選挙法改正法が成立した。この結果、二〇一四年一二月の総選挙は小選挙区二九五、比例代表一八〇で争われた。

さて、小選挙区比例代表型選挙制度とは、次のような仕組みである。有権者は小選挙区一票、比例代表一票の二票の投票権をもつ。小選挙区の投票は候補者名を、比例部分については政党名を記す。小選挙区の定数は一だから、有効投票総数の最多得票を得た候補者が当選となる。立候補者が二人ならば、一〇〇人の投票から五一票を獲得した候補者が当選し、残る四九票は「死票」となる。もっといえば、当選者は相対多数で決められるから、多数の立候補者のある場合、五〇パーセントを優に超える「死票」が出ることになる。

比例代表部分については、全国が一一ブロックに区割りされている。比例区に候補者を擁立できる政党（国会議員五人以上を擁する政党、直近の国政選挙で全国で二％以上の得票率をあげた政党、比例のブロック定数の二割の候補者を擁立する政党・政治団体）は、拘束名簿方式で候補者に順位をつけて届け出る。ただし、小選挙区と比例代表の双方に重複立候補できる。各政党の議席は獲得した有効投票数をドント方式で按分し決定される。

重複立候補者のうち小選挙区で当選すれば、当然名簿から削除される。また重複立候補者の小選挙区の得票数が一〇％以下の場合は、復活当選の資格を失う。比例代表の名簿の順位は同一とすることができるが、小選挙区で落選した候補者の「復活当選」は、「惜敗率」で決定される。これは当該候補者の獲得票数を小選挙区での最多得票者（当選者）で除した数値である。したがって、いまある政党の名簿に三人が並び名簿一位は比例単独、他二人は重複立候補者であって同一順位とする。この政党の獲得議席が二であったならば、この場合、惜敗率で上回った方が当選者となる。

このように、小選挙区比例代表並立型の選挙には「死票」の多さや重複立候補の妥当性などの問題点がふくまれている。だが「一票の格差」の根源として取り上げられてきたのは、定数配分における「一人別枠方式」である。これは九四年の選挙制度改革時に、都道府県別の議席配分の「激減緩和」措置としてとられたものである。この方式では小選挙区の三〇〇議席（当時）のうち四七議席を各都道府県に一議席ずつ配分したうえで、残りの二五三議席を最大剰余式で各都道府県に比例配分する。この合算数をもとにして都道府県内を区割りするものである。

二〇一二年一一月、議員定数の「〇増五減」にあわせて衆議院議員選挙区画定審議会設置法が改正された。この改正によって法文上は「一人別枠方式」なる言葉は姿を消した。ただし、後に述べるが裁判所の判決や「一票の格差」を追及する法律家からは、事実上の存続が指摘されている。なぜならば、全選挙区にわたって定数の再配分が行われていないからである。たしかに、「一人別枠方式」を採る限り、一票の格差は歴然たる事実として残ることになる。しかし、この問題は代表性と選挙区のありかたを根底から考え直してみる必要性を教えるものでもある。

参議院議員選挙

衆議院とならぶ議院である参議院議員選挙は、一九四七年に議員定数を二五〇とし、全国を一選挙区とする全国区（定数一〇〇）と各都道府県を選挙区とする地方区（定数一五〇）としてスタートした。被選挙権は満三〇歳以上であり、任期は六年で解散はない。ただし、三年に一度半数を改選としている。その後、議員定数は一九七〇年の沖縄返還に向けて改正され、地方区二名が増員された。さらに、後に述べる二〇〇〇年の非拘束比例代表制の導入時に、比例代表選出議員を一〇〇人から九六人、選挙区選出議員を一五二人から一四六人へと削減し、現在（二〇一四年末）の参議院議員数は二四二人となっている。

戦前期の帝国議会は、衆議院と貴族院との二院制を採用していた。ＧＨＱ（連合国軍最高司令官総司令部）の日本国憲法草案は一院制とするものであった。これに対して日本側はあくまで二院制を主張した。ＧＨＱは議院構成について日本側の要請を受容した。

ただし、当時の吉田茂政権は、衆議院との違いを出すために、知識人や職能団体の代表が選出される可能性のある全国区と地域の利益を代表しうる地方区を設けたとされる。実際、初期の参議院にはいずれの政党にも属さない文化人や学者などを中心とする「緑風会」が多数会派の地位を得た。だが、一九五五年の保守合同による自民党の誕生後、参議院の政党化が強まっていった。結局、緑風会は一九六五年に解散した。

参議院全国区については、全国を一選挙区としているゆえに膨大な選挙資金を必要とする、巨大利益集団の支配下におかれる、さらには候補者の身体的・精神的疲労が大きいといったさまざまな問題点が指摘されてきた。だが、政党間で参院選挙制度の改革が議論されながらも合意を得ることは困難であった。結局、自民党主導のもとに一九八二年八月に全国区制度の廃止と拘束名簿式比例代表制が導入され、八三年の選挙から実施された。

これは各政党の得票をドント式で議席配分し、比例区搭載名簿順位によって当選者を確定するものである。比例代表選挙に候補者名簿を提出できる政党その他の政治団体は、①国会議員五人以上を擁する政党、②直近の衆院選または参院選で全国を通じて有効投票総数の二％以上の得票を得た政党、③選挙区・比例代表選挙を通じて一〇人以上の立候補者を有する政党、の三条件のうちいずれかを充たす政党・政治団体とされている。したがって、既存の大政党に有利な条件であるのは否めないであろう。

この拘束名簿式比例代表選挙は、早くも一九八六年から見直しが始まった。二〇〇〇年に参議院議員定数の削減と同時に非拘束名簿式比例代表制が導入された。有権者は名簿届出政党の政党名ないし掲載されている候補者名のどちらに投票してもよい。そして、政党名と候補者名による得票を合算して、各政党の総得票数を定める。そのうえで各政党の総得票数に比例して（ドント方式）政党ごとの獲得議席数を決定する。その後に政党ごとに得票数の最も多い候補者から順に当選人を定める。

地方区は一九八二年の比例代表選挙の導入と同時に「選挙区」選挙と改められた。都道府県の区域を選挙区とし、定員二人から一〇人（偶数）の定数が配分されている。実質的には旧来の地方区と変わるものではない。

定数不均衡——衆議院

こうした衆参両院の選挙制度には、賛否両論の評価が下されてきた。選挙制度のありかたによって議席数のみならず代表性の内実が規定されるから、多くの議論が交わされるのは、ある意味で当然のことである。この意味でいえば、先にもふれているが、死票が多数出ざるをえない小選挙区制度をいかに改革するかは、重要な政治課題といってよい。ただし、現行選挙制度を前提としていえば、最も重要であり深刻な課題は、衆参両院ともに選挙区の定数不均衡であるといってよい。

現代の選挙が「一人一票・同一価値」を自明の条件としているならば、一票の重みが選挙区によって著しく異なるのは、法の下の平等を定めた憲法第一四条に反することになる。衆院の小選挙区や参院の選挙区は、都道府県や市町村の区域を基本として定められている。「一票の格差」という言葉が意味しているのは、当該選挙区における議員一人当たりの有権者数を算定し比較したときの格差である。一般的にいえば、大都市圏への人口の集中と他方での過疎化の進行は、過疎地の一票を重くする傾向にある。

定数不均衡＝一票の格差問題は、衆議院選挙制度が改められる中選挙区制度時代から生じており、主として弁護士グループによる選挙無効の訴訟が提起されてきた。公職選挙法は選挙区の定数の見直しについて、選挙区の定数と区域割を定めた別表第一では、「本表は、この法律施行の日から五年毎に、直近に行われた国勢調査の結果によって、更生するのを例とする」としているが、具体的見直しの手続きを定めておらず、立法府にゆだねている。定数是正は国会議員の身分に直接かかわる問題だけに、国会での議論は遅々として進まない。とりわけ定数減による不均衡の是正は、きわめて困難である。

最高裁は一九七六年四月一四日に、七二年総選挙について初めて「違憲」判決を下した。この選挙での一票の格差は、最大で四・九九倍まで広がっていた。ただし、最高裁判決は選挙自体は有効であるとした。

一九八三年に行われた衆議院総選挙では、一票の格差が最大一対四・四になった。そこで、これは憲法が保障する法の下の平等に反するとして各地の有権者が訴訟を起こした。一九八五年七月一六日、最高裁は定数配分規定を全体として違憲であるとの判決を下した。だが、この判決でも選挙自体は有効とされた。とはいえ、この結果、公職選挙法の改正が行われないならば、首相は解散権を事実上制約されることになった。一九八六年の総選挙は、著しい不均衡の生じていた一部の選挙区の定数を増減（八増七減）する緊急避難的な公選法の改正直後に行われた。この時、「昭和六〇年の国勢調査の確定人口の公表を待って、速やかに公選法の抜本改正の検討を行う」ことが決議されていたが、与野党ともに真摯に対応しなかった。九二年に定数は「九増一〇減」され、これにもとづく総選挙が九三年七月に実施された。

以上は中選挙区制度時代の主たる動きだが、先に述べたように九四年に衆議院選挙制度は、小選挙区比例代表並立型に改められた。九六年のこの選挙制度による初の総選挙以来、定数不均衡を問う訴訟は毎回起こされているが、二〇〇〇年、二〇〇三年、二〇〇五年までの四回の総選挙については、最高裁は合憲の判決を下した。ただし、〇五年の総選挙について一五人の最高裁判事のうちの六人は、格差が最大二・一七倍となったことを根拠に「違憲」ないし「違憲状態」と判断し、うち四人が「一人別枠方式」について「合理的根拠が乏しい」とした。だが、国会は定数是正のための公職選挙法の改正に取り組まなかった。

二〇〇九年の総選挙についても全国各地で訴訟が起こされた。高等裁判所レベルでは、いずれも「違憲」「違憲状態」の判決が下された。これらを踏まえて最高裁は、二〇一一年三月二三日に二〇〇九年総選挙が「違憲状態」にあったとした。一票の格差は最大で二・三〇四倍に達しており、格差二倍以上の選挙区も増加しているとした。とりわけ、最高裁が問題視したのは、「一人別枠方式」が憲法のいう投票価値の平等を損なっていることである。しかし、国会は東日本大震災の発生なる未曾有の事態があったにせよ、抜本的改正に取り組もうとはしなかった。

二〇一二年一一月一六日に衆議院小選挙区を「〇増五減」する選挙制度改正法が成立したが、選挙区区割りは変更されなかった。そればかりか、先に述べたように、衆議院議員選挙区画定審議会設置法も改正され、一人別枠方式についての規定が削除された。自民党は「〇増五減」によって一人別枠方式は廃止されたとしたが、「〇増五減」の対象外の選挙区では、一人別枠方式による従前の定数配分のままだから、一種の「詭弁」といってよいだろう。ともあれ、二〇一二年一二月の総選挙は「〇増五減」が時間的に間に合わないとの理由で、従前のまま実施されたのである。

二〇一二年の衆院解散・総選挙を前にして政権党だった民主党、野党の自民、公明党の三党は「身を切る改革」として、衆院議員定数の大幅削減や選挙制度の改革を公約した。だが、これも「反故」にされた形で二〇一四年一二月に、先に成立した「〇増五減」のもとで総選挙が実施された。二〇一二年の総選挙後に「一票の格差」をめぐる訴訟が各地で提訴された。最高裁はこれらの訴訟を受けて「違憲状態」とし、国会に選挙制度の整備を求めた。二〇一四年の総選挙についても訴訟が提起されており、司法の判断と国会の取り組みの行方が注目されている。

定数不均衡——参議院

参議院議員選挙についても都道府県を選挙区としている選挙区選挙について「一票の格差」問題がきびしく問われてきた。二〇〇九年九月、一票の格差が四・八六倍であった二〇〇七年参議院選挙区選挙について最高裁は、「格差縮小には選挙制度の仕組み自体の見直しが必要」とした。これを受けて参院の各会派で構成する「参院改革協議会」は、選挙制度を抜本的に見直すことを決めた。だが、選挙制度の見直しは各会派の利害に直結するだけに容易に進むものではない。

二〇一二年五月、参院の各党幹事長らによる選挙制度協議会は、選挙制度の見直しを先送りし、一票の格差問題から取り組むとした。そして、二〇一二年一一月に民主・自民・公明三党などの賛成によって「四増四減」を行う公職選挙法の改正が成立した。しかし、これにもとづく二〇一三年の参院選挙区選挙は、一票の平等からは程遠かった。選挙直後の格差は最大で四・七七倍であった。弁護士グループが四七選挙区すべての無効・やり直しを求める訴訟を起こした。高裁・高裁支部での判決は「違憲状態」が一三件、「違憲」が三件（一件は選挙無効）であった。最高裁は二〇一四年に「違憲状態」と判決した。こうした状況を受けて国会は、二〇一五年六月に公職選挙法を改正し、「一〇増一〇減」の定数再配分を行うことを決定した。この結果、島根・鳥取及び徳島・高知選挙区をそれぞれ合区し定数一とし、三県で定数二を一に改めた。その一方で、兵庫、北海道、東京、福岡、愛知選挙区でそれぞれ二人増とした。この改正は自民党、維新の党などの共同でなされた。政権与党である公明党は民主党とともに

「一二増一二減」案を提示し、与党間の足並みは乱れた。県単位の選挙区を合区するのは初めてだが、四県の不満は大きい。なお、これは二〇一六年の参院選から実施されるが、一票の格差は二・九七倍と想定されており、再び違憲訴訟の対象となるであろう。

選挙制度と代表性

さて、以上にみてきたように、衆議院、参議院ともに「一票の格差」問題を抱えている。東京（圏）一極集中状況を解消することは、長年にわたって政治の課題とされてきた。この政策の行方は、ここでの考察課題ではないが、衆議院、参議院ともに「選挙区」を設定し、しかもその際の基本単位を都道府県区域とする限り、将来にわたって一票の格差問題を「完全」にクリアすることが可能なのだろうか。国会が「国権の最高機関」（憲法四一条）であり、議員は特定地域の代表ではなく全国民の代表であるという理念に忠実であるならば、個人主義にもとづく憲法規範からいって「一人一票」は当然の前提となる。とはいえ、定数是正問題＝一票の格差解消問題には、選挙制度と代表性について考えてみなくてはならない多くの論点がふくまれていよう。

仮に、「一人一票」と全国民の代表を厳格かつ規範的に捉えるならば、全国一本の比例代表選挙とするのが、法的には最も合理的であろう。ただし、法律論としてではなく政治研究の立場から考えるならば、全国民の代表とされながらも特定地域（大都市圏）の利益が大きく反映されることになりかねない。また、潤沢な政治資金と集票装置をもつ巨大利益集団の代表が、多数選出されることであろう。

「一人一票」の原則にも議論は残る。選挙権年齢をいかに設定するのが合理的であるのか。公民権年齢に達していない世代の利益は、ほんとうに選挙権をもつ人間によって代表されるのか。子どものいる人、あるいは世代によ

✣コラム　18 歳投票権と主権者教育

日本国憲法の改正には，憲法第 96 条にもとづいて衆参両院議員の三分の二以上の発議と国民投票を必要とする．ところが，国民投票の実施に必要とされる改正発議の具体的要件や手続き，投票権者などについての法律は制定されないままであった．2006 年 9 月に成立した第 1 次安倍政権は，「日本国憲法の改正手続に関する法律」を 2007 年 5 月に成立させた．国民投票の投票権は満 18 歳以上とした．この法律の附則第 3 条は，年齢 18 歳以上 20 歳未満の者が国政選挙に参加できるように法令の規定に検討を加え，必要な措置を講ずるものとする，とした．その後，2014 年 6 月に同法は改正され，国民投票の投票権を有する者と選挙権を有する者との年齢を均衡させるように措置をとるとした．これにもとづいて 2015 年 6 月に公職選挙法が改正され，選挙権年齢は 18 歳に引き下げられた．これは世界の標準に追い付いたというべきだが，18 歳投票権をめぐってにわかに活発となっているのは主権者教育論だ．投票率は国政選挙，地方選挙ともに回を追うごとに低下していることを考えるならば，何やら「上から目線」臭く感じる．主権者教育が必要なのは，若者に限定されることではない．ただ，こうした一般論としての主権者教育の必要性がいわれる一方で，自民党や一部の言論人から中学・高校の教育における「政治的中立性」の厳守が強調されている．あいかわらず，そこでは日教組の名をあげ「偏向教育」あるいは特定政党への投票の誘導が行われかねないとする．教員が授業中に特定政党への支持を生徒に求めることはあってはならない．だが，教育における「政治的中立性」は，この言葉が多用されるほどには明確に定義されていない．ただし，基本は教員人事と教科書選択への政党政治の介入を排除することである．そのうえでいうと，一人の自由な人格として教員の尊厳と言論の自由を保障することだ．歴史教育や公民教育で教員の学問的認識を生徒たちに語ることまでを規制するものではない．それを素材とした討論が活発に行われることこそ主権者教育である．年表の叙述の丸暗記は，主権者教育にはならないというべきだ．

表 8-1　主な国の選挙権年齢

20 歳	日本
18 歳	アメリカ　アイルランド　イギリス　イタリア　インド　ウクライナ　エチオピア　フランス　南アフリカ　ロシア　イラク　チリ　オランダ　トルコ　カナダ　スウェーデン　スペイン　ベルギー　メキシコ　ナイジェリア　ギリシャ　オーストラリア　デンマーク　ドイツ　ニュージーランド　フィリッピン　フィンランド　ポルトガル　モンゴル　イスラエル　ケニア
16 歳	オーストリア　アルゼンチン

出典：朝日新聞（東京本社版）2015 年 7 月 4 日夕刊.
注：一部国を削除した.

って持ち票を変えるといった議論さえある。ただし、それが論理的に「正当性」をもつとしても、いかに合理的に持票を配分するかは、容易ではないであろう。

選挙区を地域ごとに設けることにどれほどの合理性があるかにも、多くの議論が残っている。ただし、地域ごとの選挙区（これを具体的にどのように設定するかは難題だが）から選出された議員は、国民全体の代表とはなりえないと、はたしていえるだろうか。個別の地域利害を国政のありかたから切り離して論じることは難しい。一見、地域的な個別利益にみえることにも、国政全体の問題として捉えねばならない要素が多くふくまれていよう。また逆に、国政の問題のようにみえながらも、地域を抜きに決定できない問題も多い。

例えば、軍事的安全保障の強化をいうのは簡単だが、その実現には具体的軍事基地の整備が不可欠となる。それは地域社会のありかたと密接に関係する。同様のことはエネルギー政策にもいえる。原発をベースロード電源と位置づけたところで、そのためには原発の立地が必要となる。国政はこの意味で地域と離れたところにありえないのである。選挙区を設けて、地域の意思が国政に反映されるシステムは、それなりの合理性をもつ。

加えて、日本の場合二院制を採用している。衆議院、参議院の選挙制度が「相似形」でよいのかも考えてみなくてはなるまい。憲法規定上衆議院は、首相の信任・不信任、予算・条約の先議と優越、再議決権限などからいって、下院であり第一院である。したがって、衆議院と参議院の選挙制度を総体として考えることが重要となるだろう。

第一院である衆議院は、一票の価値が最大限重視されつつ、同時に現行小選挙区制度のような大量な「死票」を生み出さない選挙制度であって、地域の利害が国政に代表されるような選挙制度が望まれるといってよい。一九九三年から九四年にかけての選挙制度改革では、小選挙区比例代表並立型とならんで小選挙区比例代表併用型選挙制度が議論された。これは比例代表選挙での得票率でもって各政党の議席数を決定し、次に小選挙区の当選者に優先的に割り当て、残りを比例代表名簿から充当するというものである。右のような条件により適うのは、小選挙区比例代表併用型であるが、その具体的制度設計が議論されてもよい時代である。

一方の参議院については、二院制のもとでの参議院の役割・使命の議論が選挙制度の考察にとって不可欠であるといってよい。それをどのように考えるかは、日本政治の大きな課題のままであるが、少なくとも参議院の役割は「衆院のカーボンコピー」といった揶揄が生じないことを前提として考察されるべきであり、何よりも第一院のチェック機能が重視されることが大切といえよう。

この観点からすれば、従来から一部に議論があるように、参議院の選挙制度は各都道府県から同数の議員（二人）が選出されて、地域代表的要素をより強める制度であってもよいだろう。地方分権が政治の課題とされるなかで一定の合理性をもつ議論ではある。ただし、国政への自治体代表のありかたをはじめとして、政治に関する明確な理念を真摯に議論したうえで法制化されねばならないであろう。

ともあれ、「一票の価値」をめぐる議論は、国政への代表機能を多元化するとともに、二院制の維持を前提とするならば、両院間における「対抗関係」が明確に機能する選挙制度として考察されていくべきであろう。

9　マス・メディアの政治機能

マス・メディアと政治

現代の政治はマス・メディアを抜きにしては考えられない。政治は中央政府や自治体といった巨大な組織集団において展開されるのが普通であるが、こうした集団で生じる諸現象は、人びとの直接に経験しうる範囲をはるかに超えている。したがって、人びとがこうした現象を知り、それについて何らかの判断を下すためには、それを人びとに伝達する媒体が必要とされる。この媒体として最も重要なものがマス・メディアである。

それゆえ、マス・メディアの政治機能として第一にあげなければならないのは、政治的事実を報道する機能である。事実を報道するというのは、一見単純な作業であるように思われるが、実際にはけっして単純ではない。そもそも、事実が何かを確定すること自体、多くの困難な問題をふくんでいる。とくに、政治的事実には、複雑で大規模な問題が少なくない。こうした問題はみる立場によっても現われ方が異なるのが普通であり、いかなる立場に立つかによって事実そのものが変わってくるといわざるをえない。さらに、無限にある事実の中から、とくに何を取り出して報道するかもマス・メディアの選択にゆだねられている。いわば、マス・メディアは報道すべき事実の取捨選択を通じて特定の立場を表明しているのである。マス・メディアの報道機能は、単に事実を報道するだけでなく、世論を特定の方向へ誘導する機能をも果たしているといわなければならない。

こうした世論誘導の機能は、報道機能を通じて果たされるだけでなく、より積極的に特定の見解を流布することによっても果たされる。これを評論機能とよぶならば、マス・メディアの政治機能の第二の形は、評論機能であるといってよい。新聞やテレビは事実の報道に加えて、事実を理解するのに役立つ解説を行うのが普通であるが、解説も解説者の主観に影響されるという意味では、評論機能の中に含めることができる。いずれにしても、マス・メディアは報道機能や評論機能を通じて世論に影響を与えることができるのであるから、それ自体一個の権力として政治勢力をなしているといってよいであろう。

しかし、マス・メディアの世論への影響は、単に報道・解説・評論などによってのみ現われるわけではない。今日のマス・メディアは何よりもまず人びとに娯楽を提供するために存在している。とくに、テレビの場合は、娯楽番組の占める比重は報道番組に比して著しく高い。人びとは娯楽に関心を示す分だけ政治には関心を示さなくなる。また、報道も政治に関するものよりは、むしろ人びとの娯楽的興味をよぶ事柄に関するものが多くなる。いわば、報道の娯楽化がおこる。こうして、マス・メディアは人びとの関心を政治以外のものに向けさせる機能を持つ。現代の政治的無関心の原因の一つにマス・メディアがあげられる所以である。

新聞の日本的特質と変容

今日、マス・メディアはますます多様化しつつあるとはいえ、新聞は政治的には依然としてマス・メディアの中心的位置を占めている。では、政治的機能からみて、日本の新聞はいかなる特徴を持っているであろうか。第一に、いわゆる全国紙は一千万部近くから数百万の発行部数を持ち、全世界の新聞の中でも発行部数ではトップ・クラスに入る。加えて、各道府県には地方紙とよばれる新聞があり、それは道府県内で寡占状態にある。東京や関西圏を

日本記者クラブで記者会見する小泉元首相（2013年11月12日）
©AFP＝時事

除くならば、各道府県地方紙は全国紙の及ぶところではない。

この大量に発行される新聞は、宅配制度によって各家庭に配布される。多くの家庭は、複数の新聞を購読して相互に比較するだけの時間及び経済的余裕を持たないので、特定の一紙だけを相当長期にわたって読むことになる。したがって紙面の差異は、一般読者にとってそれほど意味を持たない。

紙面の差異が失われて新聞の画一化が進む傾向は、新聞を作る側の事情によっても促進される。一紙の読者数が数百万に達するということは、それぞれの新聞の読者が年齢、所得、職業、学歴、信条などの点で多種多様であることを意味する。したがって、新聞社はこうした多様な読者層のいずれにも受け入れられる無難な紙面を作らなければならない（京極純一『日本の政治』）。その結果、どの新聞も似たり寄ったりの紙面を読者に提供することになる。さらに、各社は他社が掲載した重大ニュースを見落す「特落ち」を避けるために最大限の努力を払わなければならないが、この「特落ち」防止と官庁側の世論工作の必要とから生まれたのが、記者クラブである（京極、前掲書）。記者クラブは各省庁のほか国会や自治体、各種民間団体にも設けられており、取材や資料の収集をクラブ所属の記者だけに排他的に認めるシステムである。近年、この排他性は若干緩和され、フリーランスのジャーナリストの記者会見参加を認める傾向がみられる。それでも紙面に彼らの記事が掲載されるわけではない。記者クラブ制度によって、新聞記者の側は「特落ち」防止を保証され、官庁の側は世論工作の上で有利な位置を与えられることになる。ともあれ、それによって各紙の紙面の類似性はますます強まることになるといってよい。

日本の新聞にみられる第二の特徴は、不偏不党性あるいは政党からの中立性の標榜である。諸外国の新聞には、特定の政治的立場をとるものが少なくないが、日本の新聞はすべて政党から中立であることを標榜している。報道機能や評論機能が、何らかの立場に立つことを暗黙の前提として成り立つものであるとすれば、政治的に中立であると自称することがただちにその新聞の不偏不党性を保証するものでない。

日本の新聞には長いあいだ無署名の記事が圧倒的に多かった。だが、一九九〇年代から全国紙は、政治や経済記事において署名入り記事を増やしてきた。記者クラブ制度の「弊害」もあって、プレス発表された事項にそれほど大きな差異があるわけではないが、報道姿勢のニュアンスは、近年かなり異なるようになっている。

とりわけ、二〇一一年三月一一日の東日本大震災によって生じた東京電力福島原子力発電所の重大事故以降、原発の再稼働や原発依存度に関する報道では、新聞社間の違いが大きくなっている。また、第二次安倍政権による特定秘密保護法や憲法解釈の変更による集団的自衛権の行使容認、日本の戦争責任についても、新聞報道の姿勢の違いは大きくなっている。

新聞記事に署名があるということは、その記事にはそれを書いた記者の主観的な判断が含まれていることを予め警告する意味を持つ。読者は、署名している記者の過去の記述にみられる傾向を予め念頭に置いて記事を読むことができる。それは、主観的であることを明らかにすることによって、かえって客観性を確保しようとする努力の現われとみることもできよう。

日本の新聞に無署名記事が多かったのは、個々の記者の責任よりも新聞社全体の一体性を強調することを意味していた。つまり、個々の記者の主観性を排して、報道されている事実の「客観性」を強調することで、読者を獲得することを意味していた。しかし、あらゆる記事が記者の主観による制約を免れ難いとすれば、こうした客観性は結局みせかけだけの客観性に過ぎない。日本の新聞は、自民党一党優位体制が完全に崩れ、かつ国内・国際情勢が激動するなかで、「客観性」を標榜することが限界に達していることを認識しだしたともいえる。同時に、紙媒体(電子版を含む)としての新聞購読者が減少するなかで、他紙との差異化がとりわけ政治的事実の報道と評論機能において、不可避と判断しだしたことを意味していよう。

テレビと政治

今日、マス・メディアの主流をなすものはテレビである。NHK放送文化研究所が五年ごとに行っている「国民生活時間調査」によると、二〇一〇年に日本人は平均して平日は三時間二八分、土曜日は三時間四四分、日曜日は四時間二九分をテレビをみることに費やしている。一方、新聞、雑誌、本を読むことに振り向ける時間は、わずかに三二分ぐらいである。もちろん、電波メディアと印刷メディアでは性質が異なるので、テレビが新聞にとって代わったということはできないであろうが、少なくとも国民の関心が圧倒的にテレビに向けられていることは確かである。

テレビも新聞と同様に報道と評論の機能を受け持つはずであるが、実際に放映される番組の中で報道番組の占める比重はかなり低い。したがって、テレビの政治的機能を考える場合には、その報道機能よりもむしろ娯楽機能の

❖コラム　社説を読もう

新聞各紙の社説がかつてないほど新鮮にみえる．新国家主義の言説を強めるばかりか新たな安全保障法制の制定に舵を切った安倍政権だが，全国紙では朝日，毎日，東京（中日）の社説はこれに批判的であり，読売，産経，日経は政権支持を打ち出している．とくに読売，産経がそうだ．安全保障法制についてばかりか原子力発電所の再稼働についても，2つのグループの意見は対立状況にある．自民党からは政権批判色の強い三紙はけしからんとの意見が堂々と開陳され，広告を規制して「兵糧攻め」にすればよいとの意見まで飛び出す始末だ．日本の新聞の社説は，どちらかというと当たり障りのない教訓調のものが多かったが，新聞社が国政の重要問題への主張を明確にすることは，けっして否定されるべきものではない．新聞社間でもっと論争が行われるべきなのだ．批判されるべきは，政権批判を展開する新聞の規制を政権党が声高に叫ぶこと，あるいは逆に政権支持の新聞を庇護することである．言論や表現の自由を否定するところに民主政治は成り立たない．わたしたちは新聞の社説を読み比べ，それを素材として政治を論じ学んでいきたいものだ．

もつ政治機能を重視しなければならないであろう。日本のテレビにみられる特徴の一つは、視聴者の中で年齢の低い層の占める比重が高いことである。そのため、番組の制作者は小中学校の児童生徒から高齢者に至る幅広い年齢層に同時に訴えうるような作品を作ることを求められる。その結果、作品の水準は低年齢層の嗜好の水準に低下するといってよい。こうした傾向のもとでは、社会批判を意図するドラマやドキュメンタリーは歓迎されず、性や暴力を扱った安直なドラマや映画が番組の主流を占めることになる。こうしたテレビの娯楽作品は、それ自体特定の政治的影響力を持つものとはいえないが、社会や政治の現状に対する批判を喚起しないことで、現状維持の機能を果たしているといえよう。

テレビの報道機能は、その迫真性や同時性において新聞にはみられない長所がある。二〇一一年の東日本大震災における大津波の襲来の実況中継、さらに東京電力福島第一原発の崩壊報道は、まさに人びとに衝撃を与えた。これはテレビならではの報道機能の発揮であった。ただ、平常のテレビのニュース番組は、視聴者からは娯楽の一部として受けとられやすいし、報道番組の制作者もそれに迎合しやすい。そのため、テレビの報道番組にはマス・メディアの持つ非政治化の傾向がとくに強く現われるといってよい。非政治化の傾向とは、政治的な問題や事件を非政治的な形で人びとに伝達することを指しており、具体的には、矮小化、断片化、私化といった形態をとる（丸山真男「政治的無関心」『政治学事典』）。

矮小化は、社会的政治的事件を歴史的社会的文脈から切り離して、事件の本質とは無関係なエピソードや付随現象を大きく扱うことであり、断片化は、相互に関連する事柄について総合的な認識や判断を与える代わりに、これを断片的なニュース・フラッシュ、コメント、ダイジェストなどの形式に細分してしまうことである。また私化は、政治家や政治的事件を取り上げる場合にも、その公的側面において捉えずに、むしろ私生活を好んで取り上げることにほかならない。とくに、日本のテレビのニュース・ショーは、芸能人や有名人の私生活を暴露することに異常な熱意を示しており、それによって人びとの関心を私的なものに集中させる役割を果たしていることは否定できないであろう。

マス・メディアと世論

評論機能は報道機能と並んで、マス・メディアの重要な機能の一つである。マス・メディアの評論が多くの人びとの意見を変える働きを持てば、世論が変わることになる。世論とは公衆の意見であるが、それは客観的に明示的な形で存在しているわけではない。むしろ、世論に影響を与えようとするさまざまな操作を通じて漸次明らかになるのが世論だといえよう。その意味で、マス・メディアは世論を表出する媒体でもある。もちろん、事実の報道も世論の形成に影響を与える。しかし、世論の形成と表出にとって決定的に重要な役割を果たすのは評論機能であるといってよい。

世論に影響を及ぼすという点からみて、最も重要なものの一つは、新聞に掲載される評論であろう。社説や論説もその一つであるが、そのほかに読者からの投稿、評論家や専門家の個人署名による評論などがその主な部分を構成している。評論は特定の意見を主張することであるから、必ずしも不偏不党であることを必要としない。

一般に日本の新聞は、長らく野党の活動と進歩派の政治を掩護してきたといわれ、また国際政治に関しては、「ハト派」的路線を支持してきたといわれる。これが、しばしば新聞の偏向として政権から非難された。ただ、政治全体のバランスを保つ考え方に立てば、新聞が野党的立場に立つことは、政府の権力を抑制する上で重要な意味を持っている。

ところが、このように評価されてきた新聞の評論機能は、発行部数の巨大化とともに、低下してきた。膨大な数の読者に向けて新聞を発行するとすれば、どの読者にも何らかの満足を与え、どの読者からも反発されない紙面を作らなければならない。そのためには、特定の政治的立場の支持に偏りやすい評論よりも、「客観的で正確な報道」を重視することが必要になる。さらに、一般読者の保守化あるいは非政治化の傾向が、新聞の保守化を招いていることも見逃せない。新聞が野党的色彩を失っていくことは、新聞の不偏不党性あるいは中立性の幻想が強まることを意味する。しかし、それは結局新聞がその報道機能を通じて隠微な形で世論操作を行うことを可能にするものであろう。とくに日本の場合、記者クラブが新聞と政府を結ぶ主要なチャネルとして機能している限り、新聞が実質的に政府の広報紙に堕する可能性も小さくないといわなければならない。

ただし、先にも触れたように、近年の新聞の政治に関する報道機能と評論機能は、新聞社間によって差異化している。原発事故を契機として原発をエネルギー源にどのように位置づけるか、憲法九条の意義をどのように位置づけるか、日本の戦争責任をいかに認識するかなど、現在の政治の重要争点については、全国紙間でかなりの差異がみられるのも事実である。ただし、こうした傾向が果たしてどこまで続くかは定かではない。

しかも、ＩＴ革命によってインターネットによる映像や評論、意見の表示が全世界を駆け巡っている。「アラブの春」といわれた中東における革命の連鎖に果たしたツイッターの影響力は、凄まじく大きかった。現代日本においても、先の「国民生活時間調査」によると、インターネットの使用者は平均で二〇％であり、一日に費やす時間は平均二〇分とされている。実際、ツイッターやフェイスブック、各種動画のインターネット配信などによって、国際・国内政策についての評価がきわめて活発に行われており、それが一定の世論の形成に大きな影響力を持つに至っている。インターネットの隆盛は新聞の購読者を減少させており、新聞の報道機能や評論機能は、いまや日増しに低下していかざるをえないともいえる。

もちろん、インターネットを通じた報道や評論は、そのすべてではないが大衆迎合的色彩が濃厚である。また責任の所在も不明確なものが少なくないといってよい。それらが世論の形成に多大な影響力を今後とも発揮していくとするならば、非政治化による政治権力の強化につながることも、視野に入れておかねばならないだろう。それはとりもなおさず、民主主義にとって脅威なのである。この意味では、新聞などのマス・メディアのありかたと再生の方向が問われているといわざるをえない。

権力としてのマス・メディア

マス・メディアが政治の過程において巨大な役割を果たしてきたことはすでに述べた通りである。その影響力の大きさゆえに、社会はマス・メディア自体が一個の巨大な権力であると見なしてきた。

ただし、マス・メディアが権力であるということの具体的意味とは何であろうか。マス・メディアは、文字通りに解すれば、大衆伝達（マス・コミュニケーション）の媒体である。もちろん媒体といっても、単なる物理的装置だけを指すのではなく、その装置を活動させている人間もふくむと考えられる。そこから、マス・メディアが権力であるという命題には二通りの意味を見出すことができよう。

第一に、媒体としてのマス・メディアを利用する政治家や評論家が、マス・メディアを通じて大きな影響力を発揮する場合である。例えば、小泉純一郎首相や安倍晋三首相が、テレビの活用によって人気を上昇させたことは、比較的最近の例といってよい。この場合には、マス・メディアの権力といっても、それ自体で存在しているのではなく、首相の権力を強める形で存在しているのである。

第二に、新聞社やテレビ局の記者や解説者がメディアを通じて行う言論活動の持つ影響力の問題がある。それは、新聞の記事やテレビの番組が現実の政治に及ぼす影響力の問題とみることもできるであろう。ある場合には、その影響力はきわめて大きい。例えば、ニクソン大統領を失脚させたウォーターゲート事件や、日本の政界・官界を大規模に巻き込んだリクルート事件は、新聞の徹底した取材活動がなかったら、発覚しなかったであろう。ただ一般的にいって、マス・メディアの言論活動は、政治的腐敗や政治的スキャンダルに際して、国民のモラリズムに訴える場合には絶大な影響力を発揮するが、日常的に生起する政治問題に関して、新聞の記事やテレビの番組が、政党や官僚を上回る影響力を発揮することは少ないのではなかろうか。

今後のマス・メディアと権力との関連を考えた場合に、より大きな意味を持ってくるのは、権力の媒体としての側面である。とくに注目されるのは、テレビを媒体として展開されるイメージ・ゲームの果たす役割であろう。政治的権力者が自己のイメージを改善する手段として利用する場合には、テレビは新聞よりも権力者にとって有利な側面を備えている。新聞によって伝達されるイメージは間接的で抽象的であることを免れないが、テレビは直接的で具象的なイメージを伝達するからである。

しかもテレビの場合、指導者はかなり自由に自己を演出することも可能である。二〇〇五年の「郵政選挙」といわれた総選挙を前にして、小泉首相は参議院で否決された郵政民営化の是非を問うとして衆議院を解散した。彼の自己陶酔したかのような記者会見は、テレビで大きく報道され有権者の心を「魅了」し、総選挙での自民党大勝をもたらした。

こうした権力者によるテレビの活用に加えて、近年の国政選挙ではテレビ中継のみならずインターネット中継をも含めて党首討論が展開されている。それだけでなく、閣僚や各政党の指導者らは、衛星放送の展開によって近年急速にチャンネル数を増加させたテレビ番組に出演し、自らの正当性をアピールしている。いまやテレビやインターネットをいかにうまく使うかで、選挙の勝敗が決まる時代を迎えているのである。

それだけに、政治権力はマス・メディアに介入する機会をつねに窺う。とりわけ、テレビについては放送法の定める免許制度を用いた「制裁」もありうる。二〇一四年一二月の衆院総選挙にあたって政権党である自民党は、テレビ各社に「公正な報道」に務めるべきと伝達している。また、二〇一二年の第二次安倍政権成立以降目立つのは、首相と報道各社幹部との懇親・懇談の場が、増加していることである。マス・メディアと政治の関係をどのように律するかは、民主主義の根幹に関わる課題であり、何よりも政治（政権）と報道各社が、そのことを自覚的に追求せねばならないといえよう。

10　地方自治の歴史と制度

近代国家と地方自治

現代では世界のいずれの国においても、その内実はともかく、国民国家全体に責任をもつ中央政府と一定の地域社会に責任をもつ地方政府（自治体）の二種類の政府を見出すことができる。地方政府の存在の根拠とされる法規範は、憲法であり、またその下位規範である。

地方自治とは、地域社会の構成員が自らの統治機構である地方政府を介して、そこに生起する諸問題を解決し、一定の社会的秩序を創造していくことであるといえよう。仮に中央政府しか存在していないとすれば、この複雑な経済社会においては、地域の隅々まで視野は及ばないし、また経済社会条件を異にする地域社会の諸問題を効果的に解決することはできない。この意味で、市民生活に密着した地方の政府があってはじめて、市民生活は安定をみるといってよい。かつて、地方自治は「民主主義の小学校」といわれた。そこには公民としての政治的トレーニングの場という意味が込められていた。こうした意味の地方自治の意義が薄れたとはいわないが、それだけではナイーヴに過ぎるだろう。現代における地方自治は、国民生活全体に責任を負う中央政府と政治的緊張関係を保つことによって、民主的な政治構造を維持する重要な装置として捉えておくべきである。

ところで、地方自治の法と制度が整えられるのは、一般に近代国家の形成過程においてである。日本の地方自治制度は、明治憲法の制定（一八八九年）に先立って整えられた。近代国民国家の成立とは、絶対主義国家の成立をメルクマールとしている。絶対主義国家は、常備軍と官僚機構を備え主権概念のもとに、中世に存在していた領主国家や封建的関係を機軸とする団体の自治を否定し国民を統合するものだった。ただ、この過程において教会、貴族、都市などの中世自治団体が一定の自律性を保ちつづけ、主権の絶対化を相対的に阻止し地域の自治を「保障」された国（典型はイギリス）もあれば、逆に解体され新たな中央政府の支配機構として地方制度が創設された国（フランス、ドイツなど）もある。

日本の地方制度の創設は、フランスやドイツに類似する要素を見出すことができる。こうした近代国家成立時の事情の違いは、その後の地方自治の行方に影を投げかけているが、二一世紀も一〇年代である。経済社会の大規模な変化やそれに応じた政治・行政の変化によって、それぞれの国の地方自治の具体的な制度と態様は、大きく変容しているといってよい。

本章から13章では、地方自治、地方政治の歴史や制度、動態について考察するが、本章ではまず日本における地方自治の制度の歴史的変化について述べることにしよう。

明治地方制度の論理と構造

一八六八年の明治維新によって成立した明治新政府は、天皇を頂点とする統一国家の形成に向けて、地方制度の確立を重要な政治課題とした。廃藩置県（一八七一年）に始まるこの試みは、約二〇年にわたって大区・小区制の制定と廃止、郡区町村編制法、府県会規則、地方税規則（「三新法」）の制定と廃止といったように試行錯誤を繰り返した。明治地方制度が安定をみるのは、一八九〇年以降のことである。

明治政府は内務大臣・山縣有朋の指導の下に、地方団体法として一八八八年に市制・町村制を、九〇年に府県制・郡制を制定した。また一八八五年の内閣制度の発足時に制定した地方官官制（勅令）を府県制・郡制の制定に合わせて修正した。ここに成立した地方団体法と地方官官制の体制は、その後多くの改正が加えられたが、基本は第二次世界大戦後の地方制度の民主改革まで存続した。

この地方制度制定の直接的な動因は、当時の自由民権運動にあった。下級武士階級から構成された藩閥政府としての明治政府は、国内支配体制の安定を図るとともに、対外列強諸国に伍していくために、政治・行政制度の近代化を課題とした。太政官制度を廃止し内閣制度を導入したのもその一つだが、一八八九年に憲法の制定、そして九〇年を期して国会を開設するとの詔勅を八一年には発した。だが、この政治日程が明らかになると、全国各地で没落士族、地主、中貧農民を中心とした自由民権運動が燃え上がった。これらの運動は、西欧民主主義思想の影響を受けつつ、民主的な諸権利の保障と地方分権の憲法保障を求めたのである。しかも、その主たる舞台は先の三新法によって設けられた府県会であった。政治体制はいたく動揺したのである。

そのようななかで定礎された明治地方制度は、府県、市町村を法人格をもった自治団体と位置づけた。府県は郡町村を包括し郡は町村を包括した。都市部である市については府県が包括した。そして、府県、市町村ともに公選の議会が設けられた。しかし、社会の基底部におかれた市会、町村会はきびしい制限選挙に加えて市会選挙には三級選挙制が、町村会には二級選挙制が敷かれた。これは有権者の所得を三等分ないし二等分し、それぞれの等級の選挙人を確定したうえで、各級選挙人が同数の議員を選出するものだ。当然のことだが、一票の格差は際立つことになる。

当時の政府文書（『市制町村制制定理由』）は、この選挙制度について「市町村ヲ以テ其盛衰ニ関係ヲ有セサル無智無産ノ小民ニ放任スルコトヲ欲セサルカタメナリ」と、率直に語っている。

市町村には首長がおかれた。市長は市会の選出する三名の候補者のなかから内務大臣が任命し、町村長は町村会で選出された。だが、東京、京都、大阪の三市については、市制特例が設けられ、府知事が市長を兼務するとされた。明治政府がいかに大都市の政治状況に不安を感じていたかを物語っていよう。ちなみに市制特例が廃止されたのは、一八九八年のことである。

ところで、明治地方制度を特徴づけたのは、最末端の地方団体である市町村の選挙制度や首長の任命方法にも増して、府県制にあったといってよい。府県は法人格をもつ自治団体とされた。だが、府県を統轄し代表する府県知事は、地方官官制によって国（中央政府）の「普通地方行政機関」と位置づけられ、天皇によって任命される官吏であった。具体的には内務大臣によって実質的に任命される内務省の高級官僚だった。

知事は内務大臣から人事・組織上の指揮監督を受けるとともに、内務大臣はじめその他の大臣の所掌する事務をそれぞれの大臣の指揮監督の下で遂行する地方行政機関だった。府県知事のみが中央官僚であったのではない。府県庁の幹部もまた国から派遣された官吏であった。したがって、府県の仕事の大半は府県知事が統轄する国政事務であった。府県に設けられた府県会は、歳入・歳出予算の議定などを権限としたが、実際には国政事務に対する費用負担の同意を主たる役割としたに過ぎない。つまり府県が「自治団体」であるのは名ばかりであり、府県は国の行政区画であった。さらに、知事は市を監督し、町村は知事の指揮下にある下級官吏である郡長によって監督された。

このような明治地方制度は、「地方団体法と地方官官制の二元体系」（高木鉦作）といわれたが、要するに、国（中央）から地域末端に至る官の支配と地域社会における名望家支配を接合し、明治政府による支配の安定を図るための制度であった。

工業化と都市化の影響

第一次世界大戦後の日本は、大規模な工業化と都市化を経験する。工業化の進展とともに都市部への人口移動が進行するが、それに伴い、都市部ではスラムに代表される住宅問題、伝染病のまん延による保健・医療問題、煙害などの公害問題など、いわゆる都市問題が深刻なものとなった。一方で、農村部では地域的発展の不均衡による貧困問題を際立たせた。また政治的には「大正デモクラシー」と総称される政治参加の拡大と民主的諸権利の保障を求める知識人、労働者、農民の運動を生み出していった。こうして、先にみた堅固な集権体制の内部にも変化が生じることになる。当然それは地方制度ないし中央—地方関係にも変化を促すことになる。

まず、政府は政治参加の拡大を求める運動（普通選挙運動）に対応して、国政と地方議会への参政権規制を徐々に緩め、一九二五年には衆議院議員選挙における男子普通平等選挙権を法定した。それは翌二六年には府県会、市町村会選挙にも適用された。その結果、とくに大都市部の府県会、市会には無産政党（労働者政党）が進出した。

また地方団体の自治権も若干とはいえ拡大された。府県に対する内務大臣、知事の権限に制約が加えられるとともに、市町村に対する知事の指揮監督権限も弱められた（一九二一年郡制廃止）。こうした政治の大衆化は、明治中期に定礎された地方制度の基盤を変容させ、「無智無産ノ小民」を排除した「単純」な官の支配は次第に通用しなくなる。替わって地方支配の手段として重きをもつのは、財政による統制だった。

一九二〇年代には、国税である地租と営業税の地方委譲が地方から要求され（両税委譲問題）、当時の政友会内閣もそれに応えようとする。だが、両税委譲の法案は衆議院を通過しながらも、地主層を支持基盤とする貴族院によって葬り去られた。

大正時代,「普通選挙」要求デモの先頭に立つ尾崎行雄（大阪で） © 毎日新聞社/時事通信フォト

こうして一九三〇年代に入ると、国は税源を留保したまま補助金と財政調整交付金をテコとして地方統制を強めていく。これは直接的には、折からの経済恐慌による経済社会状況の悪化への対応としての要素をもつ。だが、新たに財政による地方統制の仕組みを創設することによって、集権体制を補強したものとみることができる。

一八八〇年代末期に定礎された明治地方制度は、一九二〇年代に一つの限界に突き当たり新たな展開をみるのだが、それも一時のことであった。日中戦争、太平洋戦争に至る総力戦と軍部ファシズムのもとで、地方自治そのものの「死滅」がもたらされたといってよい。

戦後改革と地方自治

第二次世界大戦の敗戦とともに日本はアメリカを中軸とするＧＨＱ（連合国軍最高司令官総司令部）の占領下におかれた。ＧＨＱは天皇制国家を支えた政治・行政、経済・社会の全般にわたって徹底的な民主改革を日本政府に求めた。ただし、記憶しておきたいのは、ＧＨＱの日本占領統治がドイツのよ

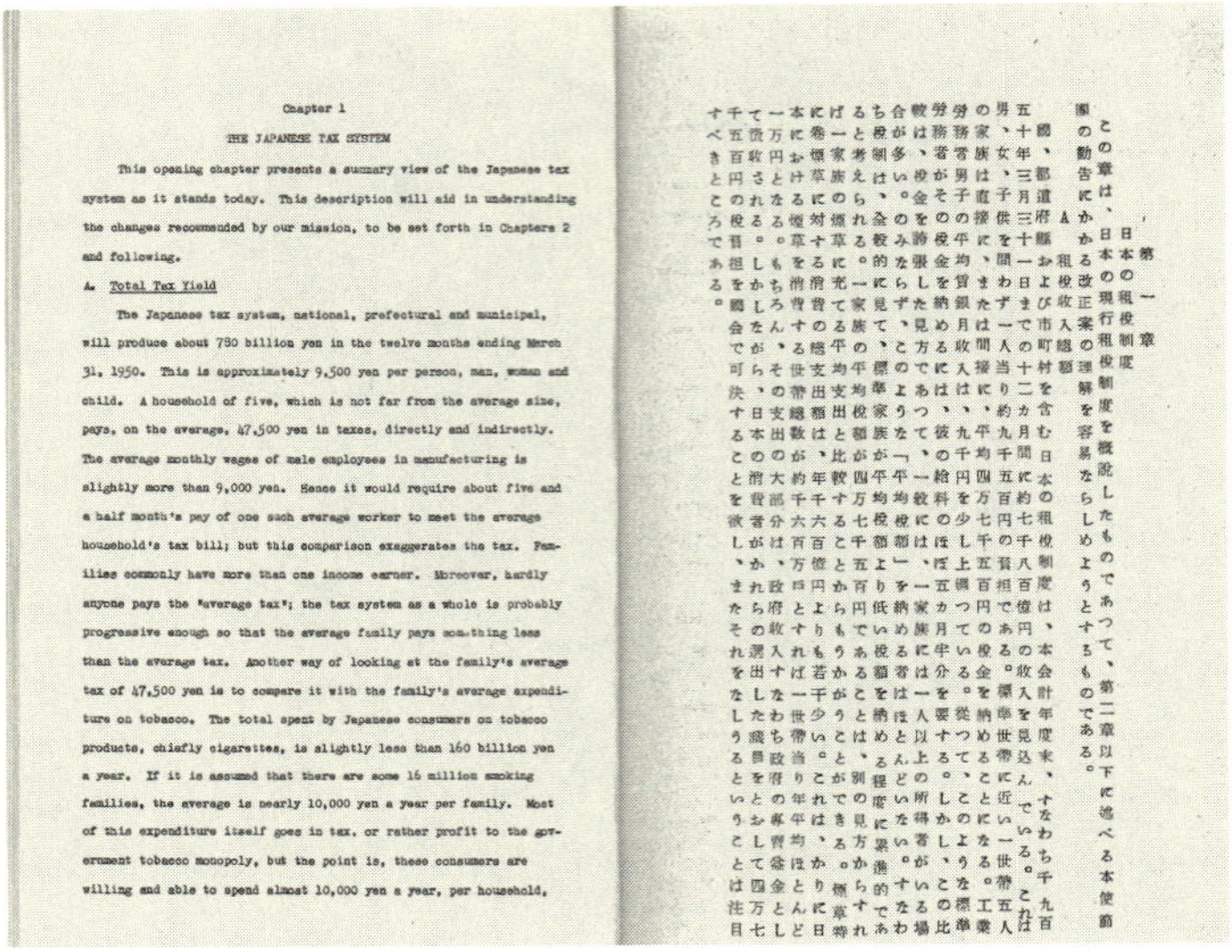

Chapter 1

THE JAPANESE TAX SYSTEM

This opening chapter presents a summary view of the Japanese tax system as it stands today. This description will aid in understanding the changes recommended by our mission, to be set forth in Chapters 2 and following.

A. Total Tax Yield

The Japanese tax system, national, prefectural and municipal, will produce about 780 billion yen in the twelve months ending March 31, 1950. This is approximately 9,500 yen per person, man, woman and child. A household of five, which is not far from the average size, pays, on the average, 47,500 yen in taxes, directly and indirectly. The average monthly wages of male employees in manufacturing is slightly more than 9,000 yen. Hence it would require about five and a half month's pay of one such average worker to meet the average household's tax bill; but this comparison exaggerates the tax. Families commonly have more than one income earner. Moreover, hardly anyone pays the "average tax"; the tax system as a whole is probably progressive enough so that the average family pays something less than the average tax. Another way of looking at the family's average tax of 47,500 yen is to compare it with the family's average expenditure on tobacco. The total spent by Japanese consumers on tobacco products, chiefly cigarettes, is slightly less than 160 billion yen a year. If it is assumed that there are some 16 million smoking families, the average is nearly 10,000 yen a year per family. Most of this expenditure itself goes in tax, or rather profit to the government tobacco monopoly, but the point is, these consumers are willing and able to spend almost 10,000 yen a year, per household,

第一章

日本の租税制度

この章は、日本の現行租税制度を概説したものであつて、第二章以下に述べる本使節團の勧告にかかる改正案の理解を容易ならしめようとするものである。

A 租税収入総額

國、都道府縣および市町村を含む日本の租税制度は、本会計年度末、すなわち千九百五十年三月三十一日までの十二カ月間に約七千八百億円の収入を見込んでいる。これは男、女、子供を問わず一人当り約九千五百円の負担である。標準世帯に近い一世帯五人の家族は直接、間接に、平均四万七千五百円の税金を納めることになる。工業労務者男子の平均賃銀月収入は、九千円を少し上廻つている。従つて、このような標準労務者がその税金を納めるには、彼の給料のほぼ五カ月半分を要する。しかし、この比較は、税金を誇張したものであつて、一般に一家族には一人以上の所得者がいる場合が多い。のみならず、このような「平均税額」を納める者はほとんどいない。すなわち租税制度は全般的に見て、標準家族が平均税額より低い税額を納める程度に累進的であると考えられる。……

「シャウプ勧告」第1章の英文・日本文対照ページ
公益財団法人 後藤・安田記念東京都市研究所所蔵

うな直接統治ではなく間接統治であったことだ。GHQは日本政府に指示を発しつつ、法令等の改正作業を行わせた。一方で日本の官僚機構は、敗戦と民主化という環境の激変のなかにあっても、組織の存続と影響力の維持を虎視眈々と狙った。しかも、GHQ＝アメリカの対日占領政策は、米ソ冷戦の深まりをうけて占領中期から変化していく。そこに、戦後民主改革とはいうが、徹底さを欠いた要素がある。ともあれ、中央から地方に至る行政官僚制の支配を機軸とする地方制度もまた例外ではなかった。

戦後日本の地方自治は、一九四七年五月三日に施行された日本国憲法と地方自治法によって基本的枠組が定められた。戦前期の憲法（明治憲法）には地方自治に関する規定は存在しなかった。新たな日本国憲法には四条からなる第八章「地方自治」が定められた。それは単に自治体の組織と運営が地域住民の手によることを憲法保障したものではない。より積極的に、憲法は全国民の責任を負う中央政府と、地域社会に責任を

「シャウプ勧告」表紙

負う自治体という二つの政府を設定し、両者の抑制と均衡を民主政治を実現する政治原理として定立したと考えておくべきであろう。

ところで、戦後地方制度改革の最大の焦点は、知事直接公選制の導入であった。GHQは内務省を頂点とした知事官選体制が戦前期政治・行政体制の中核であったとし、知事の直接公選制の導入を日本政府に指示した。地方制度の改革作業にあたった内務省（一九四七年一二月解体）はこれに抵抗したが、結局、GHQを動かすことはできずに直接公選制が実現した。これによって男女平等選挙権のもとで都道府県は直接公選による知事と、同じく直接公選の議会を有する「完全自治体」となった。市町村もまた、直接公選の首長と議会を政治的代表機関とする自治体となった。こうして、法形式上、都道府県、市町村は広範な仕事を市民の意思にもとづきできるようになったのである。

こうした地方制度改革に加えて戦前期地方制度ばかりか内政に絶大な権限をふるった内務省が解体され、警察制度も大きく変化した。内務省のもとの治安警察（特別高等警察）をふくめた国家警察は解体され、自治体警察に再編成された。同時に選挙管理も内務省＝警察の手を離れて、選挙管理委員会という行政委員会によって担われることになった。

加えて、戦前期の国家主義による教育も大きく改革された。戦前期教育に絶大な権限をもった文部省は解体こそ免れたけれども、教育基本法、学校教育法、教育委員会法が制定されるとともに、学校教育は市町村、都道府県に設ける直接公選の教育委員からなる教育委員会によって管理されることになったのである。

税制面においては、一九四九年に来日した日本税制使節団（団長・C・シャウプ）の勧告にもとづいて、国税と地方税の税源の分離が行われるとともに、国・地方の財政調整制度（地方平衡交付金制度）が導入されることになった。

戦後民主化の一環として行われた地方制度改革は、少なくとも制度的には戦前期から大きく転換し、自治体を地域住民の政府として位置づけるものであったといってよい。しかし、それだけに、安定をみるものではなかった。

戦後改革の裏面と修正

先に知事直接公選制の導入こそが、戦後地方自治改革の最大の焦点であったと述べた。しかし、実は知事直接公選制の裏面では戦前期に似た仕組みがつくられた。

ＧＨＱから知事直接公選制の導入を指示された日本政府が苦悩したのは、「普通地方行政機関」としての知事に執行させてきた国政事務を、新たな体制のもとでいかに処理するかにあった。おそらく戦後改革の理念に忠実に考えるならば、これらの国政事務を中央、都道府県、市町村の三段階の政府に配分することであろう。だが、それは戦後民主化においてもなお影響力を保とうとする官僚機構の意に叶うものではない。

こうして、当時の社会経済的混乱と公選知事への不信感ともあいまって、官選知事に担われていた国政事務の多くを、法律ないし政令によって知事・市町村長・各種の行政委員会を主務大臣（所管大臣）の「機関」と位置づけ、主務大臣（実際には各省官僚機構）の指揮命令のもとに処理させる方式が選択された。これは「機関委任事務制度」とよばれる。機関委任事務の執行には、もともとそれが国政事務として位置づけられているから、地方議会は議決権はもとより調査権もない。市民の政治的代表機関を一方において中央各省の地方機関とする矛盾もはなはだしい制度は、後にも述べるように、実に二〇〇〇年四月になって全面廃止されるのだが、この間に機関委任事務の件数は、増大の一途をたどったのである。

戦後民主改革自体が制度矛盾をはらむものだったが、米ソ冷戦の激化、一九五〇年六月の朝鮮戦争の勃発を受けてアメリカの対日占領政策は修正され、日本を東アジアにおける自由主義陣営の拠点とする方向に変わった。それにもとづき戦後民主改革は地方自治制度面のみならず大きく見直されていく。また一九五一年のサンフランシスコ平和条約の調印とつづく五二年四月の日本独立によって、政治・行政体制は修正されていくことになる。

地方自治制度に関する主たる修正点をあげておこう。日本独立を機とする頃から直接公選による知事と府県の廃止が大きな政治の焦点とされた。これはさすがに実現をみなかったが、一九五二年には地方自治法の改正によって、東京特別区長の直接公選制が廃止されたばかりか、府県の市町村に対する一般的監督権限が法制化された。

また、一九五二年には市町村警察が廃止され、現行の都道府県警察に改められた。しかし、これは単に警察の管轄区域を拡大したものではない。都道府県警察は都道府県公安委員会によって管理されることになっているが、都道府県警察本部（東京都は警視庁）に勤務する警察官のうち警視正以上は国家公務員とされている。したがって、都道府県警察本部長（警視総監）はもとより警察幹部の大半は、警察庁採用のキャリア組官僚であり、人事権は公安委員会には存在しない。都道府県警察＝自治体警察とはいうが、きわめて集権的な警察制度であるといってよい。

さらに、一九五六年には戦後の教育改革を象徴した教育委員会法が廃止され、地方教育行政の組織及び運営に関する法律（地方教育行政法）が制定された。これによって教育委員の直接公選制は廃止され、教育委員は首長が議会の承認を得て任命する方式に変えられた。加えて、教育委員会事務局の長である教育長の任命方法も変えられた。

従来、教育長は都道府県、市町村ともに教育委員会によって任命されていたが、都道府県教育長については、文部大臣の（事前）承認を得て都道府県教育委員会が任命するものとされた。市町村教育長については、教育長を教育委員の一員としたうえで、都道府県教育委員会の（事前）承認を得て市町村教育委員会が任命するとされた。要するに、教育行政には文部省の意思が地域社会に浸透する集権的仕組みがつくられたのである。

これら一連の戦後改革の見直しの背景には、自治体が急激な制度変化に十分に対応できなかった側面もある。機関委任事務制度にみるように戦後地方自治改革は、実は「器の改革」であり、自治の条件を欠いていたことの所産といえよう。それゆえに、GHQ＝アメリカの対日占領政策の修正、日本独立を機として集権化が進行したといえよう。

高度成長期の地方自治

戦後経済復興を成し遂げた日本は、一九五〇年代後半から経済成長期に入る。そして一九六〇年の安保闘争（日米安全保障条約の改定に伴う大規模な反対闘争）に代表される「政治の季節」をへて、一九六〇年代には臨海部における装置型産業（鉄と石油のコンビナート）の建設を手段として、高度の経済成長を遂げていく。

一九六〇年代には巨視的にいう限り、地方制度自体は一応の安定をみることになる。しかし、工業化の一層の推進に向けて中央集権体制が顕著となっていった。

鉄と石油のコンビナート建設には、工業用水と道路の整備が不可欠である。戦前期からつづく河川法と道路法は、府県知事の権限が大きかった。一九六四年に河川法と道路法は全面改正され、河川管理は集権性をつよめた。新河川法は国（建設大臣、現・国土交通大臣）が管理する一級河川、都道府県知事が管理する二級河川、市町村長の管理する準用河川に区分した。そのうえで一級河川の指定は水系一貫主義によるとしたから、ほとんどの河川を包括することになる。建設大臣が一級河川の管理権限をもつが、大臣の指定する区間（「指定区間」）の管理は知事への機関委任事務とされた。二級河川、準用河川の管理も機関委任事務とされた。

道路法は国道、都道府県道、市町村道に区分した。総延長からいえば、当然、国道が一番短いけれども、重要道路は国道とされ、建設大臣の指定する区間を国直轄管理とし、それ以外の区間（「指定区間外」）を知事ならびに政令指定都市の市長に機関委任するものであった。こうした河川や道路の直轄管理をもとにして、建設省の地方機関である地方建設局（現・地方整備局）の権限拡充が図られた。

一方、一九六一年の農業基本法の制定をうけて地方農政局が一九六三年に新設された。農業基本法はコメ以外の柑橘類や農産物、畜産などによる農業経営の多角化と収益の向上を目的として掲げた。地方農政局は大規模干拓事業や畜産基地の建設事業をになうとともに、各種の農業補助金を通じて圃場整備などを自治体に促していった。

こうした中央各省による権限の集中や地方出先機関による事業とならんでこの時代に顕著となったのは、事業系の特殊法人の濫設であった。日本道路公団、住宅公団、水資源開発公団、愛知用水公団などが次々と設立され、大規模公共事業を実施していくことになる。そして、これら特殊法人の原資とされたのは、財政投融資資金（当時、郵便貯金、厚生年金掛金、国民年金掛金は大蔵省資金運用部に預託することが義務付けられていた。資金の原資は主としてこれら）であった。

このように高度経済成長期の中央―自治体関係には、従来からの機関委任事務やそれに付随する補助金・負担金による統制システムに加えて、権限を強化した中央各省や特殊法人による直轄事業体制が築かれていった。一般に、高度経済成長期に顕著となった中央―自治体関係を指して、「新々中央集権体制」という。

ところで、こうした新々中央集権体制がつくられていくにつれて、事業の誘致を求める自治体の陳情合戦が盛んになった。「中央に直結した地方自治」という言語矛盾もはなはだしいスローガンが自治体の首長選挙で叫ばれ、中央各省および政界とのパイプの太さが競われることになった。だが、中央への陳情合戦を誘発した重厚長大型産業による近代化は、公害・環境問題を深刻にさせるとともに、大都市部への人口集中による都市問題を激化させていった。そして、状況の深刻化とともに、全国各地に公害・環境問題や都市問題の改善を求める住民運動や市民運動が叢生した。また、こうした市民の政治的能動化をうけて「革新」自治体が誕生し、中央政府に対する政策の先導性を発揮していくことになる。以上のような政治的動向については、次章で詳しく述べる。

ポスト近代化時代の地方自治

日本が第二次世界大戦後一貫して掲げてきた「先進国に追い付け・追い越せ」なるナショナル・ゴールは、一九七〇年代初頭には達成をみる。中央から自治体に至る地方自治制度も一応の安定をしめすようになる。とはいえ、追い付き型近代化は達成されたものの、そのためにつくられたチャネルは存続し、それをもとにした中央主導の公共事業が大規模に展開された。また八〇年代には新自由主義経済運営と経済活動のグローバル化の進行によって重厚長大型産業は衰退し、それらに依存してきた都市の空洞化が顕著となる。一方で、金融・サービス産業・情報産業への経済構造の変化は、とりわけ東京への経済機能の一極集中状況をもたらした。同時に「民間活力による都市開発」の名のもとに、東京・大阪などの大都市における大規模な都市開発・再開発が実施された。

自民党一党優位政党制のもとでのこうした経済財政運営は、政治腐敗の温床を生み出しがちである。実際、一九八〇年代末期から九〇年代初頭にかけて、リクルート事件、佐川急便事件、金丸信・自民党副総裁の巨額脱税事件

表 10–1　市町村合併・自治体数

年	市	町	村	計	
1985 年 4 月	651	2,001	601	3,253	市町村の合併の特例に関する法律の一部を改正する法律施行（昭和 60 年 3 月 30 日　法律第 14 号）
1999 年 4 月	671	1,990	568	3,229	地方分権の推進を図るための関係法律の整備等に関する法律一部施行（平成 11 年 7 月 16 日　法律第 87 号）
2004 年 5 月	695	1,872	533	3,100	市町村の合併の特例に関する法律の一部を改正する法律施行（2004 年 5 月 26 日　法律第 58 号）
2005 年 4 月	739	1,317	339	2,395	市町村の合併の特例等に関する法律施行（2004 年 5 月 26 日　法律第 59 号）
2006 年 3 月	777	846	198	1,821	市町村の合併の特例に関する法律　経過措置終了
2010 年 4 月	786	757	184	1,727	市町村の合併の特例法に関する法律施行（2010 年 3 月 31 日　法律第 10 号）
2014 年 4 月	790	745	183	1,718	—

といった政治スキャンダルが相次いだ。

こうしたなかで日本の政治は「政治改革」を政治課題とすることになる。政治改革のアジェンダ（議題）とされたのは、衆院選挙制度の改革、政治資金の規正、政党助成法の制定とならんで地方分権改革だった。というのも、中央集権体制が政官財の癒着構造をもたらしているのであり、政治改革は中央集権体制の改革＝地方分権体制の構築を必要とすると認識されたのである。地方分権改革の政治過程や改革結果については13章で詳しく述べる。

ところで、地方分権改革が政府部内で議論された時代は、いわゆる「バブル経済」の破綻によって日本経済と財政が低迷していく時代だった。「失われた一〇年」あるいは「失われた二〇年」といった言葉がジャーナリズムを席捲した。当然、自治体財政もまた悪化をたどる。

このような状況下で政府は大規模な市町村合併の推進を掲げた。市町村の自主合併をタテマエとしつつも、政府は地方交付税や起債について「ボーナス」制度を付加し、それを誘因として合併を進めていった。この「平成の市町村合併」の結果、三三〇〇弱だった市町村数は一七〇〇余［表10-1］にまで減少した。この大規模な市町村合併は、中央から自治体への移転支出の削減や自治体行政のスリム化による公的部門の縮小を図ろうとしたものといってよい。

だが、実際の合併の結果は、必ずしも自治体行財政の効率化に資するものではなかった。合併時には広域化による「規模の経済」が強調された。だが、市町村合併は一大政治事業であって、合併への合意を調達せねばならない。具体的には旧自治体間の格差を均霑《きんてん》化する事業の展開を必要とする。あるいは使用料・手数料などの料金体系は、旧自治体間で異なる。このとき合意の調達は一番高いところに合わせたのでは不可能である。要するに、規模の経済は機能しないのである。国全体としての経済・財政状況の低迷に加えて市町村合併によって財政の悪化に見舞われた自治体も少なくなく、自治体行財政はきわめて深刻な状況にあるといってよい。

そして、自治体が抱えるもう一つ重要な問題として、急速に進行する少子・高齢化をあげておきたい。日本が国連統計でいう「高齢化した社会」（六五歳以上人口が七％に達した段階）は一九七〇年だった。その後九四年に倍の一四％となった。依然として高齢化は進行しているが、高齢化が速いスピードで進むと予測されているのは、東京、大阪、名古屋などの大都市圏である［図10-1］。

高齢化社会にいかに対応するかは、中央政府はもとより自治体の責任として考えられねばならない。住民に最も身近な政府であるだけに、住宅、保健・医療、介護はもとより、高齢者のみならず多世代が共に暮らせるまちを創っていかねばならないだろう。同時に中央政府は、こうした身近な政府における活動をとりわけ財政面で支援するとともに、年金制度や高次医療などに責任を果たさねばならない。これはまさに難題であるが、その回答を探すためにも身近な政府の充実が問われているのである。

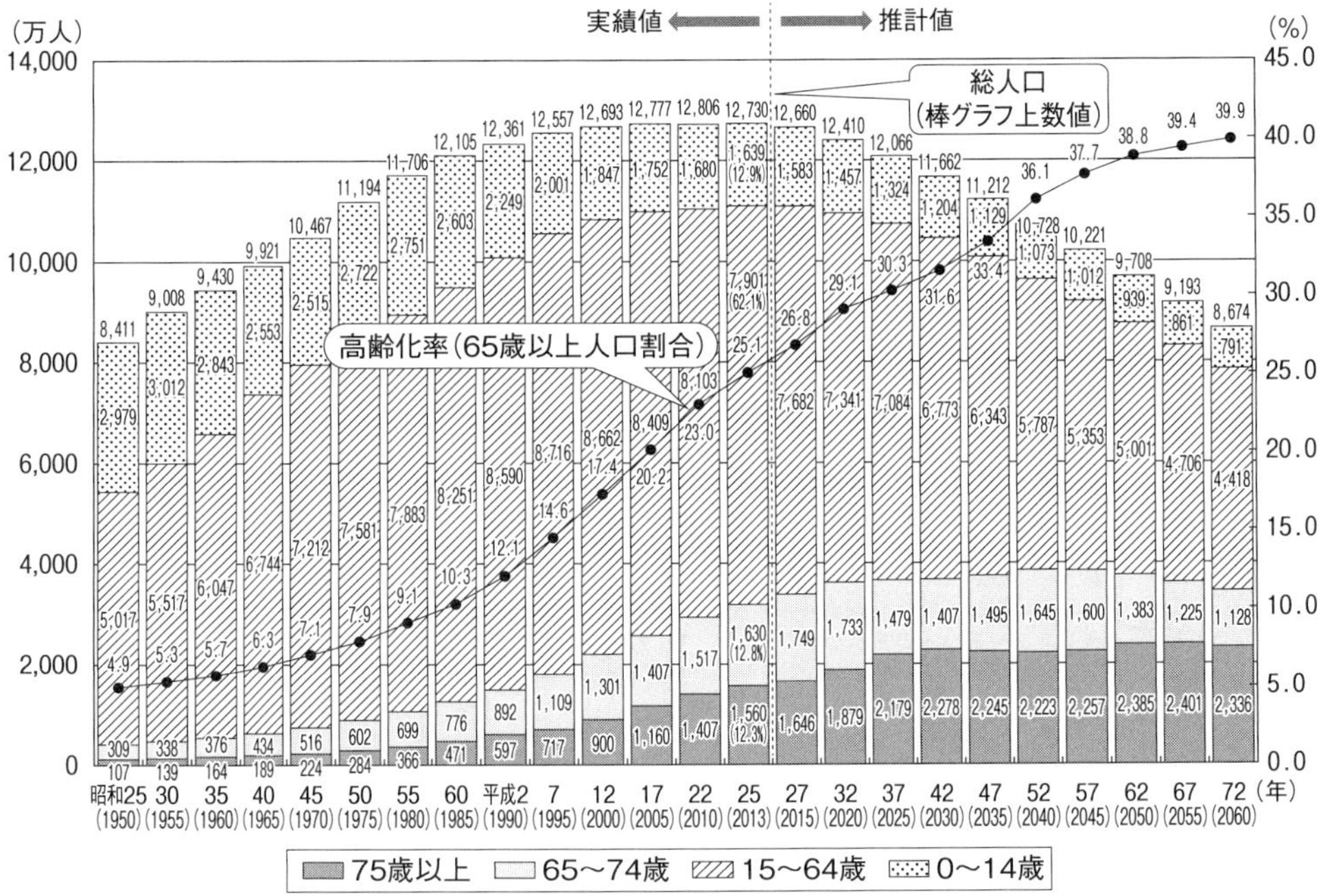

図 10-1　高齢化の推移

資料：2010 年までは総務省「国勢調査」, 2013 年は総務省「人口統計」(平成 25 年 10 月 1 日現在), 2015 年以降は国立社会保障・人口問題研究所「日本の将来推計人口（平成 24 年 1 月推計）」の出生中位・死亡中位仮定による推計結果.

注：1950 年～2010 年の総数は年齢不詳をふくむ. 高齢化率の算出には分母から年齢不詳を除いている.

出典：『高齢社会白書』2015 年版.

✣コラム　第 1 次地方分権改革の画期性

2000 年 4 月にスタートした第 1 次地方分権改革は，第 2 次世界大戦後の日本の中央―自治体間関係にとって画期的な改革であった．それは何よりも機関委任事務制度が全廃されたことにある．機関委任事務制度とは個別の仕事ごとに法令で知事・市町村長・行政委員会を主務大臣の地方機関として位置づけ，その指揮監督の下に仕事を処理させる仕組みである．直接公選で選出された市民の代表機関を中央各省の地方機関と位置づけるものだけに，制度矛盾もはなはだしい．機関委任事務の件数は第 1 次地方分権改革を導いた地方分権推進委員会の発足した 1995 年 7 月 1 日時点で 561 件とされた．中央各省の仕事であるから自治体の議会の関与は及ばないし，条例を制定することもできない．自治体は法令に加えて各省の通達にもとづいて仕事を処理する．機関委任事務制度の整理合理化は，毎年のように全国知事会や市長会などの地方団体の全国組織が決議していた．とはいえ，これが全廃される日が来るとは，ほとんど誰も予想していなかっただろう．その意味で画期的な改革であり，地方自治の民主化は地方自治法施行 53 年にして，原点に返ったといってよいだろう．

ところで，機関委任事務制度「全盛」時代のエピソード．「保育に欠ける児童」を保育所に入所「措置」することが機関委任事務だった時代のある市長との対話．

「先生，機関委任事務というのも便利なものですな．このあいだ保守系の市議と市民が市長室にやってきて，保育料が安すぎる，もっと高くせい！　というから，わたしもそう思うが，これは機関委任事務というもので，市で保育料を決められないのだ，といってお引き取りいただいたんだ」

「そういうふうに機関委任事務を使うんですか．こまりますな」

自治体が機関委任事務制度にほんとうに疑問を持っていたのかは疑わしい．行政の責任を自ら負わなくてもよいことにメリットをみていたともいえよう．機関委任事務制度はなくなったけれど，自治体が自分の頭で考えて仕事を処理しているかどうかは，まだまだ注視していかねばならないだろう．

11　地方政治の変遷

画一的な自治体政治・行政制度

日本の地方自治制度は、前章で述べたように第二次世界大戦後の「戦後改革」によって大きな転換を遂げた。本章は戦後改革から今日に至る地方政治の構造や機能、課題について考察するが、まずその前提として、自治体の主たる制度面の特徴を概観しておこう。

日本には現在（二〇一四年四月五日）一七八八の自治体が存在する（四七都道府県、七九〇市、二三東京特別区、七四五町、一八三村）。都道府県は広域的な自治体として市区町村を包含し、理念的には広域的な事務事業や市区町村間の仕事の調整にあたるものとされている。そして市区町村は住民に最も身近な基礎的自治体であり、住民の公証事務や教育、保健・福祉、都市計画などの仕事を担っている。

こうした地方自治制度は一般に「二層制の地方自治制度」といわれるが、広く国際的にみると例えばフランスやイタリア、オランダのように「三層制」をとっているところもある。広域的自治体としての都道府県は名称を違えているが、都を除いて道府県間に権能の違いはない。権能の違いはむしろ基礎自治体である市区町村間にみられる。市になるためには人口五万人以上等の要件がある。市の中には政令指定都市（現在二〇市）が存在する。これは人口五〇万以上であって政令で指定された市であり、一つの大都市行政制度として一部の府県権限の実施や行政区の設置が認められている。さらに、市のなかは、主として人口段階区分に応じて中核市（三〇万人以上）、特例市（二〇万人以上）、普通市の区分が存在する。ただし、二〇一四年の地方自治法の改正によって特例市の制度は廃止され、中核市に一本化されることになった。中核市の権能は政令指定都市ほどではないが、府県権能の一部がゆだねられている。特別区の権能はおおむね市と変わらないが、消防、上下水道などの事務は都が処理することとされるほか、税制面においても市の主たる税源である固定資産税や住民税法人分、特別土地保有税は都税とされており、これらの税収を原資として都と区のあいだで財政上の調整が行われている（都区財政調整制度）。町となるべき要件は都道府県条例によって定められている。

ところで、自治体の政治・行政制度は、基本的に団体の種別と関係なく同一であり、直接公選の首長と同じく直接公選の地方議会を基礎としている。一般にこの制度は「二元的代表制」といわれる。こうした画一的な政治制度も国際的にみればかなり特異であるといってよいであろう。いずれにせよ、この制度の下で首長は各々の自治体を代表するとともに執行機関として行政の長たる地位を有している。そして議決機関としての議会との抑制均衡の下に自治体の仕事を遂行するものとされる。

さて、こうした政治制度の下で自治体は、住民に身近な政府として戦後民主主義体制の重要なアクターとして活動することが期待された。とはいえ、前章で述べたように、戦前期体制を実質的に引き継ぐ機関委任事務制度は、首長や行政委員会を主務大臣の地方機関とするものであった。したがって、戦後改革によって自治体の政治制度が民主化されたからといって一挙に地方政治の主体となることなどありえない。

自治体の中央政府への指向性や関係構造はともあれ、自治体が政治的に能動化するのは経済開発がナショナル・ゴールとされる一九六〇年代以降である。自治体は能動的に中央各省の開発事業の誘致に政治的資源を動員して関わった。その後、経済開発の負の側面がクローズアップされるに従い、中央への対抗を強めていく。こうした時代をへて、のちに述べるような紆余曲折はあるものの、地方分権・自治の追求へと歩んでいくのである。

追い付き型近代化のもとの地方政治

戦後日本の経済成長は一九五〇年代後半から始まるが、重厚長大型産業を中心とした経済開発は、一九六〇年にスタートする池田隼人政権のもとで推し進められていった。池田政権は六〇年安保闘争で政治的亀裂の走った日本社会の統合を「所得倍増計画」なる国民所得・個人所得の向上によって図ろうとした。いわば、「政治の季節」から「経済の季節」への転換である。

池田政権は全国総合開発計画にもとづき、一九六二年に新産業都市建設促進法を制定した。これは主として臨海部に鉄と石油のコンビナートを建設するものであり、地域を指定して条件整備の政府援助を行うものである。新産業都市の指定をうけるために自治体は、地元選出国会議員を動員し陳情合戦を繰り返した。当時、自治体選挙とりわけ首長選挙では「中央に直結した地方自治」なる言語矛盾もはなはだしいスローガンが掲げられ、立候補者たちは中央政界や中央各省とのパイプの太さを競い合った。新産業都市に指定された地域は一五地区だったが、指定を外れた地域の「憤り」はそのまま中央政界内部の対立に結び付く。当時の池田政権は、こうした地方・中央の政治的混乱を鎮めるために新産業都市に準じた工業整備特別地区を六地域設定せざるをえなかったのである（新産業都市、工業整備特別地区ともに二〇〇〇年度をもって廃止）。

これら地域のみならず自治体は企業誘致を競い合った。そのために誘致企業への固定資産税の減免などを中心とする企業誘致条例を定めた。また政府は経済発展のために、各種の公共事業補助金を創設するとともに、日本道路公団、水資源開発公団、住宅公団などの事業系特殊法人を次々と設立して産業基盤の整備を図る。自治体はこれら特殊法人による事業の誘致にも地元選出国会議員らを動員して競い合っていった。こうした状況を政権党の側からみるならば、公共事業の個所付け（事業実施地点）に政治的影響力を発揮することによって集票機能を強化することでもあった。京極純一は「お供物・ご利益政治」と揶揄を込めて表現した。つまり、選挙民は票を、事業者は政治資金を政治家に供与することによって地元や事業者は利益を入手しているのである。同時にこのシステムによって政権党は政治基盤を固めていった。

工業化によってマクロレベルでみるならば日本経済は驚異的な高度成長を成し遂げた。しかし、急速な工業化とそれに伴う都市化は、それが生み出すマイナスの局面、大気汚染や水質汚濁による大規模な疾患、もともと脆弱な都市の生活基盤のさらなる悪化などに対する対策を欠いたまま進行した。今日なお患者を苦しめている水俣病や四日市喘息などはまさに典型例だが、公害・都市問題は全国的広がりをみたのである。

住民運動・市民運動と「革新」自治体の叢生

こうした公害・都市問題が深刻化するなかで、全国各地で反公害や都市問題の解決を求める住民運動・市民運動が起きる。これら運動の規模や目的は実に多種多様であった。公害病の救済を求めるものもあれば、大規模な石油コンビナートの建設に対する反対運動もある。またとりわけ大都市部においては教育や福祉の充実、生活環境の整備など広範囲に及んだ。これらの住民運動は、政党によって領導されたものではない。地域住民の自発的な抗議・対抗運動であった。「もの言わぬ民」と語られてきた日本の政治風土を考えるならば、大きな政治文化の変容を物語っている。

コンビナートから吐き出される黒煙．大気汚染で知られる四日市（1970 年 6 月）．　© 毎日新聞社/時事通信フォト

住民運動・市民運動の叢生をうけて全国各地に「革新」自治体が登場する。これは当時の「革新」政党といわれた社会党や共産党の推薦、支持をうけた首長を頂く自治体を意味する。ただし、「革新」政党が自民党に政治的勝利をおさめたと理解するのは誤りであろう。住民の政治的能動性が、中央政府に対抗する自治体を生み出したのである。住民は二元的代表制の下において首長の政治的統合機能に期待を寄せたといってよい。

「革新」自治体は一九六〇年代半ばから次々と生まれた。東京都、大阪府、横浜市、川崎市、仙台市といった大都市圏の自治体をはじめとして、七〇年代初頭には一五〇ほどを数えることになる。これらの自治体は、「住民に直結した地方自治」「住民との対話」「市民参加」などを掲げつつ、数々の「政策実験」に取り組んでいった。

その一つは激しさを増す公害問題に対する独自の規制行政の展開であったといえよう。この動きの嚆矢となったのは一九六九年の東京都公害防止条例であった。同条例は法令上届出制となっていた工場設置を許可制にするとともに、個々の公害発生施設ごとの法令上の規制に替えて、工場全体として総量規制を導入した。つまり、法令の規制対象や方法を地域的実情の中で再考し、新たな規制方式を開発したものであった。

このような法令の定める規制基準の強化や対象の拡大を図った条例は、「上乗せ・横出し条例」といわれたが、それは長らく条例の制定範囲について支配的な理論であった「法令の先占理論」を打ち破るものであった。これは法令が明示的のみならず黙示的にも先占して作用している領域には、法令の委任がない限り条例を制定できないとするものである。公害が社会的に厳しく問われることによって、東京都と同様の条例は各地に波及したばかりか、国もまた一九七〇年の「公害国会」において関係法令の整備と規制の強化を図った。「法令の先占理論」も、こうした状況のなかで力を失っていった。

自治体による自主立法・条例制定の動きは、自然環境保護条例についてもいうことができる。急激な都市化の波の前に失われる自然の保護を追求した同条例は、七〇年から七一年末までに二二道県において制定され、市レベルにも波及した。そして七二年三月には国も自然環境保全法を制定するに至る。

このように自治体は、自治立法である条例に「生きた法」としての機能を発見し、国の政策を先導することになった。さらに、政治的かつ経済的利害対立から遅れている政策領域に、率先して自治的政策をもって応えていった。例えばそれらを川崎市に始まる環境アセスメント条例に、また次々と制定されている情報（公文書）公開条例や個人情報（プライバシー）保護条例、あるいはまた政治倫理条例などにみることができる。こうして自治体の規制行政は、市民生活の健康の確保や環境の保全に加えて、自治体政治の民主的運営を確保するものとなっている。これらは後に立法化されていく。

ところで、自治体の先見性は規制行政ばかりではない。従来日本の社会福祉行政は、対象者の施設への収容措置を、一つの有力な手段としてきた。しかしこの手法は、ハンディキャップを持つ人々と〝健常〟な人間とが、地域社会に共に生き学んでいくことを阻害しがちである。ここに「在宅福祉サービス」を基軸とする新しい地域福祉システムが必要とされる所以がある。この課題に先鞭をつけたのもまた自治体であった。ホームヘルパーの派遣事業は一般化し、「デイケア・センター」、「ショートステイ施設」を近隣社会に整備する事業も各地において着手された。そして、こうした地域福祉のシステムと並んで、プライマリーケアを中心とする地域保健のシステムづくりも、各地において試みられた。国もまたこうした動きを後追いするかのように一九九〇年には老人福祉法を改正し、在宅ケアへの補助金を増額するとともに、地域福祉計画の策定を自治体に求めたのである。

こうした規制行政や福祉行政の実験だけが、「革新」自治体の取り組みではなかった。日本の経済成長とともに、自治体は韓国・朝鮮人、中国人といったオールドカマーに加えて、東南アジアからのニューカマーを多数抱えるようになった。言語、宗教、文化などを異にする外国人住民との共生が課題となった。神奈川県の長洲一二県政を嚆矢として自治体は、「内なる国際化」を図るために外国人住民へのボランティア活動による援助、異文化交流の地域センターの設置、公務員採用の門戸開放などに取り組んでいった。まさに自治体政治の中からグローバルな視野に立つ市民的政治・行政文化を創り出そうとするものであった。

「革新」自治体による数々の政策実験は、「政権交代なき政策転換」ともいわれた。一九六〇年代から七〇年代にみられる自治体の政策実験は、国政によって「後追い」され、日本の政治・行政を大きく変容させたのである。一九九〇年代に始まる地方分権改革は、このような政策に先導性を発揮した自治体の実績を基本的背景としているといってよい。

「革新」自治体の衰退と多党相乗り選挙

しかし政治は、一直線上を推移するものではない。多くの実績を残した「革新」自治体も、一九七〇年代後半に至ると徐々に姿を消していく。直接のきっかけは一九七三年の第一次石油ショックによって高度経済成長にピリオドが打たれ、中央・地方ともに経済・財政状況が深刻化していったことにあるといえよう。政府と自民党は革新自治体による福祉行政の実験に「バラマキ福祉」とのキャンペーンを展開した。それだけでなく、「革新」自治体による規制行政の強化は、経済に足枷をはめるとの批判が政治の世界のみならず社会的にも形成されていく。こうしたキャンペーンや世論の変化に「革新」自治体は、有効な対抗策を打ち出すことができなかった。

一九七〇年代後半から九〇年代前半にかけて地方政治を席捲したのは、多党相乗り選挙だった。国政レベルで対立関係にある政党の多くが、自治体の首長選挙においてこぞって同一候補の推薦、支持にまわり、首長与党としての地位を確保しようとした。背景にあるのは、もともと自治体の自主財源は限られており、財源の多くは中央からの補助金・交付金のような依存財源である。しかも、依存財源自体が、一九八一年三月の第二次臨時行政調査会の発足に象徴される厳しい行財政改革のもとで削減されていった。こうして、多くの政党は支持者への利益の還元を求めて首長与党へと転換していったのである。しかし、それは自治体政治のダイナミックスを失わせた。それだけではない。地方議員選挙において議席を争う政党が、首長選挙で協調することは論理的整合性を欠いている。当然のことながら、自治体政治の活力の低下は避けられないし、市民の自治体政治への関心も低下せざるをえない。

一九八〇年代は自民党政権による「民間活力の導入」に象徴される規制緩和と市場化が急速に進行した。金融面の緩和に加えて都市計画法制においても規制緩和が進行し、いわゆる「バブル経済」情況が強まる。都市においては暴力的な手段まで用いた「地上げ」といった土地買収と再開発が活発化し、都市環境の悪化や市民生活の基盤が揺らいだ。だが、自治体政治は多党相乗り現象のもとで積極的対応を欠いた。

こうしたなかで実施された一九九五年四月の東京都知事選挙と大阪府知事選挙は、自治体政治に強烈なインパクトをもたらした。いずれの選挙でも中央官僚ＯＢを候補者としてほぼすべての政党が相乗りした。「負けるはずのない」盤石な選挙態勢だった。ところが、東京都知事選挙では青島幸男が、大阪府知事選挙では横山ノックが当選した。いずれも政党の支持を受けておらず、青島幸男に至っては街頭での演説一つ行わなかった。これ以降の首長選挙では、少なくとも外見的には多党相乗りを堂々と展開する首長は少数となる。いずれも「県民党」「市民党」などを標榜し、有権者の支持の獲得に努めるようになる。もちろん、政党が首長選挙から後退したわけではない。ただし、地方政治ばかりではなく国政においても同様だが、政党への信頼度が低下し「支持政党なし層」が増加しているから、その影響力は衰退したといってよい。

平成の市町村合併

ところで、村山富市内閣が一九九五年七月に地方分権改革のために設置した地方分権推進委員会は、市町村の大規模合併を打ち出した。地方分権推進委員会の立場に立てば、決定権を高めた市町村の意思決定や行財政効率を図るためには、市町村の規模を再編成することが必要となる。ただし、市町村合併に関する利害は多様である。財政的に逼迫する中央政府は、市町村合併によって自治体財政を「効率化」し、地方への移転支出の削減を追求する。九六年の衆議院総選挙から小選挙区・比例代表並立型選挙制度が実施されているが、小選挙区内に複数の自治体・首長を抱える。選挙の政治戦略にとって非効率であり、政治家たちは、その統合を追求する。

こうした利害や思惑が輻輳するなかで、二一世紀に入ると大規模な市町村合併が進行した。10章の［表10‐1］でみたように、まさに大合併であったといってよい。

平成の市町村合併について政府は、あくまで「自主合併」であることを強調した。たしかに、合併しない自治体に何らかの制裁を科すものではなかった。とはいえ、政府は合併推進のための誘因を自治体側に示した。それらは合併特例債の発行と地方交付税の合併算定替特例であった。また、財政的な誘因ではないが、人口三万人で市への「昇格」を認めることや、従来人口一〇〇万人をめどに政令指定都市としていた基準を緩和し、七〇万人程度で指定都市とする方針を打ち出した（地方自治法上は、人口五〇万人以上で政令で指定する都市とされている）。

さて、市町村合併の誘因である合併特例債とは、新市建設計画における施設等の建設計画に要する費用の九五パーセントを上限として地方債の発行を認め、このうちの七〇パーセントの償還について地方交付税で措置するというものである。また、地方交付税の合併算定替とは次のような仕組みである。合併して一つの自治体となった場合、新しい自治体を地方交付税の対象自治体として算定すると交付税は減額となることが予測される。そこで、合併から一〇年間は合併前自治体が存続しているものとして交付税額を算定し、その後五年間をかけて減額し、その後に合併で生まれた自治体を交付税の算定対象とするものである。

各府県は自治省（現・総務省）の指導に従って市町村合併のモデルを作成した。市町村間の合併協議はかならずしもこのモデルに従ったものではなかったが、全国の各地で合併協議がもたれるようになる。任意の合併協議会から法定協議会に進み、新市建設計画を作成して合併に至ったところが多い。だが、福島県矢祭町のように「合併しない宣言」を出して単独の道を選択したところもあれば、合併協議の過程で合意に至らず残ったところもある。

実際に行われた合併の形態は多様である。誘因を用いて政令指定都市となることをめざした堺市、浜松市、新潟市、相模原市、熊本市などもあるが、大半の合併は中小規模の市町村による合併であり、町村合併で市を指向する

✣コラム　政令指定都市制度へのインパクト

大阪市長・橋下徹が打ち出した「大阪都制」は，大阪市を解体し 5 つの特別区に再編し，大阪府の行財政権限さらには政治的影響力を強めようとするものだった．この是非を問う住民投票は，2015 年 5 月 17 日に実施され，1 万票ほどの差で否決された．筆者は大阪都構想自体は評価しない．大阪府の集権体制を強化するものであり，示された特別区は住民に最も身近な基礎自治体としての要件を備えていないからだ．ただ，日本の大都市制度とりわけ政令指定都市のありかたに一石を投じたことは確かだ．2015 年 7 月現在で政令指定都市は 20 市を数える．政令指定都市制度は 1956 年の地方自治法の改正によって生まれたが，ここに至るまでには長い歴史がある．東京，大阪，京都，名古屋，神戸，横浜市の 6 大都市は，20 世紀初頭から府県と同格の「特別市」運動を展開した．だが，戦時下の 1943 年に東京市は東京府と併合して東京都となった．残る 5 大市は戦後の地方自治法の制定時に特別市の制度化を求め，地方自治法にも特別市制度が設けられた．ただし，特別市の設置は個別の法律によるとされた．したがって，例えば大阪市を特別市とするためには，そのための法律が制定されなくてはならない．ここで憲法第 95 条の規定が関係する．つまり，1 つの自治体のみに適用する法律（特別法）の制定は，当該自治体の有権者の投票で過半数の賛成がなければ，国会はそれを制定できない．当然，府県側は 5 大市が府県と同等の自治体となることに反対だが，住民投票のいう当該自治体とは 5 大市に限定されるのか，それともこれら大都市をふくむ府県なのか．結局，5 大市と府県との対立はおさまらず，1956 年の地方自治法の改正によって，人口 50 万人以上で政令で指定する都市＝政令指定都市が生まれた．政令指定都市には行政区が設けられるとともに，知事への機関委任事務であったものの一部が市長への委任事務とされた．指定の運用基準は長らく人口 100 万人以上，あるいはそれが確実に見込める都市とされた．5 大市が政令指定都市となって以降，徐々に政令指定都市は増加してきたが，これが一挙に増えたのは，「平成の市町村合併」によってである．政府は合併の推進策の 1 つとして，人口 70 万人程度での政令指定都市への「昇格」を認めた．政令指定都市は人口 370 万人を擁する横浜市からおよそ都市部とはいえない地域をもふくんだ広大な面積をもつ新潟，静岡，浜松といった都市まできわめて多様となった．

ところも多かった。それでも人口三万人に至らず合併後にも町であるところも少なからずある。こうした中小規模の自治体の合併には、先に述べた財政上の特例が強く働いたといってよい。自治体財政は九〇年代以降、とみに逼迫の度をつよめており、施設整備に使え、かつ償還についての援助のある合併特例債は魅力的であった。合併の推進が各地で競われることによって、当初は「逡巡」していた自治体にも「バスに乗り遅れるな」といった状況が生まれた。

二〇〇三、四年をピークとする市町村合併からすでに一〇年である。首長選挙の動向を概括すると、合併当初は中心自治体の首長が新しい自治体の首長に選出されるところが多かった。しかしその後、中心自治体主導の行政といった批判が生まれた自治体も少なからずあり、県議会議員や県庁職員ＯＢが選出されたところも多い。議会議員選挙では合併当初は旧市町村単位の選挙区が設けられたが、二期目からは自治体全体を選挙区として実施された。その結果、当然だが周辺の旧小規模自治体からの議員は減少した。そのことがまた、地区間の利害対立を高じさせているところも少なくない。

ところで、合併自治体と非合併自治体を比較すると、財政的には合併自治体の方が悪化している傾向にある。市町村合併にあたって強調されたのは合併による規模の拡大が財政の効率化を促すとの言説だった。だが、合併の「政治的コスト」は大きい。手数料や使用料さらに国民健康保険税（料）などは、合併する複数の自治体間で異なる。合併の合意を得るために、多くの合併自治体では最も低いところに合併当初の住民負担を設定し、徐々に引き上げる手法がとられた。合併特例債を用いた施設建設においても、旧市町村地区に類似の施設を建設し、住民の合併に対する抵抗を和らげようとした。地方交付税の合併算定替特例についても、将来像を明確に設定したうえでの計画的運用が行われたとはいえない。結果的に、こうした「政治的コスト」は、合併自治体の財政を非効率なものとし、財政の悪化を招いているのだ。二〇一三年一〇月に二七〇余の合併自治体は、地方交付税の合併算定替特例措置の延長を求めて協議会を設置した。しかし、財政的に「困窮」すれば中央政府に助けを求める思考は、自治・分権からは程遠い。自治体政治には地域を活性化する戦略や戦術を熟考することが問われているといってよい。

人口減少時代の地方政治に問われるもの

日本創成会議が二〇一四年五月に提言した「消滅自治体の危機」は、多くの自治体に衝撃をもたらした。安倍政権はこの提言をうけるかのように二〇一四年一二月に「ひと・しごと・まち推進法」を制定するとともに地方創生総合戦略を策定し、自治体に「地方版地方創生総合戦略」をつくり、地域社会の活性化に取り組むよう求めた。とはいえ、出生率の上昇や子育て環境の整備は、自治体の努力のみで解決をみる問題ではなく、この国の政治・行政、経済・社会の構造を根底から見直さなくてはなるまい。

この意味では自治体政治に多くの制約があるのだが、しかし、自治体政治に問われているのは、いかに魅力ある地域を創りあげるかである。人口減少の著しいことが問題視されるが、例えば島根県隠岐の海士《あま》町は、ユニークな漁業事業や医療事業を展開することによって、Uターンどころか大都市部から若者が移り住んでいる。合併を拒否した矢祭町も同様である。こうした試みに共通しているのは、住民を地域づくりに動員していった首長のリーダーシップであった。彼らは自らのまちの歴史や財産を重視し、ユニークな施策を打ち出し、住民を主導していった。言い換えれば、中央や府県に「追従」しない自治・分権の気概をもったまちづくりを訴えたのである。一部に小さな自治体だからできるとの意見があるが、それは誤りである。小さな自治体の試みの底流にある普遍性にこそ注目せねばなるまい。

先にみた「革新」自治体の先進的政策や事業もまた、地域に根差し地域からそのありかたを考えようとするものであった。いま、首長をリーダーとする地方政治に問われているのは、まさにこの点であるといってよい。そして、一九六〇年代や七〇年代と比較するならば、ＮＰＯやボランティア活動に参加する市民の能動性には隔世の感がある。こうした市民の公共的関心への高まりをいかに自治体の政策や事業に結び付けていくかが、自治体政治に問われているのである。

12　地方議会と地方選挙

地方議会の意義と役割

現代日本における自治体の政治制度は、前章でみたように二元的代表制を原理として構成されている。市民は直接公選によって、執行機関としての首長と議決機関としての議会の議員を選出する。両者は自治体政治のさまざまな局面において、相互の抑制と均衡にもとづき団体としての意思を形成し、政治と行政の運営に責任を負うことになる。

ただ、われわれは二元的代表制による地方政府の形態に慣れ親んできたが、少し眼を外国に向けると違った形態もある。イギリスでは市会（council）が、政治的意思の議決機関であるとともに執行機関である形態が多いが、市長―市議会型、議会内閣型も採用されている。アメリカの場合は、地方政府形態はきわめて多様である。日本とほぼ同様の市長・市会型（mayor-council plan）をとるところもあれば、少数の議会構成員が行政各部の長を兼ねる委員会型（commission plan）もある。また議会が行政機関の長にふさわしい人物を雇用する市会・支配人型（council-manager plan）を採用するところもある。そして、それぞれの歴史的背景を踏まえて、自治体政治の民主的運営が行われてきた。

さて、現代日本では憲法九三条と地方自治法にもとづいて、すべての都道府県、市、東京二三特別区、町村に直接公選の議会が設置されている。議会の議員定数は、かつては地方自治法にそれぞれ人口段階別に上限が定められていたが、現在では条例で定めるとされている。一般的傾向としていえば、経費削減を求める世論に押されて定数削減が進んでいるが、議員の報酬の減額等が大胆に行われているわけではない。議会経費の削減と議員の代表性を関係づける議論は低調であるといってよい。

地方議会は定例会と臨時会から構成され、定例会は条例で定めた回数が招集される。臨時会は、必要に応じて特定の事案に限って招集される。議会は首長が招集する。ただし、議員定数の四分の一以上が臨時会の招集を首長にもとめたときは、首長は二〇日以内に招集せねばならない。首長がこれに応じないときには、議長は招集を請求した者の申出にもとづき、申出のあった日から都道府県と市は一〇日以内、町村は六日以内に招集せねばならないと定められている。

これが議会招集の原則とされているが、二〇一二年の地方自治法の改正によって、条例で定例会・臨時会の区別を設けずに、条例の定める日から翌年の当該日の前日までを会期とすることができる。いわゆる「通年議会」の制度が定められた。通年議会を採用している議会は、法改正から日が浅いこともあり、きわめて限られている。「通年議会」といっても、三六五日会議を行っているわけではなく、休会を設けているのが実態である。

議会には議長と副議長がおかれることはいうまでもないが、地方議会の審議運営は、国会と同様に委員会制を中心としている。委員会は条例で常任委員会、議会運営委員会、特別委員会から構成される。

このように構成された地方議会は、条例の制定・改廃、予算の議定、契約の締結、決算の認定、地方税、手数料、使用料の賦課徴収、財産処分などの一四項目に議決権を持つ（地方自治法九六条一項）。また、これとは別に議決事件条例を定めて、議決対象を広げることもできる（同九六条二項）。さらに議会は、行政執行の調査、検閲、検査を行うことができるものとされている。

ところで、地方議会に期待されている役割とは何であろうか。二元的代表制の下において、地方議会は「自治権の最高機関」でもなければ「唯一の意思決定機関」でもない。地方自治法の定める議会の議決案件は、自治体の仕事のすべてを被うものではない。重要事項であっても議決を要さないものもある。つまり議会と首長という政治的正統性を持つ独立した二つの機関は、「機関対立主義」を宿命としている。このような構造の下で地方議会が発揮すべき機能は第一に、地域社会における多種多様な争点を政治過程にのせることであろう。第二に、審議を通じてそれらの争点に政策としての優先順位を与え、それを市民に示すことである。第三に首長とのあいだに緊張関係を保ちつつ、自治体の公的意思を形成していくことであり、そして第四に首長と職員機構による行政執行の適正さや有効性をチェックしコントロールしていくことであろう。

このような役割が、実際にどのように発揮されてきたかについては、従来から多様な議論が展開されてきた。しかし、いずれにせよ議会は政治的価値観を一つにする議員によって一体的に構成されているわけではない。しかも、議会機能の発揮は、首長との政治的関係に規定されるところが大きいのが実態である。

「強い首長・弱い議会」の制度と実態

地方議会には右のような重要な役割が期待されると同時に、首長とならぶ市民の「代表機関」としての権限が、予算や条例の議決をはじめとして付与されている。ただし、地方自治法の定める首長と議会との関係は、二元的代表制といわれながらも、一方で「強い首長・弱い議会」を特徴とするとされてきた。

実際、首長は政治・行政制度上、議会に優越する権限を与えられている。予算の作成の権限は首長のみに与えら

ネット番組で「地方議員」をテーマに議論する若手議員ら（徳島市，2014年1月30日）©時事

れている。条例案（議会のみに関するものを除く）の作成と議会への提出権限は、首長と議会の双方に与えられている。ただし、条例の下位規範である規則の制定権は、首長の権限であって議会の承認を必要としていない。規則は条例の施行に必要な細則であるとともに、単独でも定めることができる。条例は刑事罰を科すことができるが、規則は違反者に行政罰としての過料を科すことができる。

これらの議会に優越する権限に加えて首長は、議会の議決に対する拒否権である「再議請求権」を有している。これにはいくつかの種類があるが、最も重要なのは、予算や条例に関する議会の議決に異議がある場合の再議権の発動だ。首長は議決から一〇日以内に理由をしめして再議に付すことができる。議会が出席議員の三分の二以上で同じ議決をしたならば、議会の議決が確定する。そうでなければ議会の議決は不成立とされる。

予算については、この一般的再議請求権とは別の再議請求権がある。議会の議決が予算上執行できないと判断した場合、首長は再議を請求できる。また、議会が法令に歳出義務のある経費を削減ないし減額した場合にも再議を請求できる。この場合は議会が同一の議決をするならば、首長は原案を執行できる。

これらの再議請求権に加えて、首長には「専決処分」の権限、つまり議会の議決をへることなく予算や条例を自治体の意思として確定できる。これは本来、緊急の場合の措置であって、①議会の定数に半数以上の欠員があって議会が成立していないとき、②議会を招集しても定数に足りないとき、③災害などの緊急事態が発生し議会を招集できないとき、④議会が議決するべき案件を議決しないとき、という制約が課されている。

首長は「専決処分」をしたならば、次の議会に報告し承認を得なくてはならない。ただし、承認がなくても効力は失われない。非常に「強大な」権限のようにみえるが、そもそも「濫用」は想定されておらず、実際にもこうした強権を発動する首長は稀であるといってよい。とはいえ、鹿児島県阿久根市の竹原信一・市長（当時）は、議会や職員批判を強め、副市長の任命までも専決処分で行い、社会的批判をうけた。二〇一二年に改正された地方自治法は、副知事、副市町村長の選任を専決処分の対象から除外した。また条例や予算の専決処分について議会が不承認とした場合には、首長は必要と認める措置を講じ議会に報告せねばならないとした。

このように制度的にみれば、二元的代表制とはいうが、首長と議会との権限関係は対等ではない。だが、この関係が絶えず首長と議会の機関対立を引き起こしてきたわけではない。むしろ、議会と首長との不透明な関係あるいは議会の閉鎖性に結びつき、議会に対する社会的な不信感を生み出してきたといってよい。

最近は「オール与党体制」あるいは「全政党相乗り」といった言葉は影を潜めている。首長は「県民党」「市民党」を名乗り、政党から距離をおいていることをアピールしがちである。だが、［表12-1］にみるように、多数の政党が特定の候補を推薦・支持していることに大きな変化が表れているとはいえないだろう。国政レベルでの対立などないかのように首長支持に与している。基本的な要因は支持者への利益還元指向にあるが、こうした関係は首

表 12-1　市長の推薦・支持の状況（全体）

2014 年 4 月 30 日現在

組み合わせ	首長数					小計					割合%				
	2010	2011	2012	2013	2014	2010	2011	2012	2013	2014	2010	2011	2012	2013	2014
自	32	32	38	48	50										
民	23	24	24	21	11										
公	21	18	15	24	28	85	86	88	102	98	10.5	10.6	10.9	12.6	12.1
共	6	7	6	4	6										
社	3	5	5	5	3										
自民	10	14	16	15	17										
自公	93	80	71	75	96										
自社	1	1	1	1	1										
民公	1	3	3	3	4										
民共				1	1	122	113	104	105	124	15.1	14.0	12.8	12.9	15.3
民社	15	15	13	10	5										
公共															
公社	1														
共社	1														
自民公	68	59	54	53	68										
自民共				1	1										
自民社		2	3	6	6										
自公社	6	1	2	2	1	85	71	69	70	83	10.5	8.8	8.5	8.6	10.2
民公社	3	1	2	3	4										
民共社	8	8	8	5	3										
公共社															
自民公共															
自民公社	28	19	17	14	14	28	20	18	15	15	3.5	2.5	2.2	1.8	1.8
自民共社		1	1	1	1										
無	485	512	526	514	488	485	512	526	514	488	60.0	63.3	64.9	63.3	60.0
その他	4	7	5	6	5	4	7	5	6	5	0.5	0.9	0.6	0.7	0.6
計	809	809	810	812	813	809	809	810	812	813	100.0	100.0	100.0	100.0	100.0

注：その他は，社大党・他党（1）　名護
　　市制施行（4）　滝沢，大網白里，野々市，長久手
出典：地方自治総合研究所『全国首長名簿』2014 年版（2015 年 2 月）．

長と議会の関係を「もちつ・もたれつ」とせざるをえない。首長側からみれば、予算であれ条例であれ、議会の同意がない限り成立しないから、議会内の会派に密室での根回しを繰り返すことになる。議会内会派は予算要望はもとより予算の執行について、背後の利益の代理人として「口利き」を行政各部に行うことになる。

こうした「もちつ・もたれつ」の関係のなかで、重要案件の扱いや議会運営の実際を決めているのは、各派代表者会議といわれる非公式な組織である。先にも述べたように、議会は議会運営委員会をおくことになっている。この公的組織で決めればよさそうなものだが、それは市民の傍聴、議事録さらに情報公開条例の対象となる。こうして実質審議は議会運営委員会に先立つ各派代表者会議で行われることになる。

二元代表制に本来求められているものは、両者の公開度の高い緊張関係である。首長と議会が「アンダー・ザ・テーブル」で手を握り合っているような状況は、二元的代表制の制度理念に反するといわねばならないだろう。

議会改革の動きと課題

地方議会への市民の眼差しは、近年、厳しさを増している。こうしたなかで、議会自ら改革に立ち上がったケースとして、北海道栗山町議会の議会基本条例が関心を集めてきた。

栗山町議会は二〇〇六年五月に全国で初めて議会基本条例を制定したが、それに先立って議会情報公開条例の制定（二〇〇二年）、インターネットによる議会のライブ中継（二〇〇二年）、住民と討論する議会報告会（二〇〇五年）などを実施し、住民との距離の短縮を試みてきた。

栗山町議会基本条例は、議会が二元的代表制の一方の代表機関であることを宣言し、議会を「討論の広場」と位置づけた。町民との関係では「議会説明会」を改めて制度化するとともに、陳情・請願を「町民による政策提案」

と位置づけ、代表者が議会で意見を述べる機会を保障している。町長・職員との関係では、町長が政策・事業案を提案する際には、「政策の発生源」「検討した他の政策・事業案」「実施にかかる財源」「将来のコスト計算」などを求めるとした。また、議会における町長と議員の質問形式を「一問一答」形式に改めるとともに、町長に「反問権」を認めるとした。その一方で、議員による自由討議の時間を議会運営の基本とするとした。これは本会議・委員会の審議で町長に質問して終わりという議会運営を脱し、議員のそれぞれが政策や事業、行政のありかたをどのように考えるか、議会の自由討論のなかで意思を形成しようとするものである（神原勝『自治・議会基本条例論』）。

栗山町の議会基本条例は「選挙の時以外、顔が見えない」と批判されてきた議会の状況からすれば「画期的」といってよい。この条例が知れ渡るにつれて栗山町議会への議員たちの「視察」が行われ、類似の条例を制定する議会も増加している。

しかし、議会改革は低調といってよい。住民の陳情・請願をうけた議会が、代表者と直接議論している議会は、依然として少数である。また、議員の全員が出席しての住民への議会説明会を行っている議会や、委員会での審議に住民を参考人として招き意見を聞いている議会も、少数なのである。

こうした状況の一方において、一部の研究者やジャーナリストは、議員による条例提案を進めるべきであるとしている。それが重要性をもたないとはいわない。ただし、議会・議員の重視すべき役割は、まず何よりも行政活動の調査・監視におかれるべきであろう。近年、行政活動のアウトソーシングとして、多くの事業が民間事業者へ委託されている。民事業者への外部委託契約は多くの場合、議会の同意案件ではない。ただし、民間事業者の活動がどのようなものであるのかを、議員は議会で行政側に質すことができる。また自らその活動を調査できる。このような議員の監視活動や調査活動があってはじめて、地域社会の生活者としての視点に立った条例の議員提案が意味

✣コラム　もし，自治体議会がなかったら

自治体の議会への不信感が社会的に高まっている．ほんとうに行政の活動をチェックしているのか，議員定数が多すぎる，報酬が高すぎる，といった批判はやまない．要するに，議会・議員の顔が見えないということだ．極端な議論として自治体の議会など要らないとの議論すらある．議会・議員がその活動を住民に説明していないことは否めない．ただし，マスコミの議会批判に同調して議会不信・不要をいう住民も，どれほど日々議会の活動をみているかとなれば，これまた疑問がないとはいえない．もっとも，これを裏返していえば，それほど議会の存在が軽いということでもあるだろう．議員も住民も一度「議会がなかったらどうなるか」を考えてみたいものである．首長に立候補するために地域政党を組織するのではなく，首長になったのちに議会を抵抗勢力と見なして支持者からなる地域政党をつくり，議会に「翼賛勢力」を築いた首長がいた．これは事実上，議会の「廃止」にも等しい．実際，首長の独善性は目に余り，司法からも違法判決が出された．公選首長は代表性とそれゆえの正統性を持つ．首長の政治信条にもよるだろうが，独善的な政治・行政運営，もっというと独裁制にも通じかねない危うさをはらむ．こう考えると，もう１つの代表性と正統性をもつ政治機関の存在があってはじめて，デモクラシーは意味を持つのだ．議会・議員は，首長とテーブルの下で手を結ぶのではなく，この原点を考えた自己改革を縦横に工夫し果たしていかねばならない．住民は議会不信・不要論に傾くのではなく，二元的代表制と議会という政治機関を守るためにこそ，議会を監視し喝を入れる努力を怠ってはなるまい．

を持つといえよう。そうでなければ、単なる宣言的な条例の提案に終わってしまうだろう。

議会の予算責任

先にも一部触れているが、近年とくに議員定数が多すぎる、報酬が高すぎるといった批判が強まっている。報酬問題は自治体の規模にもよるから一概にいえないが、報酬に改革の手を加えずに議員定数を極端に削減すれば、議会が多様な利害を反映するという最も重要な機能を損なうこともありうる。定数と報酬との関係性について、それこそ市民全体での開かれた議論が必要であろう。

しかし、こうした批判が生まれるのも議会の予算責任についての認識が低調であることによるだろう。なかでも問題視されるのは、議員に支払われている政務活動費である。これは議員の政務調査活動への首長側からの補助金として支払われてきたが、二〇〇〇年の地方自治法の改正によって条例化された。さらに二〇一二年の地方自治法の改正によって、従来の「政務調査費」を「政務活動費」と改め、支出の根拠となる条例を制定するとされた。政務活動費（政務調査費）は、議員個人への支出とされながらも、多くの議会で構成員数に応じて会派に支出されてきた。

もともと、政務調査や行政調査といった言葉は、法律でも条例でも厳密に定義されておらず、具体的な使途対象事項が議会規則に定められてきたから、かなり広範囲な使用が可能である。例えば、議員が家庭でとる新聞や雑誌の購読料、個人の電話使用料、個人事務所の賃料、会合費、視察費など幅広く定められている。

「政務調査費」から「政務活動費」への変更は、地方議員からの要請をもとに地方自治法の改正審議途中に議員提案されたものだった。全国市民オンブズマン連絡会議などによる「政務調査」に値しない使途との批判に応えるかのように、「調査」から「活動」に変更し、使途の拡大を法的に正当化したものといえよう。もっとも、使途内容は「会合費」などが多くを占めるように、従前とさして変わらない。

〔図12-1〕にみるように、都道府県、政令指定都市の政務活動費は、かなりの高額である。しかも、これには「政務調査」「政務活動」をタテマエとして、所得税等は課税されていない（議員報酬には課税）。使途の実態からみて「ヤミ報酬」との批判が一部にあるが、公職にある議員そして議会は、公金の使途に責任を持たねばならないだろう。政務活動費は議員活動と政治活動を峻別し、行政活動の調査や監視経費に限定されるべきであろう。また、使途に関する詳細な会計報告と調査活動報告が、ひろく公表されねばなるまい。

議員・議会の予算責任問題は、これに尽きるわけではない。多くの議会で会議開催日に議員の「費用弁償」（日当）が行われている。報酬以外に「日当」を支払う必要があるのかについても厳しい批判がある。また議員には毎月の報酬に加えて「夏季手当」「期末手当」（ボーナス）が、職員と同率で支払われている。議員が議員活動に充てている日数（会期中の本会議・委員会出席・閉会中の委員会審査など）は、最大に見積もっても年間六〇日程度である。なぜ、夏季・期末手当を職員と同率で支給する必要があるのかは、おそらく論理的に説明しえないだろう。

ともあれ、首長・行政部局の「ムダ使い」「非効率性」などへの追及が議員・議会の使命であるとは、繰り返されたフレーズである。だが、市民の信頼を得ながら行政活動をチェックしていくためには、議員・議会自らが、予算責任に自覚的でなければならないだろう。

ジェンダーバランスと代表性

日本の地方議会で女性議員の登場が話題になるようになったのは、一九七〇年代以降であるといってよい。当初

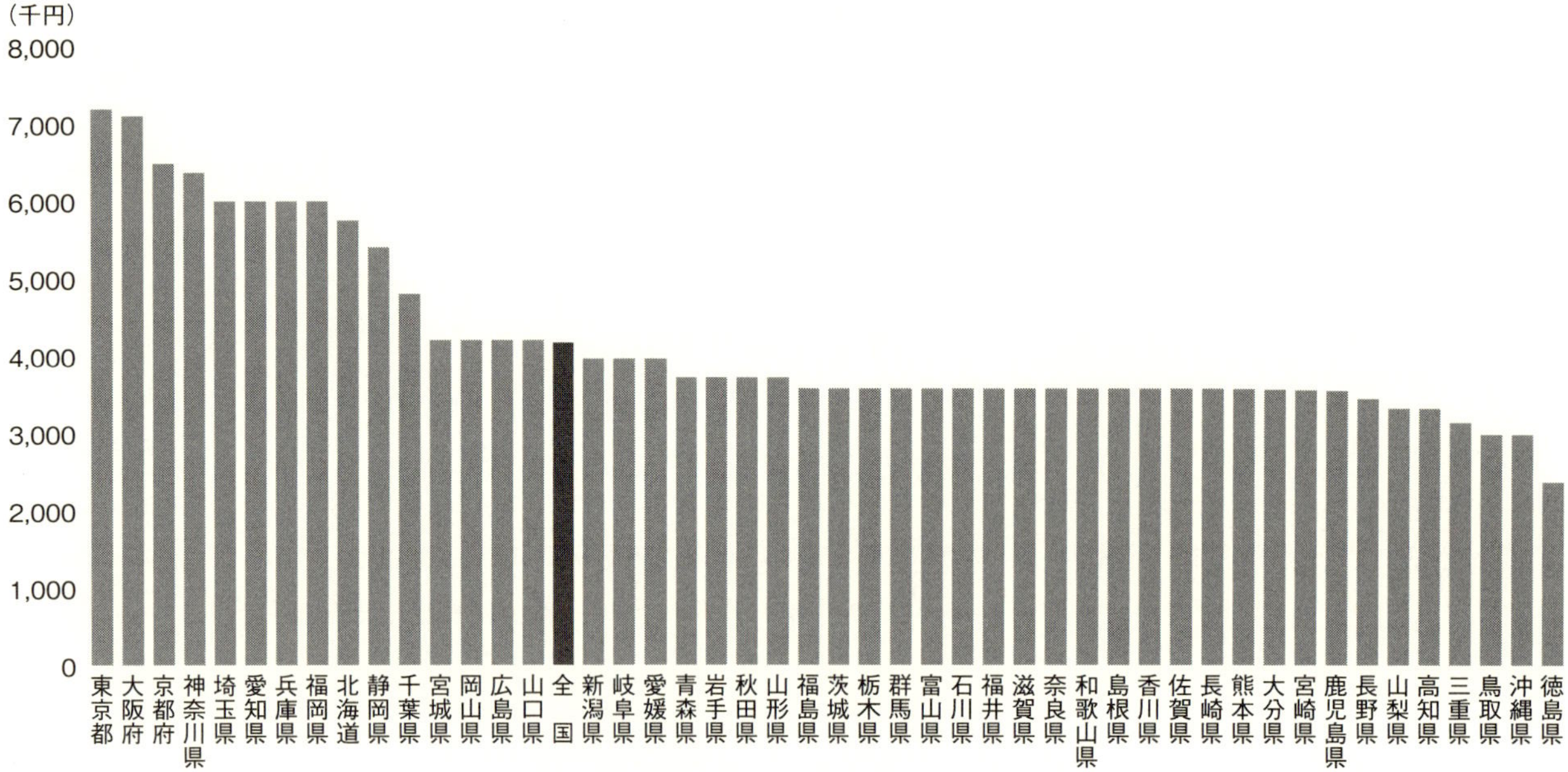

図 12-1　政務活動費の状況（2014 年議員一人あたり）

出典：都道府県データランキング　全国市民オンブズマン連絡会議　http://uub.jp/pdr/p/seimu.html

は組織政党が集票機能の強化をめざして女性候補者を擁立した。その後、八〇年代から九〇年代に入ると、「市民派」を名乗る女性議員が登場するようになる。彼女たちの多くは消費者運動や環境運動などの社会運動に係わり、既成の政党が必ずしも視野に入れていなかった生活者の観点から地方の政治を追求した。こうして、既成政党の女性議員に加えて生活者の政治を求める女性議員が登場し、男性一辺倒の議員構成には、変化の兆しがみえるようになった。

しかし、それでも［図12-2］にみるように、都道府県、市区議会議員に占める女性議員は、圧倒的に少数派である。とくに都道府県議会議員については、はなはだしくジェンダーバランスを欠いている。こうしたジェンダーバランスの不均衡が、首長―議会関係を「不透明」にしている要因の一つといってよいだろう。

自治体は市民生活に最も身近な政府である。そこでの政治・行政課題は、子育て、子どもの教育から高齢者介護に至るまで、生活者としての観点を重視してはじめて解決策を得ることができるものばかりである。この意味で、市民の一人ひとりが自治体の重要性を認識して、ジェンダーバランスの是正に取り組むことが重要となっている。

ちなみに、首長のジェンダーバランスの欠如も著しい。都道府県知事のうち女性は、北海道、山形県のみである。市長にしても仙台市、横浜市、大津市、尼崎市、倉敷市などをはじめとした一二人に過ぎない（二〇一五年四月末現在）。

こうしたジェンダーバランスの欠如に加えて、男性議員についても代表性に多くの問題がふくまれる。なかでもサラリーマンなど勤労者の議員は、きわめて限定されている。一部の「企業城下町」で企業の労働組合が議員を送っているが、それは労使一体となった企業利益の表出のためである。日本の労働法制は、公務員を除いて議員への立候補や議員活動を公民権の行使として認めている。この点は企業経営者・従業員の双方にきちんと認識されねば

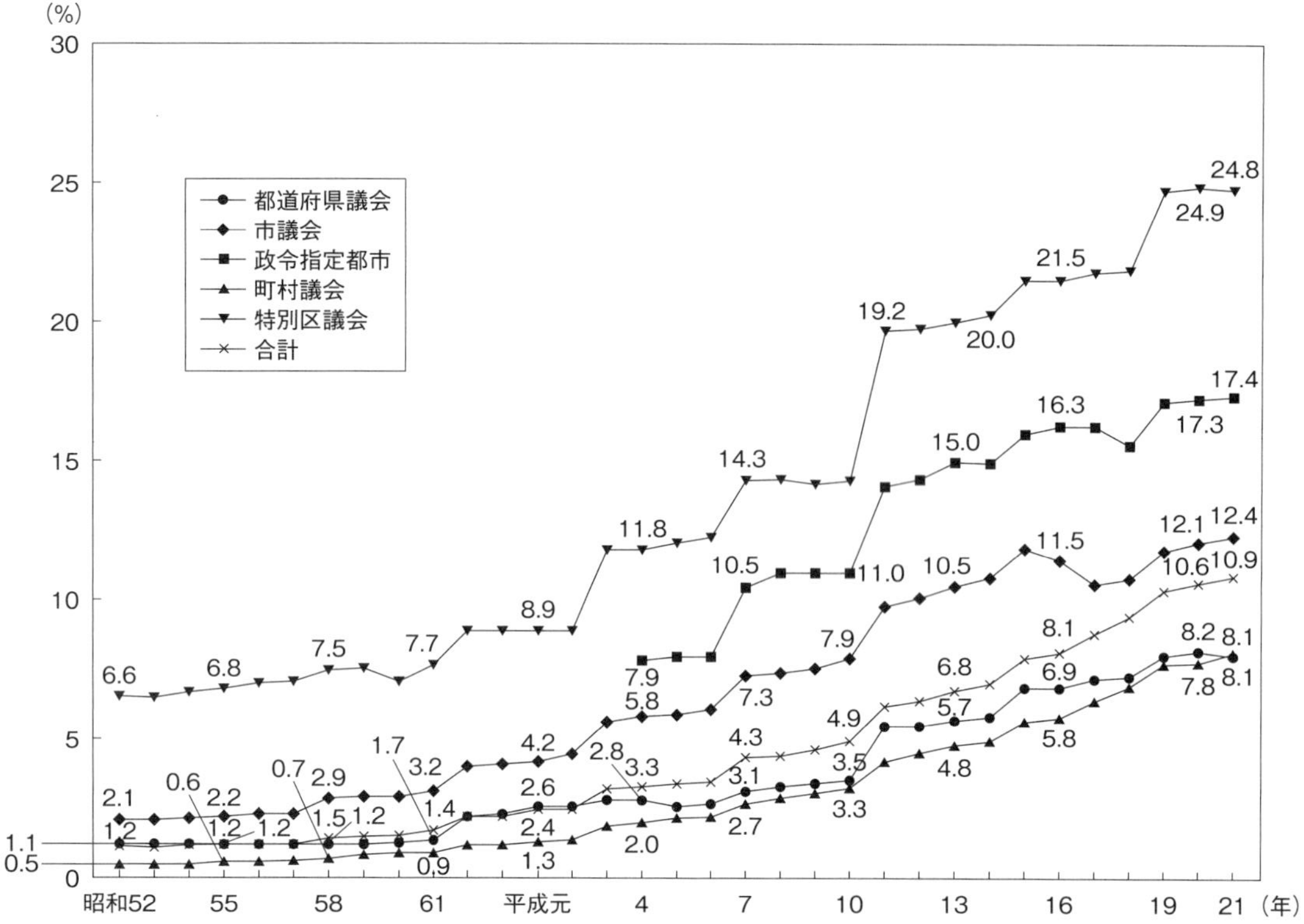

図 12-2　都道府県・市区町村議員における女性の割合

注：各年 12 月現在.

出典：内閣府男女共同参画局ホームページ　http://www.gender.go.jp/about_danjo/whitepaper/h22/zentai/html/zuhyo/zuhyo038.html

ならないことである。また議会も勤労者が議会活動に参加できるように、会議開催日時をはじめとして、運営の改革を果たさねばならない。

地方議会の代表性をいかに多様化するかは、依然として問われる自治体政治の重要課題なのである。

著しい投票率の低下

これまでみてきたように、地方議会の活動が住民の眼にみえないことや予算責任についての不透明性、ジェンダーバランスの著しい欠如などの要因が複合して、地方議会議員選挙における投票率は低下の一途にある。

統一地方選挙といっても、任期途中での首長の退任や市町村合併などの影響があって、足並みが乱れているが、それでも議会議員選挙は比較的全国規模で四年ごとに実施されている。一九四七年の選挙では都道府県議選、市町村議員選の投票率は、ともに八〇%を超えていた。一九七五年の選挙でも七〇%を上回っていた。

ところが、それ以降、投票率は低下し続けている。二〇一五年四月に実施された統一地方選挙の投票率は、道府県議会議員選四五・〇五%（前回より三・一〇%減）、政令指定都市議員選四四・二八%（同三・三一%減）、市議選四八・六二%（同二・二〇%減）、町村議員選六四・三四%（同二・二三%減）であり、軒並み前回選挙の投票率を下回ったばかりか、地方自治法施行以来、最低の投票率であった。

これは単なる政治的無関心の問題を超えて、地方議会不要論にも至りかねない事態であるといわねばなるまい。すでに述べたように自治体の政治制度における二元的代表制は、制度としていう限り、多様な利害を自治体政治過程に載せる「優れた」制度である。仮に、住民の政治的代表機関が首長のみであったならば、地域がかかえる多様な課題の解決は制約を受けることになるであろう。また自治体行政活動の適正さをチェックすることが難しくなるであろう。

投票率の向上は、まず何よりも議会・議員が真摯に取り組むべき課題である。同時にわたしたちも、制度本来の存在意義を見据えて、議会改革に注文をつけていかねばなるまい。

13　地方分権改革

政治改革としての地方分権改革

一九九三年六月、衆参両院は「地方分権の推進に関する決議」を全会一致で決議した。この国会決議から約一ヵ月後に実施された衆院総選挙の結果、約三八年にわたって続いた自民党政権は退場し、替わって細川護熙を首班とする七党一会派からなる連立政権が誕生した。こうした国会決議ならびに政権の交代は、八〇年代末から九〇年代初頭にかけて中央政界を襲った一大政治スキャンダルを背景としている。

今日なお真相が完全に解明されているとはいえないが、それらはリクルート事件、佐川急便事件、金丸信・自民党副総裁（当時）による巨額脱税事件である。リクルート事件は、就職情報誌を発行するリクルート社が、その発行のみならず電気通信事業への進出のために、関連不動産会社（リクルートコスモス社）の未公開株を、自民党最高幹部をはじめとする多数の政治家や高級官僚に額面で譲渡し、公開後に多額の利益をもたらした事件である。贈収賄罪に問われたのは、内閣官房長官や文部、労働事務次官などであったが、株券譲渡先の広さと新手の「贈賄」は、社会に衝撃を与えた。佐川急便事件は貨物輸送の区域免許しか持たないグループ各社が「積み合わせ」を区域の境界で行い、全国的輸送を行っていた事件だ。金丸信の巨額脱税事件は、土建業界からのヤミ政治献金を所得税法違反事件として摘発したものであった。

政治スキャンダルの続出は、当然のことだが、政治改革を日本政治の重要なアジェンダ（議題）とした。そして衆議院議員選挙制度の改革、政治資金規正法の改正、政党助成法の制定などが取り上げられることになる。当時の衆議院議員の選挙制度は、いわゆる「中選挙区」制度であり、同一選挙区から複数の議員を選出するものだった。これでは政党本位・政策本位の選挙とはならないとされ、小選挙区制度への改革が議論されるようになる。政治資金規正法の改正は献金規制を強化しようとするものであり、政党助成法の制定は公費（税金）から一定の条件を備えた政党に活動資金を助成しようとするものである。それによって政治資金の獲得の見返りに利益を供与する政治に歯止めが掛かるだろうとされた。

これらの政治改革プログラムをめぐる政治過程は省略する。結果だけをいえば、衆議院議員選挙制度は、小選挙区・比例代表並立型に改められ、政治資金規正法も条文上は強化された。また政党助成法も制定され、一定の条件を備えた政党に公金が供与されることになった（共産党は受け取り辞退）。

本章の主題にとって重要なのは、地方分権改革がこれらの政治改革プログラムとならんで登場したことである。否、地方分権改革こそが政治改革に不可欠なのであり、右のような改革プログラムにも増して重視されねばならないとされたことである。

日本の近代化を促してきた中央集権構造は、政官業の「鉄の三角形」とよばれる利益共同体を作り上げてきた。それが政治腐敗の温床となっている。とするならば、中央集権的な行財政構造を地方分権型構造へと改革することが必要となる。また、そのことによって市民は、政治と行政を有効にコントロールすることができる。もちろん、これらは地方分権改革の理念を強調するものであって、現実の政治がそれほど理想的に推移するものではない。ただし、政治をささえる価値として地方分権は高く評価されてよい。

このような政治改革との関連における地方分権改革に加えて、九〇年代初頭に地方分権改革の重要性が認識された背景として、急速な高齢化の進行への対応や東京への政治・行政および経済機能の一極集中状況の打開があった。日本が国連統計でいう「高齢化した社会」(総人口に占める六五歳以上人口が七%に達したとき)に入ったのは、一九七〇年であった。その後の高齢化の進展はきわめて速く一九九四年には一四%に達している。しかもそれは全国レベルのことであって地域ごとでは大いに異なる。保健・福祉などの政策分野をはじめとして高齢化社会にソフトランディングすることが政治・行政の課題となる。だが、地域間の差異が大きいとき、中央政府が全国いずれの地域にも適用できるプログラムを作成し実施することはできない。地域の実態に応じて自治体なる地域の政府が中心となって政策・事業を立案・実施せねばならない。中央政府は自治体の支援に純化する必要がある。これは一つの事例であるが、他の政策分野においても中央集権的な政策・事業は有効性を失っているのであり、地方分権改革の論拠とされたのである。

ところで、高齢化の進行の一方で、八〇年代の新自由主義経済運営の強まりと経済のグローバル化によって、東京への経済的中枢機能の集中が一段と進んだ。過疎と過密問題は八〇年代に初めて深刻化したわけではないが、猛烈な東京への集中状況は改めて地域自治の重要性を問うものであった。

ともあれ、多様な条件が地方分権改革の重要性を社会的に印象づけた。そして、九三年の衆院総選挙では、ニュアンスの違いはあるもののほぼすべての政党が地方分権改革の実行を掲げたのである。

地方分権推進委員会の設置と活動

九三年の総選挙で誕生した細川護熙を首班とする連立政権は、早速、地方分権の推進について検討を開始した。

だが、細川政権、その後の羽田孜政権は、連立与党間の対立などによって短命に終わる。九四年六月、自民、社会、新党さきがけの三党による連立政権が誕生し、社会党委員長の村山富市が首相の座に就いた。村山政権も地方分権改革の検討を継続し九四年一二月に地方分権大綱を決定し、さらに翌年の通常国会に地方分権推進法案を提出した。同法案は五月に成立し、七月には同法にもとづき七名の委員からなる地方分権推進委員会（委員長・諸井虔）が発足した。

地方分権推進法は、地方分権改革の具体像を定めたものではなく、改革の手続きを定めたものだった。つまり、首相の諮問機関として地方分権推進委員会を設置し、内閣は同委員会の調査と勧告を受けて地方分権推進計画を策定する。そして、これにもとづき法律改正などの所要の措置をとるとした。したがって、地方分権推進委員会は何をもって地方分権改革の「切り口」とするかについて議論を重ねることになる。同委員会は九六年三月に「中間報告」を橋本龍太郎首相に提出した。そこでは基本的に地方分権改革の「切り口」として、中央各省の自治体行政に対する関与の緩和に設定された。なかんずく最も強力な関与である機関委任事務制度（個別の事務ごとに法律ないし政令で自治体の首長ないし行政委員会を主務大臣の下級機関と位置づけ、その指揮監督の下に事務を執行させる制度）の廃止が、委員会の目標とされたのである。

地方分権推進委員会は機関委任事務に替わる事務のカテゴリーとして「自治事務」および「法定受託事務」、「国の直接執行事務」を設定した。「自治事務」とは文字通り自治体の事務である。「法定受託事務」とは、国の事務だが自治体に執行を委託したものである、ただし自治体は受託を拒否することはできない。この法定受託事務は国の事務を自治体が執行するものだが、国（中央）と自治体の関係は委託―受託の「対等」な関係である。

地方分権推進委員会はこのカテゴリーにもとづいて各省と機関委任事務の一件ごとに協議を実施した。それはけっしてスムーズに進んだのではない。いうまでもなく、各省側は影響力の確保をめざして法定受託事務への再編を主張しがちだが、委員会側は自治事務への再編を追求した。委員会はこうした協議をへて順次首相に勧告を提出した。

橋本龍太郎政権は、地方分権推進委員会の第四次までの勧告にもとづき九八年五月に第一次地方分権推進計画を策定した。この計画の実行のために改正を必要とする法律は四七〇本に及んだ。これら法律の改正個所を取り出し一本の法律案としたのが、地方分権推進一括法案である。橋本龍太郎につづく小渕恵三内閣は、同法案を九九年の通常国会に提出し成立を図った。

二〇〇〇年の第一次地方分権改革

九九年の通常国会で成立した地方分権推進一括法は、二〇〇〇年四月一日に施行された。いわゆる第一次地方分権改革のスタートである。第一次地方分権改革は、機関委任事務制度の全廃、国の関与についての一般的ルールの制定、必置規制の大幅緩和、国地方係争処理委員会の設置、の四点を特徴としている。

第一の機関委任事務制度の廃止によって、従来の機関委任事務は自治事務、法定受託事務、国の直接執行事務に再分類された。五六一件の機関委任事務のうち約六割が自治事務に、四割が法定受託事務に分類された。件数からいえば自治事務の方が多いけれども、中央政府からみて重要と思える事務は、その多くが法定受託事務とされた。国の直接執行事務とされたのは、自然公園法、自然環境保全法にもとづく事務、社会保険事務、職業安定関係事務、駐留軍用地特別措置法にもとづく土地の使用などに関する事務であり、件数としてはごくわずかである。

機関委任事務制度の廃止によって中央各省が自治体の首長らに発する通達は意味を失った。自治事務には地方議会の条例制定権や監査委員の監査権が及ぶ。そして自治事務についての国の関与は、技術的助言・勧告・報告徴収、事前協議・合意（または同意）、緊急時における国の個別的指示である。法定受託事務についても基本的に自治体の事務だが、国の関与は報告徴収・届出、技術的助言・勧告、事前協議、法律にもとづく指示、とくに必要のあるときは法律にもとづく許可・承認・代執行とされた。

第二に、これらの国の関与については、民間への規制に関する行政手続法と同様に、一般的ルールが地方自治法に定められた。従来、それぞれの機関委任事務の根拠法に関与の態様が定められていたが、それらは体系性をもたなかったばかりか所管省の裁量そのものだったのである。

第三の必置規制は、機関委任事務体制に付随するものである。中央各省は機関委任事務の着実な実施のために、自治体に特定の組織や職の設置を法律、政令などによって義務づけてきた。これを必置規制という。だが、機関委任事務が自治事務と法定受託事務に再編されたから必置規制とされてきた職などについても設置の裁量を拡大した。ただし、社会福祉法（旧社会福祉事業法）が市および府県（町村部について）に設置を義務づけてきた福祉事務所については従来どおりとされている。

第四の国地方係争処理委員会も、機関委任事務制度の全廃と密接に関係する。機関委任事務制度のもとでは自治体の首長や行政委員会は、主務大臣の指揮命令に従わねばならず、独自に法令を解釈し事務を執行することはできない。だが、機関委任事務制度が全廃されたのだから、理論的には法令の解釈をめぐって自治体と中央各省との間には係争が生じる可能性がある。こうした事態に備えるために、五人の委員からなる国地方係争処理委員会が総務省のもとに設けられた。自治体は法令の解釈をめぐって所管省と争いが生じた場合、この委員会に審判を申し立てることができる（申し立てできるのは自治体側のみ）。そして、仮に自治体側に理がないと審判された場合は、所轄の高等裁判所、さらに最高裁判所まで争うことができる。

自治体と中央各省の法令解釈の違いに（準）司法手続きを導入したこの改革の意義は大きい。日本の中央―自治体関係は伝統的に行政統制を機軸としてきた。国地方係争処理委員会の設置は、制度論的にいうと行政統制から司法統制さらに立法統制への転換に道を拓くものといってよい。ただし、これは後にも述べるが、国地方係争処理委員会は設置以来「開店休業」に近い状態にある。つまり、法令の解釈をめぐって中央各省と厳しく対立し、委員会に審判を申し出た自治体は皆無なのだ。この事態をどのようにみるかは、さまざまな見解があるかもしれない。とはいえ、中央各省が示す事務事業執行の基準やガイドラインに自治体側が「忠実」であることの証左、といえるのではなかろうか。この意味では、地方分権改革に対する自治体の熱意に疑問がもたれている。

「三位一体」改革の虚構

二〇〇〇年の第一次地方分権改革は、地方分権推進委員会が最後の報告書でも述べたように、中央―自治体間の税財政関係の分権的改革を先送りした。

きわめて概略的にいうと、中央と自治体との税財政関係では、税収面で大きい中央政府と小さい地方政府という関係が見られる。中央と地方との税収のシェアは、おおよそ六対四である。この一方で税の最終消費（市場において使ってしまうこと）でみると、中央と地方とのシェアは四対六と逆転している。そして、大きい地方の歳出をささえているのは、中央から地方への補助金、負担金、交付金といった移転支出である。逆に地方からいえば、中央からの移転収入が歳出をささえていることになる。

こうした中央―自治体の税財政関係を地方分権化する際の基本は、自治体の「歳入の自治」を確立することにおかれる。同時にそれにあわせて中央から自治体への権限の移譲が行われることになる。

小泉純一郎政権は、二〇〇三年七月の「骨太の方針・二〇〇三」において、二〇〇四年度から二〇〇六年度を対象として、三兆円規模の国庫補助金を廃止し、住民税率を一〇％にフラット化したうえで所得税から住民税へ三兆円を移譲する、地方交付税の財源保障機能の圧縮、といった「三位一体の改革」を実施するとした。たしかに、三兆円の所得税の地方移譲と国庫補助金の廃止は、規模の問題をとりあえずおいて考えると、税財政関係の地方分権化に一歩踏み込んだものといえる。

しかし、自治体から「だまし討ち」との批判が巻き起こったように、「三位一体改革」の実態は、地方交付税交付金の削減だった。実際、地方交付税の交付額を二〇〇三年度と〇七年度で比較すると、〇三年度に一八兆一〇〇〇億円であったものが〇七年度には一五兆二〇〇〇億円に低下している。そして、本来、地方交付税で措置すべき部分を原資不足から代替した臨時財政対策債も〇三年度に五兆九〇〇〇億円であったのが、〇七年度には二兆六〇〇〇億円に減額されている。多くの自治体は予算の編成に困窮し「財政調整基金」（緊急事態の発生などに備えた積立金）を取り崩す始末だった。地方分権改革にかける自治体側の熱意が冷めていった要因は、こうした「三位一体改革」にあるといわれている。

地方分権改革推進委員会と政権交代

第一次地方分権改革から七年後の二〇〇七年、第一次安倍晋三政権は地方分権改革推進委員会（委員長・丹羽宇一郎）を設置した。その二年後の二〇〇九年の総選挙の結果、民主党政権が誕生した。民主党政権は、地方分権（改革）に替えて「地域主権（改革）」を標榜し、地域主権改革こそ政治変革の一丁目一番地と謳いあげた。当初は地方自治基本法の制定などに取り組むが、政権自体の低迷や党内抗争、さらに東日本大震災の発生などによって、地方

✣コラム　地方分権改革はいま

1995年7月の地方分権推進委員会の発足から20年余が過ぎた．この委員会の活動中には，新聞紙面を連日のように「地方分権」という見出しが飾った．だが，いまやすっかり影を潜めている．もちろん，自治体の首長や政府関係者から「地方分権」がまったく語られなくなったわけではない．とはいえ熱気は伝わってこない．2000年4月の第1次地方分権改革以降，それを進める舞台装置は，それなりに整えられてきた．機関委任事務制度の廃止，国地方係争処理委員会の設置，国と地方の協議の場の法制化，法令による義務づけ・枠づけの緩和と条例化などがそれらだ．機関委任事務制度の廃止によって，自治体は自治的に法令解釈できる余地を広げた．したがって，法令解釈をめぐって中央府省と係争が生まれることもありうる．それを見越してジャッジメントの組織としてつくられたのが，国地方係争処理委員会だ．ここには自治体側からしか審判を仰げない．ところが，この委員会は「開店休業」に近い状態が続いている．機関委任事務がなくなっても中央各省は法令解釈の指針などを自治体に伝えている．「開店休業」は自治体側がさほどの疑問もなく，中央の指導に従っている証左ではないだろうか．国と地方の協議の場も開かれてはいるが，例えば，「社会保障と税の一体改革」のための消費税率の引き上げに際して，自治体側が地方消費税のありかたをめぐって中央と激論を交わしたとはいえない．中央集権体制に「安住」し横並びでいるのが楽なのはいうまでもない．だが，単に超高齢化というだけでなく地域間の条件は差異を拡大している．中央・地方ともに財政は逼迫の度をつよめている．自らの知恵で地域の持続を工夫していかなくてはならない．そのためには中央集権体制の分権化が必要なのだ．自治体は中央に物申す気概を奮い起こすべきだ．

分権改革は政権の主要なアジェンダとして扱われ続けたとは言い難い。

ただし、自民党政権の設置した地方分権改革推進委員会は活動を続けた。委員会は中央各省の出先機関の改革、国直轄の河川や道路の地方移管、補助金の改革などを審議した。そのようななかで、委員会の成果というべきなのは、法令による自治体行政に対する義務づけや枠づけの緩和であった。先に述べたように二〇〇〇年の第一次地方分権改革によって機関委任事務制度は廃止された。だが、中央各省は所管する法律・政令で自治体行政の事務や事業の内容を細かく縛ってきた。例えば、公営住宅法は入居者の家族構成や収入基準を定めてきた。単身者は原則入居資格をもたない。収入は月収一五万八〇〇〇円以下といった具合である。これは全国一律の基準であって自治体は基本的にこれを逸脱する公営住宅を設置・運営できないとされてきた。

これはごく一例だが、こうした法令による自治体行政の規制は、一般に法令による「義務づけ・枠づけ」といわれる。地方分権改革推進委員会は、これらの規制基準を条例にゆだねることを基本とし、そのうえで「従うべき基準」「標準」「参酌すべき基準」に分類した。「従うべき基準」とは条例においても従わねばならない基準だが、これに上乗せすることは自治体の裁量である。「標準」は通常よるべき基準であり、合理的理由のある範囲で地域の実情に応じた内容を定めることができる。「参酌すべき基準」は、自治体が十分に参酌した結果であれば、法令と異なる基準を定めることができる。

地方分権改革推進委員会は、こうした義務づけ・枠づけの緩和を民主党政権に勧告し、政権も数次の一括法によってこれに応えた。この結果、少なくとも法形式的にいう限り、自治体の行政実施における裁量が拡大したのみならず、条例なる自治立法の意義が高まったといえる。ただし、これまでの改革と同様に自治体側が義務づけ・枠づけの緩和を政策裁量の拡大として積極的に捉えたかどうかは、次元を別にする問題である。

民主党政権は義務づけ・枠づけの緩和に加えて地方分権改革推進委員会の勧告にもとづいて、国と地方の協議の場の法制化を図った。先に述べた「三位一体改革」時に国と自治体の全国連合組織は、廃止すべき補助金の選定などをめぐって中央各省と協議を重ねた。ただそれは、法的根拠をもつものでなかった。自治体側は法的根拠をもった協議の場の設置を一貫して求めたが実現をみずに終わっていた。法制化された国と地方の協議の場の開催は国・自治体側のいずれからもテーマを示して求めることができる。自治体側は全国知事会、全国市長会、全国町村会の代表が出席し、国側は関係閣僚である。

この国と地方の協議の場の法制化は、自治体の国政参加のチャネルを制度化したものである。これ自体、画期的といってよい。中央―自治体関係の改革をめぐる論点は数多くあるが、自治体側が積極的に活用しているとは言い難い。

自民党政権の復活と地方分権改革のゆくえ

二〇一二年一二月の衆院総選挙の結果、自民党は公明党との連立を図りつつ政権に復帰した。そして第二次安倍晋三政権が誕生した。第二次安倍政権は成立とともに日本経済の再生戦略を「アベノミクス」なる名をもってアピールしたが、中央―自治体関係に限っていえば、一党優位政党制時代の自民党政治の復活を思わせる公共事業の大判振舞いに着手した（「アベノミクス」の第二の矢）。それだけでなく、民主党政権が補助金改革の手始めとした特定補助金の一括交付金への改革を否定し、特定補助金を復活させた。補助企業の対象の限定や公共事業の個所付け（事業実施地点のこと）の決定権を補助金所管省が握ることは、官僚機構そして影響力を行使しようとする政治家の双方にとってメリットが大きい。だが、そうした中央集権構造の改革こそが、地方分権改革の目標とされたのであり、第二次安倍政権の公共事業体制は、明らかに逆行といってよいだろう。

こうした公共事業の大盤振る舞いに加えて、第二次安倍政権は野党時代から道州制の導入を再び強調し、政権に復帰後に道州制推進法案の作成を与党内の推進本部で進めてきた。だが、これまでの道州制導入論と同様に具体的な制度設計には至っていない。同時に自民党内はもとより全国町村会などの自治体サイドからも批判が相次ぎ、構想倒れに陥る可能性が高いといえよう。実際、第二次安倍政権は、「憲法改正」や集団的自衛権の行使といった軍事的安全保障政策に関心を集中させ、道州制の実現に力を入れていない。

さらにまた、安倍政権は二〇一四年の内閣改造にあたって「地方創生」が重要課題であるとした。人口減少による自治体の「消滅」を防ぎ地域経済を活性化させるとして、自治体への交付金や地方交付税の特別枠を設けた。だが、これは地方分権改革とはいえないであろう。なぜなら、従来型の補助金・交付金行政の再来であり、本来、地方の財源である地方交付税交付金による政策誘導だからだ。

さて、このように一九九〇年代初頭からの地方分権改革は、いくつかの成果を残してはいるものの、改革の勢いは二〇一〇年代に入って失速している。ただし、急速な高齢化の進行、人口減少時代をむかえているのであり、自治体を機軸とするローカルルールの創出による地域の創造は、一段と重要性を増しているといわねばならない。

地方分権改革を中央政府の「熱意」にのみ期待するのは、間違っていよう。地域の政府である自治体が、かつて一九六〇年代から七〇年代にみせたように、自治体側からの政策・事業の発信や法令解釈に関する問題提起を必要とする。先にも述べたように、国地方係争処理委員会や国と地方の協議の場の法制化に代表されるように、地方分権改革を進めるための装置は整えられている。これらの積極的な活用が自治体に求められている。地方分権型社会の創造は、自治体側の責任でもあることを強調しておきたい。

14　日本の民主主義

日本における民主主義の起源

日本の民主主義の起源は、明治維新における自由民権運動にまでさかのぼることができよう。一八七四年の民選議院設立建白に始まり、国会開設運動をへて、自由、改進両党の結成に至る自由民権運動は、明らかに国民の政治参加の拡大をめざす民主主義運動であった。運動の目標に国民主権確立の要求もふくまれていたことは、植木枝盛の「日本国国憲案」にも明らかであろう。植木は、人民の集合体としての国家に主権が帰属するという「国家主権論」を説くことで、実質的に人民主権論を主張し、さらに政府が人民に委託された権力を人民のために行使するという使命を忘れて、権力を濫用するなら、人民は政府に抵抗する権利を持つと主張した。こうした植木の主張は、自由民権運動の中でもとくに急進的な立場に立つものであり、大勢は男子有産者を有権者とする民選議院開設の要求にとどまっていた。しかし、一八八〇年の国会開設請願運動に少なくとも二〇万という多数の人びとが参加したと推定されていることは、自由民権運動が広範な国民の支持を得ていたことを示すものであろう。

明治憲法の制定により、天皇制絶対主義が確立されたことで、こうした民主主義を要求する運動は挫折する。明治憲法にも民主主義的要素はふくまれていたが、しかし民主主義のごく限られた部分が天皇制国家の枠内でかろうじて存続しえたに過ぎなかった。例えば、憲法の条文に不十分ながらも「臣民ノ権利」の保障が掲げられていたことや、民選による議院として衆議院が設けられたことは、明治憲法の民主的な要素といえよう。

しかし、日常的道徳規範を天皇の名において宣布した教育勅語に象徴されているように、天皇制国家は人間の内面をも支配しようとする国家であった。そこでは、政治的支配者は同時に道徳的支配者であり、国民は政治的に無力とされていただけではなく、道徳的にも無力とされていた。道徳的自律性を承認することが、自律的個人を形成する前提であるから、ここには自律的個人を基礎とする自発的秩序形成への展望はまったくない。いいかえれば、国民主権の可能性は原理的に否定されていたといえる。

大正デモクラシー

明治憲法は天皇の絶対性を建前としていたが、その実際の運用は立憲君主制に近い形で行われていた。それゆえ、憲法に含まれている民主主義的要素を強調拡大していくなら、明治憲法の下でもある程度まで民主主義的な政治を実現していくことができるはずである。大正デモクラシーの時代は、こうした考え方にもとづいて民主主義的な政治の実現に努力した時代であった。まず一九一二年には、陸軍の圧力で崩壊した西園寺公望内閣に替わって、第三次桂太郎内閣が成立すると、その非立憲的行動に対する民衆の憤激が高まり、第一次護憲運動が起こり、桂内閣はわずか三ヵ月で退陣した。大正末期には一時官僚内閣が現われたが、一九二四年に清浦圭吾内閣が第二次護憲運動によって倒れ、護憲三派による加藤高明内閣が成立するとともに、その後約一〇年にわたる政党内閣の時代が訪れる。この加藤内閣の下で懸案の男子普通平等選挙が実現され、政治に参加する国民の権利もいっそう拡充されることになった。

ただ、大正デモクラシーも明治憲法を変えることはできず、その枠組の中で自己を主張しえたにとどまるから、

大正2年（1913年），国会に集まった群衆　© 朝日新聞社/時事通信フォト

そもそも国民主権を実現することは考えられていなかった。大正デモクラシーの代表的理論家であった吉野作造は、「憲政の本義を説いてその有終の美を済すの途を論ず」の中で、デモクラシーの訳語に「民本主義」という新語をあて、「いわゆる民本主義とは、法律の理論上主権の何人に在りやということは措いてこれを問わず、ただその主権を行用するに当たって、主権者は須らく一般民衆の利福並びに意嚮を重んずるを方針とす可しという主義である」（岡義武編『吉野作造評論集』）としている。大正デモクラシーは、君主主権か国民主権かという問題をひとまず棚上げにして、実質的に国民を政治に参加させ、国民の福祉の実現をめざす政治を確立しようとするものであったといえよう。

政党政治は一九三〇年代に入って日本経済の行き詰まりに直面し崩壊する。それに代わって軍部が政権を握り、明治憲法の民主主義的側面を可能な限り抑えながら、軍国主義的全体主義体制を成立させた。この過程で、政党の側には、斎藤隆夫の粛軍演説（一九三六年）や浜田国松の腹切り演説（一九三七年）のように、軍部の暴走に歯止めをかけようとする動きもあったが、大勢は傍観的で、なかには積極的に軍部に迎合することで党勢を伸ばそうとする者さえあった。いずれにしても、大正デモクラシーが軍部の台頭の前になすすべもなく後退する過程で、国民の抵抗運動がほとんど現われなかったことは、大正デモクラシーの限界を如実に示すものであろう。

戦後の民主主義

第二次大戦後の占領軍の「民主化」政策は、明治憲法体制を解体し、日本の民主化を決定的に推進した。しかし、本来自律的に形成されるべき民主主義が、外から他律的に推進されたことは、それ自体すでに日本の民主主義に大きな制約を課するものであった。とくに、アジアにおける冷戦の激化とともに、占領軍の「民主化」政策が早期に転換したことは、国民の意識の変革が十分に行われないうちに、民主化に対する反動が始まったことを意味していた。そのため、日本の民主主義は、制度的にはともかく、理念的には十分に定着しているとは言い難い。

もともと民主主義の理念は、人民による秩序の自発的形成を意味している。しかし今日の日本には、秩序は「お上」によって与えられるものであり、われわれはそれに従うだけという古い秩序観の持ち主もまだ少なくない。また、新しい意識の持ち主にも自発的に秩序を作ろうとする志向性はきわめて乏しいであろう。そこでは、私生活にひきこもり、「パーミッシブネス」(何でも許されるというほどの意味)を受け入れる傾向が支配的であり、そもそも社会生活の客観的ルールを自分たちで作ろうとする姿勢が欠けているのである。

確かに、今日の日本の政治は制度的には民主主義に依拠している。首相やそれを支える多数党が国民を支配しうるのは、まさしく国民の支持にもとづいているからであって、天皇の信任に基づいているからでも、あるいは彼らが伝統的身分に属しているからでもないのである。日本の政治が国民主権を前提としていることは、だれもが承認せざるをえないであろう。

もちろん、こうした政治的民主主義にも多くの欠陥がみられることは確かである。とくに選挙運動は、候補者が一方的に有権者に働きかける形になっており、有権者にとって自主的に行動する余地はきわめて乏しい。また、投票を権利とみるよりは義務とみる人も依然として少なくない。農村部の高い投票率が、こうした人びとによって維持されてきたことは明らかであろう。ただ、それにもかかわらず、日本の民主主義が、保守政党の長期安定政権という形においてであれ、相対的に安定した統治権力を成立させてきたことは否定できない。

問題はむしろその裏側にある。保守政党による統治は、利益配分、とくに経済的に発展の遅れた地域や階層への利益供与により、有権者の支持を動員することで維持されてきた。ここにみられるのは、利益誘導型の民主政治であり、国民の受益者化がその安定条件である。その結果、一方では「大きな政府」の弊害が露呈され、他方では利益配分に長じた政治家による政治倫理の無視が横行している。

後進地域を主たる対象とした利益供与は、「土建国家ニッポン」ともいわれてきた。財政の逼迫とともに、公共事業を主体とする利益配分は後退をみているといってよい。だが、二〇一二年末に成立した第二次安倍政権は、経済成長戦略の主柱の一つに大規模な公共事業の実施を掲げている。また、東日本大震災を奇貨とするかのように国土強靱化計画を策定し、すべての公共事業計画の上位計画と位置づけている。自民党一党優位体制時代の政治手法は、明らかに再生している。一方において徹底した新自由主義＝市場原理主義政策が掲げられているが、そこでは派遣労働の規制緩和を図った労働者派遣法の改正（二〇一五年九月）や、一定の所得層以上への時間外勤務手当の廃止案に代表されるように、巨大利益集団であり支持母体である経済界の利益の追求が承認されている。

古来、民主主義を論じた人びとは、人民が何らかの徳性を持つことが、その存立条件であるとしてきたが、日本の民主主義においても、こうした条件が切実に必要とされているといわなければならない。

民主主義という政治の原理は、もともと欧米で発展したものであり、日本の民主主義の発展は、欧米の原理を受容することから始まった。しかし、それは日本の民主主義が欧米の民主主義と同じであることを意味しない。日本の民主主義には、欧米の民主主義にはみられない日本的特徴がある。それはいかなる特徴であろうか。

第一に、欧米の民主主義は個人を単位として社会を構成する原理であるが、日本では、社会は個人が構成するものであるよりは、むしろ自然に形成されたものである。日本で集団の原型とされるのは、家族と村落であり、いずれも自然に形成された第一次集団であって、その中では人々は和気藹々となごやかな生活を送るものとされる。他の組織はこうした第一次集団になぞらえてとらえられるのであり、国家もその例外ではない。集団の指導者に要求されるのは、親心をもって構成員に接することであり、構成員に要求されるのは、「みんなで仲よく」集団の和を保つことである。「みんなで仲よく」和を保つために、全員が集団の行事に参加することが、民主主義であるとされることも少なくない。

第二に、欧米の民主主義はあくまでも政治の原理であり、政治が対立と紛争に決着をつける機能を持つ以上、民主主義も喧嘩に決着をつけるという働きを持たざるをえない。「民主主義は頭数を勘定する方が頭を叩き割るよりはよいという原理に立っている」（カール・ベッカー『現代民主主義論』）といわれる所以である。しかし日本の場合、国家も家族の擬制において理解されてきた以上（家族国家観）、国家はそもそも対立や紛争をふくまない集団とされざるをえない。対立や紛争がなければ、政治も存在の余地がなく、要するに日本の国家は非政治的国家とならざるをえない。

明治以来、日本の政治が集団の和を前提としてきたことは、対立や紛争を非正統的なものとして、政治の世界から排除することを意味していた。対立や紛争は起こらないのが正常な状態とされ、万が一起こったとしても、それらは非日常的で例外的なこととみなされた。したがって、日本人は対立や紛争を日常的なできごととして処理していくことには長じていない。日本人が巧みなのは、対立や紛争を回避するための方策、例えば「根回し」なのである。こうした日本の政治の特性に応じて、民主主義も対立や紛争を解決する方式であるよりは、むしろ対立や紛争を回避する方式とみなされている。日本の民主主義が全員一致を原則とするといわれる所以である。

「官僚政治」の伝統と民主主義

こうして日本の民主主義には、むしろ政治を拒否する傾向がみられるが、それはまた日本の「官僚政治」の特徴でもあった。明治以降の日本の統治体制を特徴づけてきたのは、「官僚政治」である。官僚制こそ最近に至るまで日本の政治の制度的核心をなしてきたのである。日本の官僚制はかつての帝国大学と結合して、社会のあらゆる層から有為な人材を吸いあげ、外国と不断に交流して近代化に必要なあらゆる知識と技能とを吸収した。明治以来の驚異的な近代化については、その功罪いずれの面においても、官僚制の果たした役割を無視することはできないであろう。

日本の議会政治もまた官僚政治家によって育成された。よく知られているように、伊藤博文の政友会と桂太郎の憲政会とは、戦前の二大政党制に礎石を与えたのである。戦後の政党政治においても、かなり長い間、歴代首相の大半と閣僚の半数近くが官僚出身者であったことをみるならば、日本の政治における官僚制の影響力は、今日でもまだ断ち切られていないといってよい。

こうした「官僚政治」はつねに政治自体を否定する傾向を秘めている。政治は対立や紛争を調整しながら、社会の秩序と安定とを実現しようとするものであるから、政治家は現実の状況を的確に把握して、現実の変化に不断に対応しうるだけの柔軟性を持ちながら、しかも実現されるべき秩序と安定について明確なイメージを持っている必要がある。いいかえれば、リアリズムとアイデアリズムとをあわせ持つことが政治家の条件であり、こうした条件を備えている限り、政治家にとっても国民が積極的に政治参加することは、むしろ望ましいことである。

これに対して、官僚は何よりもまずそれぞれの領域における専門的熟達者であって、政治家の条件を具備していることがあるとしても、それはまったくの偶然であり、彼らが同時にすぐれた政治家でもあることを保証するようなものは何ら存在していない。しかも、官僚はその地位を専門的知識と技能とによって保持しているのであるから、当然に知識と技能とに対する強い信仰を持ちやすくなる。その結果、官僚は自らの下す決定が、こうした知識や技能を持たない一般国民によって影響されることにはほとんどつねに懐疑的である。要するに「官僚政治」の下では、国民の政治参加はけっして歓迎されないといってよい。

「官僚政治」の傾向は議会にも及んでいる。日本の議会には、「院内主義」とよばれる奇妙な排他主義があり、議会の審議が議院外の大衆行動によって影響されることは議会政治の原則に反するといった考え方が多くの議員を支配している。この考え方によれば、選挙は多数党に対する白紙委任を意味し、議会政治は多数党の独裁と異ならないものになる。最近では、行政部官僚の影響力が後退し、代わって政党の発言力が増大しており、「党高政低」とよばれる現象が生じた。

しかも、二〇一二年の自民党の政権復帰以降、議会内の「絶対多数」を背景として政権の影響力が増大している。政党とりわけ政権党の発言力の高まりは、たしかに議会の役割を増大させたが、議会自体に「官僚政治」的傾向が

❖コラム　遠い国会議事堂

アメリカの連邦議会議事堂を初めて訪れたのは，1977 年の初夏だった．てっきり日本の国会議事堂と同じように高い塀でかこまれ，門には警備の警官が配置されているだろうと思い込んでいた．ところが，塀はまったく見当たらず，それどころか周囲の芝生では水着姿の男女が日光浴を楽しんでいた．議事堂に入るのも特別の手続きはいらず，さほど厳しいチェックはなかった．それから 7 年後，ワシントン DC 滞在中に子どもたちを連れて議事堂見学に行ったときには，特別の手続きはいらなかったが，金属探知機をくぐるようになっていた．それでも守衛は「オー，ナイス・ストローハット」などと子どもに笑顔で声をかけていた．翻って，日本の国会議事堂に気楽に入ることはできない．本会議の傍聴は参議院では一般傍聴を認めているが，衆議院は限られた一般傍聴券の配布と議員の紹介による傍聴としており，委員会は両院とも議員の紹介と委員長の許可を要するとしている．こんな閉鎖的な館の「住人」ともなれば，国民の代表としての規範意識も責任感も，いつのまにか薄れてしまいかねない．ましてや水戸黄門の印籠のごとく胸に金バッチをつけ国内ばかりか外国でも外さない．「民主主義」だの「政治改革」だのと議論は盛んだが，「権威の物象化」の数々を廃止することこそ，民主政治の原点ではないだろうか．

みられるとともに、政権与党が政権に追随している限り、議会の役割増大も、ただちに民主主義の深化につながるとはいえないのである。

「官僚政治」の基底にある官僚制は、最初は主として政府の組織にみられる傾向であった。しかし、それはけっして政府組織だけにみられる関係ではない。あらゆる組織は複雑化し大規模化すれば、官僚制化の傾向を持つ。今日の日本社会には、多くの巨大組織集団があり、それらはいずれも官僚制化されているといってよい。政治的にみても、こうした官僚制化された巨大組織が大きな発言権を持っており、政策決定も行政官僚、政党などの巨大組織と民間の巨大組織との協議によって進められることが少なくない（ネオ・コーポラティズム）。社会的には、われわれの生活の圧倒的な部分が、巨大組織によって管理されているのが現状である（管理社会）。ネオ・コーポラティズムも管理社会も、民主主義を否定するわけではなく、むしろ民主主義を標榜しているのが普通である。しかし、自律的個人による自主的決定が民主主義の原点であるとすれば、管理社会的民主主義には本来の民主主義を圧殺する危険があることも否定できない。「官僚政治」の克服は、今日なお日本の民主主義の最も重要な課題なのである。

政治倫理と民主政治

今日の日本の民主政治は、基本的に利益配分の上に成り立っている。自民党の候補者の集票戦略は、後援会組織を通じて有権者に具体的利益を配分することであり、政権党としての自民党が国民の支持を集めるためにとってきた政策も、補助金の配分などを通じて国民を受益者化することであった。こうした利益配分が重視されると、国民は政治家を利益の還元能力によってのみ評価するようになり、政治家の責任とか倫理とかいった側面には大きな関心を払わなくなる。また、政治家自身も地元の面倒をみることだけに関心を奪われて、責任や倫理の問題を深く考えることがなくなっていく。一方で民主政治が定着していくにもかかわらず、他方でロッキード事件やリクルート事件のような一大政治的スキャンダルはもとより「政治とカネ」の問題が跡を絶たないのは、こうした傾向と無関係ではないであろう。

日本の民主政治において、政治倫理の問題が軽視されるのは、日本の民主主義が共和主義の伝統を欠いていることの結果でもある。民主主義の理念が、全国民による自発的秩序の形成を意味することはすでに指摘したが、それが現実に意味を持ちうるためには、各個人が主体的な秩序の形成能力を持つ必要があろう。いいかえれば、各個人が自主的自律的に自己の生活を秩序づける能力を持つ必要がある。こうした能力は各個人の倫理性と深い関わりを持っており、古代ローマ以来の政治思想家が市民の徳性（Virtue）とよんできたものと一致する。共和主義は、政治的腐敗を招きやすい君主制に対抗して、徳性を備えた市民による自治が健全な政治を実現すると主張する。共和主義は、市民の徳性を重視する点で、無差別平等を強調する民主主義とは異なっており、倫理無視の傾向を持つ民主主義に対して、補完的な役割を果たしているといってよい。アメリカの民主主義が、ウォーターゲート事件などの政治的腐敗に厳しい態度を示したのは、共和主義的伝統を保持してきた結果とみることができる。

日本の戦後民主主義は、アメリカ民主主義の強い影響のもとに形成されたが、その共和主義的側面からはほとんど影響を被らなかった。象徴天皇制という形においてであれ、天皇制を温存したことにより、共和主義を自覚的に定着させる可能性は絶たれてしまったからである。日本の民主主義においては、個々の国民が主体的に秩序の担い手になるという契機は希薄であった。多くの国民は配分される利益に満足し、その見返りとして保守政党による長期支配を支持してきた。その結果、政治的腐敗を生む土壌が形成されることになった。さらに、私的利益に対する配慮だけが政治行動の主要な動機となるとき、公的問題への関心は衰え、政治の倫理性を高めようとする努力は省みられなくなる。いずれにしても、政治的腐敗は単なる偶発事にとどまらず、日本の民主政治に構造化されたといってよいであろう。

「観客民主主義」と大衆迎合主義

こうした政治的腐敗を一掃するためには、政治を私的利益の水準から公的関心の水準に引き上げるとともに、社会的公正や倫理の問題が政治的討論の主題となるように努力する必要がある。それは政治家の単なる心構えによって解決される問題ではなく、基本的には国民の政治的姿勢に関わる問題であろう。

日本の民主政治は、たしかに制度的には安定している。だが、主体的に秩序形成の担い手になろうとする特性の希薄さは、「観客民主主義」とよばれる民主政治の形骸化を進めてしまっている。政治権力者はつねに自らの政治指向の正当性を、マス・メディアを通じて訴えかける。そこには「劇場型政治」とさえいわれるように、さまざまな演出が施され、支持の動員が意図される。日本社会はこれまで述べてきた要因が複合して過剰同調社会といわれるが、それは政治権力に対しても過剰な同調が一般化する。とりわけ、国内経済社会の歪みの拡大によって階層間格差が拡大すると、「強い政治権力」への憧憬が生み出される。二一世紀に入って以降、とりわけこうした傾向が顕著となっている。

立憲主義は政治権力の行動を縛ることを原理とするものだが、政治権力による憲法解釈の変更が行われ、しかも、それに対する国民の抵抗は強いとはいえない。日本国憲法は、憲法改正の発議要件として衆参両院議員の三分の二以上の賛成を必要としている。そして国民投票において過半数の支持のない限り、憲法改正はできないことを定めている（憲法九六条）。特定の政治集団が、その政治指向を全面的に実現するために憲法を修正しようと考えるのは、ある意味で当然ともいえる。ただし、政治集団による「自己都合」を重視した安易な憲法修正を阻止するために、現行憲法は改正に高いハードルを設けているのである。このハードルを回避するために、憲法条文の解釈をご都合主義的に変更することは、立憲主義の原理と精神に反する行為であるといわねばならない。

第二次安倍政権は、当初憲法の改正を訴え、続いて憲法九六条の規定を改正し、衆参両院議員の過半数での発議を提起した。だが、それも難しいと判断した政権は、憲法九条についての歴代政権の解釈を変更し、自衛隊の海外派兵を可能とする集団的自衛権の行使が可能と閣議決定した。これは政権がいかなる弁明をなそうとも、立憲主義に反する行為といわねばならないであろう。しかし、それ以上に危惧しておかねばならないことは、このように行動する政権に対して、メディア各社の世論調査が示すように、四〇%を超える高い支持が存在することだ。国民がこうした行動に歯止めをかけないならば、日本の民主主義は空洞化していかざるをえないであろう。

参加民主主義と討議民主主義

こうした民主主義の危機的状況が現われているのだが、その一方で民主主義の真髄である各個人が自律的に社会の秩序を形成しようとする動きが消滅しているわけではない。否、現代日本社会の底流には、そのような動きが脈々と動き出している。最後にこうした動きに触れておこう。

行政官僚制と巨大利益集団に支えられた民主政治に対するプロテストは、地域社会レベルから現われてきた。驚異的な経済成長は国民を利益の享受者とし政治への参加を自覚的に追求することから遠ざけた。だが、この時代においても公害・環境問題の深刻化と軌を一にして全国各地に巨大工業開発に異議を唱える住民運動・市民運動が生起した。それらのなかには三島・沼津石油コンビナートや徳島・阿南石油コンビナートの建設を阻止したものもある。また、すでにみたように公害関係法令の改正を促した。これらの運動は明らかに日本の政治文化の変容をしめすものだった。

時代ははるかに下がって一九九〇年代ともなると、政治による利益の供与は財政的にも難しくなる。また急速な高齢化の進行は、地域社会の社会経済的条件が地域間において大きく異なることに結びつく。こうして政府による全国津々浦々の状況に対応することは十分に機能しなくなった。市民が自律的に社会の秩序を創造していこうとする動きが顕著となったのも九〇年代である。政府の施しの客体から転じて、公共的問題に自発的・自律的に対応する動きは、非営利の市民活動（ＮＰＯ）の叢生につながった。同時にまた、地域社会の政府である自治体の意思決定への参画要求も強まった。少なくとも今日、市民参画を否定する自治体政治は存在しない。参加民主主義や対話・討議型の政治を求める動きは、日本政治の底流に形成されつつあるといってよい。

とりわけ、二〇一一年三月一一日に発生した東日本大震災による東京電力福島第一原子力発電所の重大事故は、日本の民主政治の本質を露わにした。政治と官僚制と電力事業者が核となりマスコミから学校教育までを動員した「原発絶対安全」神話は、事実をもって崩れた。政権はなお原発の運転や建設が経済成長に不可欠と強調しているが、エネルギー政策の転換を求める市民運動は全国的に展開されている。政治的決定の透明性の確保と政治への参画、政策決定における市民との討議の要求は、かつてみられない規模で展開されているといってよい。原発の重大事故は悲惨な事態を生み出しているが、これを機として日本の民主主義の「文明史的転換」につなげていきたいものである。

15　日本の自由主義

日本における自由主義の起源

日本における民主主義の起源は自由民権運動に求められる。自由主義の起源もまた自由民権運動に求めうるであろうか。確かに自由民権運動では、国会開設や参政権の要求と並んで、市民的諸自由を確立する要求も主張された。しかし運動の力点が、個人の私的自由を権力の不当な干渉や侵害から守ることよりも、参政権の実現によって政権を少数者の手から国民の手に奪い返すことにあったことは否定できない。自由民権運動は「権力からの自由」を強調する自由主義よりも、「権力への自由」を強調する民主主義を確立することに熱心であったといえる。当時流行した「よしやぶし」に「よしやシビルはまだ不自由でもポリティカルさえ自由なら」と歌われた所以である。

こうした自由民権運動の趨勢に対して、福沢諭吉は、「私権未だ固からずして之を犯す者も犯さるるも平気なるが如き漠然たる社会に、唯熱して政権のみの事を講ずるは、或は事の前後緩急を倒にするの譏を免かれざる可し」（『私権論』）と批判している。要するに、私権がまだ確立されていなくて、それを侵す方も侵される方も平気であるような社会で、政権の争奪だけに熱中することは順序が逆だということであろう。福沢の批判では、近代的自由主義の論理が前提とされていると考えられる。すなわち、私的な自由を権力の侵害から防衛するためにこそ、政治における究極的な決定権を国民自身の手に確保しておかなければならないのであって、その逆ではないのである。

かくて、自由民権運動は明らかに民主主義運動の起点ではあったが、自由主義運動の起点であったか否かにはなお疑問の余地がある。もし自由主義を自律的個人による私的・市民的自由の拡大要求と解するなら、国家、村落、家族といった集合体が個人に対して圧倒的優位にあった状況では、そもそも自律的個人が存在する余地は乏しかったといわざるをえない。自由主義は単なる私的放恣の要求ではなく、自由な個人は合理的行動をとることによって自主的に社会秩序を形成するはずだから、個人の自由は尊重されるべきだとする立場である。

いうまでもなく、自由はフリーダムやリバティの訳語として用いられたのであるが、もともと「思いのまま、わがまま」の意味であった自由は、こうした訳語としては不適当な語であったといわれる。それにもかかわらず、自由がフリーダムやリバティの訳語として広く用いられたため、人々は結局伝統的な意味で自由を理解し、その延長上で自由主義を理解することになったと考えられるのである。

天皇制国家と自由主義

明治憲法が施行され、教育勅語が発布されて、天皇制国家が確立されるとともに、自由主義の発展は、ますます困難になった。明治憲法には、臣民の権利に関する規定がおかれており、日本臣民は「居住及移転ノ自由」(第二二条)、「信教ノ自由」(第二八条)、「言論著作印行集会及結社ノ自由」(第二九条)を持つものとされた。しかし、これらの諸自由にも、信教の自由を除いて、「法律ノ範囲内ニ於テ」という留保が付せられており、信教の自由には、「安寧秩序ヲ妨ケス及臣民タルノ義務ニ背カサル限ニ於テ」という前提がおかれていた。それにもかかわらず、明治憲法が制定されると、自由をめぐる論議もむしろ沈静の方向に向かうのである。

大正デモクラシーにおいても、自由主義に関してみるべき進展はなかった。そこでは、国家主義が若干後退した分だけ、個人の自由が拡大したことは認められるにせよ、市民的自由が原理的に承認される可能性はまったくなかったといえよう。むしろ、大正デモクラシーの時代が過ぎて、昭和期に入るとともに、明治憲法にみられる近代立憲主義的側面を自由主義であるとして非難する傾向が強まった。自由主義は現状維持的で、行き詰まった現状を打開する能力に欠けるとされ、局面打開のためには全体主義的独裁が必要だと主張するものもあった。

一九四五年に日本が敗戦を迎えたとき、日本国民は自らの手で自由を獲得する絶好の機会に恵まれていたはずである。しかし、明治以来自由主義の伝統を確立しえなかった日本国民は、ここでも自力で市民的自由を確立することはできなかった。治安維持法と特高警察の廃止、天皇制批判の自由の承認といった自由主義の最も基本的な要求でさえ、一〇月四日の「市民的自由を弾圧する一切の法規の廃止」を求めた占領軍の指令によって初めて実現されたのである。占領軍の指令に先んじて、こうした改革を自発的に進めようとする姿勢はほとんどみられなかった。例えば指令が発表される前日、山崎巌内相はロイター通信の記者とのインタビューで、依然として「政府形体の変革、とくに天皇制廃止を主張するものはすべて共産主義者と考え、治安維持法によって逮捕される」(藤田省三『転向の思想史的研究』)と語っていた。

自由主義の立ち遅れは自ら自由主義者をもって任じていた人びとにもみられた。伝統的に自由主義的であったはずの朝日新聞でさえ、占領軍の指令が出された翌日の「天声人語」には次のように書かれている。「過激思想を取締るというのならわかるが、ときの勢力に対してすこしでも違った考え方は許さぬというゆき方は合点できぬ。それに、相当重大な国家的問題について、地位のある知識人を調べるのに、極めて低級な下僚があたるという仕組は諒解できない」。これに対して、藤田省三は「『過激』であろうと『穏健』であろうと思想それ自体を権力が取締ることを諒解するものがどうして自由主義者なのか」と問い、さらに「特高は『地位のある知識人』を『低級な下僚』の手で取調べたから悪いのではなくて、『知識』（と信仰）を『権力』が取調べたから悪いのだ」（藤田、前掲書）と指摘している。そして、大戦前の日本の自由主義は、「『過激』といわれる道を避けて『穏健』といわれる道を選ぶその配慮だけ」（藤田、前掲書）にあったとしているが、けだし適切な評言というべきであろう。

「私化」と自由

今日、日本社会にみられる特色の一つは「私化」の著しい進行である。「私化」とは、権力から遠ざかろうとするだけでなく、結社を形成して問題の自発的処理を図ることにも積極的でない人びとが増大することを意味している。要するに、政治的・社会的行動に消極的で、専ら私生活にひきこもろうとする人びとが増大することを意味するといってよい。明治以来、農村の共同体から切り離されて大都市に集まってくる人びとの中には、こうした「私化」という形で新たな生活に適応していく人びとが圧倒的に多かったのである。もちろん、戦前においては都市人口の比重が小さく、まだ大多数の人びとは農村に居住して共同体の内部にとどまっていた。したがって、「私化」もまだ限られた意味しか持たなかったといってよい。しかし、第二次大戦後とりわけ一九六〇年代の高度経済成長期には大都市人口が急速に増大したため、「私化」の傾向もきわめて顕著なものになった。それは都市部だけではなく、共同体の崩壊を経験しつつある農村部にも滲透した。こうして、私生活や私的利益など、かつての天皇制の下では正統性を持ちえなかった観念が、いまや十分な正統性を持つに至ったのである。

「私化」が進行し、私生活や私的利益が正統化されたことは、自由に関しても、私的自由が確立されたことを意味するであろうか。表面的にみれば、今日の日本においては、私的自由が圧倒的であるようにみえる。とくに、伝統的なタブーが消滅して、パーミッシブネスが支配的な現在の社会では、私的自由は何らの制約もなく、社会のあらゆる領域にまで及んでいるように思われるであろう。しかし、まさにそれが事実であるがゆえに、自由はきわめて不安定で不確実な状態にあると考えられるのである。

最初に指摘すべきは、「私化」の進行によって私的利益の表明が当然のことと考えられているように、私的自由もまた当然のことと考えられていることである。それはあるがままの「私」の自由であり、「私」が自明の存在であるように、私的自由もまた自明の存在である。ここでは、自由は事実であって、価値ではない。これは日本の場合、自由もまたデモクラシーと同様に外部から与えられたものであったというアイロニーに起因するものであろう。残念ながら、われわれは少数の例外者を別にすれば、自由のために闘った歴史を持ちあわせていないのである。

とくに、第二次世界大戦後に生まれた人びとにとっては、自由ははじめから自明なものであった。とくに、一九五〇年代後半に入るとともに、日本の歴史上初めて窮乏感に悩まされることのない時代が訪れたが、ここでは欠乏と恐怖からの自由が手に入るようになったために、自由を自明なものとみなす感覚がますます広がっていった。この時期以降に生まれ、育った世代にとっては、自由は価値として追求されるべきものであるよりは、むしろ現実に過剰に存在するものとして消費されるべきものである。そこには、自由に対する侮りともいうべき態度さえみられるといってよいであろう。いずれにしても、自由は自明な事実としてみられているに過ぎないのである。

私的自由と自律的個人

日本の私的自由に関してもう一つ指摘されるべきことは、それが異質な個人の存在を前提にしていないということである。もし自由が異質な個人相互間におかれているとすれば、自由と自由との間の衝突を避け、あるいは衝突がおこった場合に、そこに生ずる紛争を解決するための努力が必要になるであろう。そのときに、自由はもはや自明な事実ではない。そのとき、それは一つの課題として現われるであろうし、その課題には、自由と自由の衝突を避けるルールをいかにして設定するか、すなわち社会の秩序と個人の自由とをいかにして両立させるかといった問題が当然に含まれることになるであろう。また、自由と自由の衝突を調停しようとすれば、そこで自由の内部での価値序列を明らかにする必要も出てくる。例えば、企業の利潤追求の自由と公害からの自由とでは、どちらにどれだけの優位を与えるべきかといった問題が問われなければならなくなる。

ところが、現在の日本に支配的な態度は、自由を自明な事実とみなすことの帰結として、これらの問題と真剣に取り組まないことである。もちろん、現実には自由と自由の衝突は日々おこっているといってよい。しかし、それに対しては衝突を黙視して、結局強者の自由が弱者の自由を圧倒するのを黙認するか、あるいはその裏返しとして弱者の自由に無条件の支持を与えるかのいずれかであろう。ここで決定的に欠けているのは、客観的なルールの設定によって問題を解決しようとする態度である。

客観的なルールを設定することは、いいかえれば、社会秩序の保持に必要な制度を社会成員の主体的な行動によって定着させていくことにほかならない。これは第二次世界大戦前の日本にはまったく欠如していた。そこでは、社会秩序は地域的には「いえ」や「むら」の自然的延長に過ぎなかったし、地域をこえる国家のレベルでは官僚機構に過ぎなかった。個々人の自律的行動が社会秩序を作り出すという側面はまったく存在しなかったのである。

今日の「豊かな社会」の中であるがままの「私」に満足する若い世代にも、個人の自律性を基礎にした社会秩序への志向性が存在しているか否かは疑わしいというべきであろう。かくて、客観的規範を主体的に作り出すことができない点において、戦前と戦後は奇妙に連続するのである。

今日の日本の「自由」は、人間のたゆまざる努力によって実現されるべき価値であるよりは、たまたま人間が安住している事実的状態に過ぎない。もちろん、こうした即自的な「自由」からでも、権力の侵害に対する抵抗を試みることはできるが、その抵抗を持続させることはできないであろう。戦後、いくたびとなく繰り返されてきた権力に対する抵抗運動が、結局は短期間の昂揚につづく挫折によって終わらざるをえなかったのも、一つには私的自由が一個の価値であることの確信が欠如していたからだといってよい。

経済的自由主義の追求

自由主義には、権力に対して市民的自由の確立を求める政治的自由主義と並んで、民間の経済活動に対する自由放任を求める経済的自由主義がある。資本主義が順調な発展を遂げた先進諸国では、ブルジョワジーの要求にもとづいて、自由放任主義がとられるのが普通であった。そこでは、小さな政府あるいは安価な政府が望ましいとされ、政府の役割は対内的には法秩序の維持、対外的には安全保障で十分であるとされた。いわば、経済活動の「権力からの自由」が追求されたのである。

一方、日本では、資本主義的諸企業は、急速な近代化をめざす政府の手厚い保護の下に育成・発展したのであり、ブルジョワジーは出発点においてすでに既存の権力への強い依存性を持っていた。そのため、第二次世界大戦が終わるまで、日本では経済活動の自由放任が政治上の主要な潮流になることはついになかったのである。

第二次世界大戦後、敗戦による混乱がある程度収拾されて、財界が自信を回復するとともに、経済的自由主義が初めて意図的に追求されることになる。大嶽秀夫によれば、一九四八年一〇月に成立した第二次吉田内閣は、自由主義的政策を強力に推進した。この政権の成立はしばしば復古的反動、いわゆる逆コースの開始とみなされるが、正確には同政権は大戦前の旧体制への回復をめざしたのではなく、自由放任主義的路線を模索したのであった。一九四九年度から五二年度にかけて、均衡予算が堅持され、減税に伴う財政規模の縮小によって、GNPに占める政府支出の割合が着実に低下していったことは、それを如実に示すものといえよう。この自由放任主義的路線の下で、一方で労働者に対する完全雇用政策が否定され、他方で企業に対する保護政策も抑制されて、調整を要する多くのことが市場での自由競争にゆだねられることになったのである。

ただ、こうした自由放任主義は、保守勢力の中でもつねに強い支持を受けてきたわけではない。むしろ岸内閣から池田内閣に至る保守政権は、完全雇用と社会保障の拡充を求める平等主義的な政策を追求する基礎条件を創った。一九六一年の国民皆医療保険、国民皆年金のスタートは、それを象徴する。また、政治的集票機能の手段としての要素を否定できないが、保守政権による後進地域に対する重点的公共投資は、平等主義的側面を多分に持っていたといってよい。

ところが、平等主義的政策が政府の巨大化を招き、財政赤字の累積をみるに及んで、財界を中心に「小さな政府」論が強まり、税負担に不満を持つ国民の間にもそれに同調するものが現われた。鈴木内閣から中曽根内閣に至る保守政権は、こうした「小さな政府」論に対応する形で行財政改革を推進し、国鉄や電電公社、専売公社など公営企業の民営化や、土地利用規制をはじめとする政府規制の緩和による「民間活力」の導入などを図ってきた。これら一連の政策は明らかに経済的自由主義の拡大をめざすものであったといってよい。これを一つの時代的画期として日本の政治には、経済的自由主義路線が無視しえない政治的潮流となっていった。

自由放任型の自由主義は、一九八〇年代にその影響力をスタグフレーションに苦悩する経済先進国に拡大した。アメリカではレーガン政権の下で、またイギリスではサッチャー政権の下で、「小さな政府」を目標とした規制緩和や民営化が進められたが、このいわゆる新保守主義の核心は、選択の自由を重視する自由放任主義であった。中

✣コラム　足の移動は人間としての基本的権利

市場での競争こそが社会を発展させる．近代市民革命を担ったブルジョワジーは，そのような信念のもとに市場での活動への政府介入を極力排除した．こうした経済自由主義の考えは営々として生き続け，経済成長を至上の価値と考える政治勢力によって支えられている．しかし，少し歴史を振り返ってみれば，市場競争が生み出すさまざまな歪みが自ずと解決されないからこそ，政治は市場競争に規制を加えるとともに，社会的規制を強化してきたのだ．経済の再生にとって政府規制が足枷となっているとの主張は，「反知性主義」といってもよいだろう．とはいえ，現実には次々と政府規制は撤廃されたり緩和されたりしている．さまざまな事例をあげることができるが，わたしたちの生活にとって深刻なのは公共交通とりわけバスであろう．小泉政権下の 2004 年，道路運送法が見直され，バス会社は路線免許の返上が可能となった．経営の採算性を考えればバス会社が免許を返上するのもわからないわけではない．だが，この結果，とりわけ地方都市や中山間部では公共交通による足の自由は失われつつある．高齢者の移動の権利が制約されるだけでない．通学の便も著しく制約されているところが少なくない．だから学校の統廃合だ，というのは本末転倒だろう．民間バス会社にのみ任せれば，こういう事態が生じて当然だ．人の移動の権利を守ることを基本においた政府の交通政策が必要なのだ．がんじがらめの政府規制を維持せよといっているのではない．経済成長に政府規制は邪魔といった単純な思考に陥るのではなく，政府規制の緩和や撤廃が何をもたらすのか，人びとの生活の権利を守るために何が必要なのかを熟考することが問われている．

組閣を終えた第２次吉田内閣（1948 年 10 月 19 日）　© 朝日新聞社／時事通信フォト

曽根政権による右のような行財政改革は、レーガン政権やサッチャー政権の「日本版」といってもよいのである。

加えて、一九八九年に東欧諸国で燎原の火のごとく燃え広がった自由化への変革は、ただちに自由放任主義を求めるものではなかったにせよ、選択の自由への渇望がその中心にあったことは否定できない。いずれにしても、世界各国で経済的自由主義、とくに自由放任主義が、社会主義や平等主義の挑戦により失っていた影響力を回復し、多くの先進諸国においてイデオロギー的にふたたび優位に立つことになった。「反福祉国家」「福祉国家の終焉」が声高に叫ばれたのは、それを象徴していよう。

日本においても九〇年代から保守政権は、ソ連の崩壊や東欧での社会主義の挫折を背景として、経済的自由主義イデオロギーの優位性を強調するようになる。同時に政権は「バブル経済」の破綻によって低迷する経済の回復を図るとして、経済的自由主義を基調とする政策を展開していく。二〇〇一年に成立した小泉純一郎政権は、まさに経済的自由主義さらには市場原理主義ともいってよい政策を推進した。金融と証券の垣根の撤廃、公共交通に対する政府規制の大幅な緩和、労働者派遣法の度重なる「改正」による派遣労働の拡大、医療保険制度の患者負担の増大など、枚挙に暇がない。

二〇〇九年から二〇一二年に政権の座についた民主党は、全体的傾向として経済的自由主義に一定の秩序を設けようとしたといってよい。とはいえ、民主党内にも経済的自由主義の信奉者は多い。政権としての政策にはみるべきものがなかった実態だった。

替わって登場した第二次安倍政権は、政府規制を「岩盤規制」とみなし、その解体による経済的自由主義を徹底して追求しているようにみえる。経済活動に対する規制の徹底した緩和、労働法制の弾力化の名による規制緩和、医療における混合診療（保険対象外領域の拡大）、教育における市場化の追求などをはじめとして、個人の責任による「選択の自由」を強調している。もはや日本の政治からは、平等主義は影を潜めたといってよい。

しかし、経済的自由主義の徹底した追求は、人びとの雇用を不安定なものとし所得階層間格差をいやが上でも拡大していく。そして「社会的排除」という病理を深刻化させる。つまり、人びとは失業や低賃金状態から脱するために新しいスキルを身に着けようとしても、それを可能とする資産を持ち合わせないから、一段と社会の下層に落ち込んでいかざるをえない。これは人間の価値自体の否定につながる。

現代日本は、改めて政治の追求すべき価値とは何かを考えてみるべき時代をむかえていよう。

16　保守主義の政治

戦後政治における保守と革新

一九五五年以来、日本の政権を主として担当してきたのは、保守政党として位置づけられている自由民主党である。もちろん、この間には、一九九三年七月から九四年六月にかけての野党時代、二〇〇九年八月から二〇一二年一二月の野党時代がふくまれている。また、九〇年代以降の自民党政権は、衆議院に単独過半数を得ながらも少数政党との連立政権の形をとってきた。しかし、このように長期にわたって保守政党が政権の座の中心に位置していることは、日本の政治において保守主義がきわめて重要な地位を占めていることを示すものであろう。

では、保守主義とは何か。簡単にいえば、保守主義とは何らかの価値、あるいはその価値が体現されている制度を守ろうとする思想あるいは運動である。こうした思想あるいは運動が意味を持ちうるためには、守られるべき価値や制度が失われようとしている、あるいは激しい攻撃にさらされているといった条件が必要であろう。価値や制度の維持を困難にする重大な挑戦があって初めて、自覚化された保守主義が成立しうるのである。

日本の場合、こうした条件は見出されるであろうか。確かに、第二次世界大戦後の「民主化」政策は、日本の伝統的制度に対する重大な挑戦であったし、高度経済成長以後の社会的変化は、日本の伝統的価値に大きな影響を与えたといえよう。その意味で、日本にも自覚化された保守主義が成立する条件がないとはいえないし、実際、政治家の中には、伝統的価値や制度への還帰を強調する人びとも、決して少なくない。しかし、日本の有権者の中で保守政党を支持する人びとが、すべてこうした保守主義を積極的に支持しているとはいえないであろう。むしろ、漠然とした現状維持を望む感覚が、保守政党を軸とする長期政権を可能にしてきたとも考えられる。それゆえ、日本の保守主義を考える場合には、こうした保守的感覚も含めて検討しなければならない。

保守に対抗する勢力は、長らく「革新」とよばれた。いまや、「革新」は死語にも近い様相があるが、もともと革新は保守よりもはるかにあいまいな概念である。革新の起源は、昭和一〇年代の革新官僚に始まるといわれるが、革新官僚とは、戦前の左翼や右翼に対抗して、軍部と結託しつつ広義国防国家の建設をめざそうとした官僚の一勢力であった。「その基本的な思想は、官僚が主導して社会の組織を、国民的生産力により合理的にあらためる」ことであり、「そこには、近代主義、合理主義、民族主義、生産力信仰、計画主義、反財閥、反封建身分という意味での民主主義などのもろもろがすべて混合してないまぜになって」(高畠通敏編『討論・戦後日本の政治思想』)いたのである。それゆえに、彼ら——岸信介、椎名悦三郎、迫水久常、和田博雄、勝間田晴一ら——は、戦後政界において保守・革新の双方の政党においてリーダーの地位を占めていったのである。

第二次世界大戦後に、「革新」が保守の対抗概念となるに至った経緯は必ずしも明らかではないが、その背景には、「革新」が「左翼」、「革命」、「社会主義」といったシンボルよりもあいまいなだけ、多くの人びとに抵抗なく受け入れられたという事情があったといってよい。この「革新」のシンボルを支えた人びとの意識には、高畠通敏が説くように「近代化—都会化—生活の上昇という明治以来の〈近代化〉期待意識と、戦争と敗戦の惨禍の複合からくる〈平和〉期待意識の重合した〈平和=近代化〉複合とでもいうべき意識」(高畠通敏「大衆運動の多様化と変質」日本政治学会編『年報政治学 1977 五五年体制の形成と崩壊』)があったと考えられる。ここに、最初は社会(現・社民党）・共産両党の呼称であった革新が、のちには民社党や公明党などの「中道」を掲げる政党も含めた広範な政治勢力を指すようになった理由があるといってよいであろう。

日本人の保守性

日本の政治が総体的にみて保守的であることは、一九四八年以来七〇年近くにわたって、保守政党が政権を掌握してきたことからみても明白である。では、なぜ、日本では保守的傾向が強いのであろうか。

日本人の保守性が何に根ざしているかについては、多様な議論がありえよう。ただ一つ明らかなことは、日本においては歴史上の変化がつねに穏和な形で進行し、歴史は著しい連続性を持ってきたということである。明治期における日本の近代化も、周知のごとく、封建的なものあるいは前近代的なものを一掃することなく、むしろそれを積極的に温存しながら進められてきたのであって、制度上の巨大な変化にもかかわらず、人びとの意識や行動には革命的とよびうるほどの劇的な変化はみられなかったのである。明治憲法も、一方で近代的立憲君主制を制度化しながら、他方で復古的絶対君主制を掲げることで、変化の断絶面よりは連続面を強調していたといえよう。

第二次世界大戦後の巨大な変化もまた国内的葛藤の結果としてではなく、国外的圧力の所産であったという点において、人びとの意識や行動を劇的に変化させるものではなかった。むしろ意識や行動に生じた変化という点では、いわゆる戦後改革よりも、経済復興とそれにつづく「豊かな社会」の到来の方が、大きな意味を持っていたとも考えられる。いずれにしても、意識や行動における変化は短い期間に集中しておこったものではなく、長い期間にわたって緩慢な形でおこったのである。このようにみてくるなら、日本の保守的傾向は歴史にみられる連続性に由来するところ大であるといってよいであろう。

しかし、一九七〇年代後半以降の保守化には、さらに新しい要素が加わっているように思われる。一般的にいって産業化が高度に進んだ社会では、政治問題や社会問題も発達したテクノロジーの適用によって解決できるとする考え方が支配的になる。こうした考え方が支配的になると、政治的・社会的問題を解決するための処方箋としてのイデオロギーに対する期待は急速に低下する。これが「イデオロギーの終焉」とよばれている傾向にほかならない。革新政党に対する支持は、多くの場合、イデオロギーに対する漠然たる期待にもとづいていたから、「イデオロギーの終焉」は反射的に現状維持的保守的傾向を強めることになる。

日本にみられる保守化にも、こうした「イデオロギーの終焉」に根ざす部分が少なくないであろう。日本が「追い付き型近代化」を完全に達成した一九七七年に行われた調査は、すでにそれを物語っている。資本主義・自由主義、あるいは社会主義・共産主義を「大いによい」とイデオロギーとして支持する人びとは、日本人全体の一割内外（一一％）に過ぎず、「政治的主義にとらわれない」人びとは、全体の四二％に達していた（『朝日新聞』一九七八年一二月一六日夕刊）。

今日の日本でも保守政党を支持している有権者は、保守主義的イデオロギーにもとづく体制変革のために保守政党を支持しているのではなく、現状維持的保守感覚にもとづいて支持していることが、多いといえよう。

このように、日本の平均的保守派は何らかの保守すべき哲学を持っているから保守的であるのではなく、現状を維持することが望ましいから保守的なのである。したがって、現状を大幅に変えるものでない限り、変化を受け入れることを頑固に拒否することはない。むしろ、変化が多少なりとも現状を改善するものであれば、積極的に受け入れることも少なくないであろう。実際、日本は政治的には保守的であるが、経済上、社会上の諸制度においては、多くの改革を達成してきた。日本の保守は必ずしも変化を拒否して停滞をもたらすものではなく、「体制内の変革」

といってもよい「先進性」を発揮してきた側面もみておかねばならないだろう。

一九五五年体制と保守・革新

一九五五年一一月、保守政党の大合同によって自由民主党が誕生した。またそれに先立つ一〇月には、サンフランシスコ平和条約の締結をめぐって分裂していた左派社会党と右派社会党の統合が行われた。一般にこれは五五年体制の形成といわれる。二大政党体制の成立ともいわれたが、実際の議席からいえば、一と二分の一政党体制であった。

日本社会党は党綱領に謳われたように、イデオロギー的には社会主義の実現をめざす政党であった。もちろん、かれらの描く社会主義像は、当時のソ連・東欧型の社会主義でなかったが、明確なビジョンの提示は終始なかった。同党は一九六七年の選挙まで一四〇議席以上を確保してきたが、しかし同党を支持した有権者が、すべてイデオロギー的に同党を支持したとはいえないであろう。多くの支持者は、むしろ日本社会に残存している古い制度や慣習をなくして、社会を合理化し近代化することを期待して、社会党に投票してきたと考えられるのである。また保守勢力は、対外政策については、アメリカの世界秩序構想を受け入れ、アメリカの政策に追随する形をとってきたが、これに対して革新勢力は、対米追随を改めて自主外交をとることを主張し、米ソ両陣営が対立する中で中立外交をとることを唱導した。こうした平和外交路線に共鳴する者も、社会党支持者の中で大きな比重を占めていたといってよい。

ところで、高度経済成長は、マクロ的には富の増殖に成功したが、階層間格差や環境・公害問題を深刻化させ有権者の関心は拡散した。だが、大企業労働組合を主たる集票基盤とする社会党は柔軟な対応をとりえなかった。こうして野党の多党化が生じる。まず、一九六〇年には民主社会党（後に民社党と改名）が、社会党から離脱した四〇人の議員を中心に結成され、次いで一九六七年には、創価学会を母胎とする公明党が、初めて衆議院に二五人の議員を送ることに成功した。さらに、占領軍による弾圧と戦術の失敗によって大幅な後退を余儀なくされていた共産党も、一九七二年の選挙では、三八人の議員を当選させるまでに党勢を伸ばすことになった。

もちろん、自民党の一党優位体制は揺るがなかったが、野党の多党化は、自民党に一定の政策革新を促した。「都市政策大綱」をまとめ、都市政策なる言葉を政治の世界に登場させたのも自民党だった。また、環境庁の設立、公害基本法の改正、老人医療費の無料化など経済開発（近代化）一辺倒からの脱却に舵を切ることになった。

こうした保守政治の変化を促したのは、実は地域からの自治体革新運動だった。一九六〇年代後半から七〇年代前半にかけて、新しい自治体革新の波がおこり、東京・大阪の両知事を始め、多くの自治体首長が「革新」を標榜する政党の推薦・支持を受けていた故に、彼らは「革新」首長ともいわれた。しかし、「革新」首長候補への投票は、イデオロギーとしての社会主義への期待によるものではなかった。むしろ、それは経済の高度成長と急激な都市化の進行の下で、著しく劣悪な環境で生活せざるをえなかった大都市住民の不満の表明であったといえよう。したがってその中心的スローガンは、「住民福祉」であり、「生活環境擁護」だったのである。政権党であった自民党は、そのすべてではないが、こうした地方からの「反乱」に政策的対応を展開していったのである。

このようにみてくると、日本の革新勢力への期待は、イデオロギーにもとづいた体制変革であるよりは、むしろ非イデオロギー的な現状改善である場合が多かったといえよう。そうであればなおのこと、自民党は政権を握るがゆえに、法的にも財政的にも現状改善に向けて動くことが可能となる。

戦後政治における「保守対革新」の構図のなかで、革新勢力が果たした最大の役割は、日本国憲法の擁護に成功してきた点に求められよう。それは今日なお一定の支持を得ている。戦後改革の成果を保守せよとの主張は、それ自体としていえば保守的だが、日本経済の高度成長を可能にした条件の一つでもあった。それによって初めて労働者や農民を含めた巨大な国内市場が形成され、日本資本主義が自立する条件が整えられたのである。

自民党は結党以来、現行日本国憲法の「改正」「自主憲法の制定」を綱領に掲げてきた。鳩山、岸両内閣は憲法の改正に積極的であった。しかし、岸政権が戦前政治家の権力感覚によって日米安全保障条約の改定を強行し、広範な大衆運動に直面して池田政権と交替せざるをえなくなったとき、自民党の路線転換が行われたのである。池田政権は、国論を二分する恐れのある改憲論には大きな関心を示さず、経済の成長を図ることに力点を置いた。いわゆる所得倍増は、池田首相が最も強く主張した政策目標であった。こうした路線は、池田政権の後を継いだ自民党政権によっても継承されていく。憲法改正に代表されるようなイデオロギー的争点は、事実上棚上げされていくのである。

したがって、日本国憲法の擁護は「革新政党」の強調する政治主張であり成果であるといってよいが、そこには自民党と社会党など「革新」政党との隠れた協調があったといってよい。それゆえに、今日なお、「憲法を守れ」は一定の支持を得て、日本政治の底流を形成しているのである。

対抗軸なき政治と保守性の強まり

一九八九年から九一年にかけての東欧社会主義国家の崩壊、つづくソ連邦の崩壊は、社会主義の魅力をはなはだしく損なうものであった。世界各国とりわけ西欧の社会主義政党は、自らの存在証明を見出し難い状況に陥った。日本の「革新」政党、なかでも社会党は、かならずしも社会主義のイデオロギーによって有権者の支持を集めてきたわけではないが、それでも「社会主義」なる言葉のイメージによって支持を動員することが、きわめて難しくなっていった。

この東欧・ソ連邦における社会主義の崩壊の過程の一方で、日本国内においては自民党一党優位体制が大きく揺らぎ出した。リクルート事件、佐川急便事件、金丸信・自民党副総裁の巨額脱税事件などの一大政治スキャンダルが次々と明るみに出た。基本的には自民党長期政権が政治腐敗の温床となっていたことを物語る。こうして「政治改革」が日本政治の重要アジェンダとされる。その渦中で実施された一九九三年の衆院総選挙では、自民党は第一党の座を確保したものの単独過半数に至らなかった。その結果、自民党は政権から下野し、細川護熙を首班とする七党一会派からなる連立政権が成立することになる。

この連立政権に加わったのは、社会党、公明党、民社党の旧来の「革新」・中道政党に加えて、自民党から分離した新生党、新党さきがけ、さらに細川を代表として前年の九二年参議院選挙に彗星のごとく登場した日本新党だった。細川連立政権は一年もたずに崩壊し、替わって社会党・自民党・新党さきがけの連立政権が成立する。社会党は連立与党のなかで第二党だったが、政権の首班に就いたのは社会党委員長の村山富市だった。

社会党は自民党一党優位時代に「憲法を守れ」「自衛隊は憲法違反」と一貫して主張してきたが、首相は自衛隊の最高指揮官である。村山はこの矛盾を解消するために、党是ともなっていた自衛隊違憲を否定し、自衛隊を「合憲」と表明するに至る。また党名も社会民主党と改称する。

この三党連立政権後、連立の組み合わせのみならず政党の編成は流転する。そして政党編成が一応の安定をみるのは、九六年の小選挙区・比例代表並立型選挙制度のもとでの総選挙後である。自民党を機軸とした政党編成のもとで連立政権がつづいたが、そのもとの九八年四月に結成された民主党は、自民党に対抗しうる議席を衆参両院にもつことになる。民主党の母体となったのは、九六年九月に新党さきがけを離党した鳩山由紀夫や菅直人そして社民党の右派系議員による旧民主党だが、九八年の民主党結党には民社党や小沢一郎らと新生党・新進党を結成した元自民党系の議員も加わり、さらにその後、小沢一郎が率いていた自由党も加わった（二〇〇三年九月）。

結局、このようにみると、時々の政策的争点での対立はあったものの、自民党と民主党との間に明確な対抗軸は形成されない状況が深まったといってよい。民主党は二〇〇九年から一二年に政権の座についたが、「社会保障と税の一体改革」の名のもとに自民・公明党との三党合意の成立による消費税率の引き上げが象徴するように、政党間の政策論争はきわめて低調であった。それはとりもなおさず、日本政治全体の保守性の強まり、つまり現状維持指向の強まりという以外にないのである。

保守主義の政治と新自由主義の政治

ところが、二〇一二年一二月に政権の座に返り咲いた第二次安倍内閣の下の政治は、従来の自民党政治とはかなり性格を異にしているようにみえる。自民党一党優位時代の保守政治は、その評価はともかく、公共事業の「後進地域」での展開による財の再配分や、野党や自治体レベルでの政策提起や政策実験に相対的であれ応えるものだった。また、安全保障面においては軍事力の行使に抑制的であった。

ところが、第二次安倍政権は1章において述べたように、軍事力の強化によって国際社会での発言力を高めようとしている。また、日本国憲法の「改正」を指向している。それは自民党の日本国憲法草案にみるような自衛隊の「国軍」化であり、国民に権利よりは義務の尊重を強調するものである。こうしてとりわけ近年、「穏健な保守主義」あるいは「リベラルな保守主義」は影を潜めてしまっている。代わって、政権党である自民党を支配している

✣コラム　自民党は保守政党なのだろうか

「自由」と「民主」という近代政治思想のキーワードをならべた自由民主党が結党されたのは，1955 年 11 月 15 日である．JR 御茶ノ水駅から数分の駿河台にあった中央大学講堂が，結党大会の会場だった．保守大合同という言葉が物語るように，保守といっても戦前期回帰を指向するグループからリベラルな勢力まで「雑多」な集まりだった．鳩山一郎や岸信介の右派グループの主張を入れて党綱領には自主憲法の制定が掲げられた．だが，それは結党のための「接着剤」のようなものであり，真剣に追求されることはなかった．自民党を機軸とする保守政治は，アメリカの核の傘のもとで経済社会の近代化を進め，社会のひずみの漸進的改革を図ろうとするものであったといえよう．だからこそ，自民党には実に多様な，しかも利害の相対立する集団が流入した．ところが，とりわけ 2012 年末からの第 2 次安倍政権下の自民党は，旧来型の保守政党から乖離していよう．「戦後レジームからの脱却」を標榜しつつ特定秘密保護法，国家主義的な教育政策，憲法解釈の変更による集団的自衛権の行使などが次々と打ちだされている．しかも，自民党議員のなかからはマスコミの統制といった「自由」にも「民主」にも反する意見が臆面もなく述べられる．言論界の一部からはもはや保守政党ではなく，右からの革命を指向する「右翼政党」との声も聞こえてくる．政権政党であるだけに，自民党のトップリーダーのみならず議員の言動に，注目していきたいものである．

のは、国家主義であるといえよう。教育においても「愛国心」の涵養や「道徳教育」の教科化がすすめられている。いわば、国家主導の下で国民の内面を支配しようとするものである。こうした傾向が従来から保守政治家の一部にみられたのは事実だが、政権が全面的にそれを打ち出すことはなかった。この意味で、保守政治は新たな局面に入ったといってよい。

その一方で、この政権は小泉政権による新自由主義的改革以上に市場原理主義の指向性を強めている。「岩盤規制」の改革の名の下で、産業界に対する経済的規制のみならず、教育や医療・福祉などの市場化や労働法制の規制緩和を推進しようとしている。

もちろん、こうした政治が可能である背景には、「一強多弱」といわれる政党編成に加えて、現行の選挙制度のもとで政党中央の権力が、議員の公認権、政治資金の配分などにおいて強化されていることがあげられる。それが首相＝党総裁を頂点とする首相官邸への権力集中をもたらしているといえよう。

加えていえば、九〇年代以降の日本経済の長期的低迷が、非正規労働者やニートという言葉が象徴するように、階層間格差を拡大し、とりわけ若者を中心として現状維持指向をもちえない人びとを大量に生み出したことも関係しよう。彼らは「強い政治」を歓迎し、そのような政治を支持することによって存在証明を得ようともしている。また、「岩盤規制」の徹底した改革のかなたに、職の安定をみようとしているともいえよう。逆にいえば、政権が国家主義的行動を強めるのは、市場原理主義から排除された人びとを吸収し、社会的秩序を維持するためでもある。

こうした保守主義というよりは国家主義への傾斜は、果たしてアジア近隣諸国との間に安定的な関係を築けるのだろうか。また、「岩盤規制」の改革による市場原理主義は、機会の均等を広げ安定した市民生活に寄与するものだろうか。新たな保守主義の政治には、学問的に熟慮を必要とするあまりにも多くの論点が横たわっている。

17　平等化と平等主義

平等主義社会

今日の先進諸国において、政治が直面している共通課題の一つに、平等化と平等主義の問題があることは広く認められているところであろう。日本の社会もまたその例外ではない。平等化（平準化とよばれることもある）とは、社会の現実に具体化されている平等の程度を示す概念である。平等が普遍的価値を示す概念だとすれば、平等化は事実に関わる概念だといってよい。平等化の進んだ社会では、社会的価値（所得、学歴、尊敬など）の配分における格差は縮小されるであろうが、しかし完全に平等化されることはありえない。人間の性格や能力などの生得的差異は別にしても、多くの偶発的な要素によって、各個人の獲得する社会的価値には、さまざまな差異が生ずるからである。したがって、平等化はつねに程度の問題であって、いかに平等化が進んだ社会にも、なお平等化の余地があるというべきであろう。

平等化が事実に関わる概念であるのに対して、平等主義はより平等な状態を求めようとする人びとの、あるいは何らかの意味での平等を第一義的に求めようとする人びとの態度に関わる概念である。平等主義と平等化は信条と事実という異なった次元に属するが、しかし両者の間には密接な関連も存在する。まず、平等主義が強い社会では、平等化も著しく促進されるであろう。同時に、平等化がある段階まで進行することが、平等主義の成立する条件でもある。極端な不平等が存在している社会では、むしろ平等主義は成立しにくい。平等化がある程度まで進んで、著しい格差が解消し始めたとき、より平等な状態を求める強い要求が現われるのが普通である。

ただ、平等化がさらに進んだとき、平等主義がいっそう強まるか否かは必ずしも明らかではない。そもそも、富の配分や社会的流動性など平等主義者が大きな関心を寄せる対象に関して、何が平等とよびうる状態であるかを一義的に決定することは不可能である。恐らく、それはプラトン的哲人王の形而上学的認識による以外には不可能であろう。しかし、それが不可能であることは、平等主義的社会を絶えず不安定な状態におくことになる。その結果として、平等主義がさらにより平等な状態を求めることもあろうし、逆にその反動として、安定した状態を求める要求を生み出すことも考えられる。

このように、平等化と平等主義は異なった概念ではあるが、また相互に密接に関連しあった概念でもある。そこで、平等化も著しく平等主義も支配的であるような社会を平等主義社会とよぶことにしたい。平等主義社会は、今日先進諸国に共通する現象であり、政治における最も重要な課題の一つは、平等主義社会にいかに対応するかにある。

日本における平等化

日本における平等化の起点は明治維新である。一般に、絶対王政は中世の中間的身分特権をすべて剝奪し、君主の絶対権力を突出させた。いいかえれば、あらゆる人びとを平等に君主の臣民とし、ただ君主の権力だけを一段と高い位置に置いた。こうして絶対王政の下では、中世的階層制は破壊され、君主以外はすべて臣民として平等な位置に置かれたのである。市民革命は、君主主権を国民主権に置き換え、臣民としての平等を国民としての平等に置き換えることで、平等化をより徹底させたに過ぎない。

明治国家の形成も同一の論理に従うものであった。一方で、絶対的な天皇制が確立され、君主の神格化が図られるとともに、他方で、四民平等が強調されて、平等化が開始された。とくに、家族国家観の下では、すべての国民は「天皇の赤子」として平等であるとみなされていた。これは絶対王政における臣民の平等に対応するものといってよい。しかし、明治国家においては、地位の上下秩序が重んじられ、とくに官僚制や軍隊の内部では、上位者に対する服従と忠誠が強調された。しかも、軍国主義化とともに、軍隊的美徳が社会のあらゆる領域に浸透したため、平等化はむしろ著しく制約されることになった。

第二次世界大戦後は、平等化が社会の多くの領域で促進され、また大戦前には厳しく抑制されていた平等主義的運動も社会の表面に現われてきた。平等化でとくに顕著なのは、所得の平等化と学歴の平等化であろう。第二次世界大戦前の日本社会には、著しい経済的不平等が存在していたが、日本の敗戦と戦後の「民主化」政策によって、こうした不平等を生み出す社会構造は大幅に改められた。さらに、一九六〇年代以降の経済成長は、所得格差をいっそう減少させた。

学歴の上昇もめざましく、高等学校への進学率は一九五〇年の四二・五%から二〇一二年には九六・五%まで増加している（「学校基本調査」）。また、大学・短大への進学率も一九五六年の九・八%から二〇一二年には五六・五%へ増加している（文部科学省『教育指標の国際比較　二〇一三年版』）。学歴の上昇とともに、学歴別の賃金格差も漸次減少する傾向にあり、教育水準の上昇が社会全体の平等化を促進する効果を持っていることは明らかであろう。

平等主義的運動も活発であり、労働運動、敗戦直後の時期の農民運動、部落解放運動、婦人解放運動などが、その具体的形態としてあげられる。また、野党はいずれもより平等主義的であり、政府と与党を平等主義的立場から批判することも少なくなかった。与党の支持者の間でも、格差の是正を求める声は強いので、政府の政策も平等主義的志向を示すことが多くなる。社会保障政策もこうした文脈の中でかなりの程度まで拡充されてきた。平等化にもかかわらず、資産面での不平等は依然として著しいといわれるが、社会保険制度の拡充が、資産の乏しい人にも、一定の資産を持つのと同様の効果をもたらしたことを無視すべきではなかろう。

こうして、今日の日本では圧倒的に多数の人びとが自らを中流階級に属しているとみなす現象が生じている。その比率は一九五九年の七三％から一九七九年には九一％まで上昇し、その後やや低下したにせよ、九〇年代に入っても依然として九〇％に近い高率を示した。二〇一三年六月に内閣府が実施した「国民生活に関する世論調査」でも、自らの生活程度を「中」とする人びとが九〇％を超えている。これに対しては、中流意識は幻想に過ぎないとする見方もあるが、幻想であるにせよないにせよ、それが多くの国民の行動様式に影響を与えてきたことは否定できない。もっとも、二〇〇〇年代に入って一段と顕著となった新自由主義経済政策の結果、平等化とは逆の階層化が進行しているとする見方もある。しかし、平等化は本来長期的な傾向であり、短期的な停滞も必ずしもその消滅を意味するとはいえないのである。さらに重要なのは、平等化は経済的な平準化にとどまらず、文化や価値の面での同質化あるいは画一化をも伴うが、最近の階層化とよばれる現象が、文化や価値の面での階級分化まで含むとは考えられていないことであろう。いずれにしても、平等主義が現代政治を動かす重要な要因の一つであることに変わりはないのである。

平等主義社会の政治

平等主義社会の政治にみられる特徴の主なものとしては、次の諸点があげられるであろう。まず第一に、平等化の進行は必然的に権威の低下をもたらす。権威は、権力とは異なり、被服従者の無条件の是認の上に成り立つ。それは権威を有するものと権威に従うものとの間の不平等な関係を前提とする。平等化は、社会的秩序を動揺させることによって、権威の社会的基盤を突き崩すのである。現実の政府は権力と並んで権威にも依拠しながら統治を進めているので、権威の低下は政府の統治能力を著しく減退させるといってよい。

第二に、権威の低下は、単なる人間や官職だけにみられるのではなく、既存の制度一般や道徳的規範にも波及する。制度や規範もそれが有効に機能しうるためには、やはり権威を必要とする。しかし、平等化の進行は人間や官職の権威を下落させた後、その背後にあって現在の社会体制を支えている制度や規範の権威をも低下させる。その結果生ずるのは、「パーミッシブネス」の増大であり、制度や規範の融解にほかならない。その具体的な現われが、犯罪の増加、家族の解体、教育の混乱といった現象であることは明らかであろう。

第三に、平等主義社会では、リーダーと大衆との分化を大衆に承認させることにつねに大きな困難が伴う。したがって、リーダーが有効なリーダーシップを発揮することは必ずしも容易ではない。強力なリーダーシップを発揮しようとするリーダーは、多くの場合、大衆からは猜疑の眼でみられるし、反対勢力は大衆の猜疑心を利用して、こうしたリーダーを非難するのが普通だからである。そのため平等主義社会では、リーダーは絶えず大衆との一体性あるいは共通性を強調しながらその役割を果たしていく必要がある。そこでは、リーダーは絶えず大衆との同質性を証明しなければならないので、強力なリーダーシップを発揮し難いだけではなく、大衆の持つ偏見や因習から自由であることも難しくなる。

第四に、平等主義社会では、より平等な状態を求める熱意が多くの人びとを捉えやすい。その場合には、平等主義者が政府の力を借りてより平等な社会を実現しようとして、政府に圧力を加えることが多い。また、平等化に伴って、人びとの教育水準も著しく上昇するのが普通であり、それがまた政治参加を拡大させる。こうして、平等主義社会においては、政府への要求とその圧力とは上昇の一途をたどることになる。しかし、予算や人員など政府が用いうる資源に一定の限界がある以上、政府に対する要求のすべてが実現されることはありえない。それゆえ、政府に対する要求が一定の限度を超えれば、国民の有効性感覚は急激に低下することを免れないであろう。

このように、政府への要求や圧力は増大の一途をたどっているにもかかわらず、政府の権威、さらには制度や規範の権威が低下し、またリーダーシップも弱体化を免れないとすれば、そこにガバナビリティ（統治可能性）の低下が生ずることは明白であろう。今日の日本においては、まだガバナビリティの全面的低下をみるには至っていない。しかし、その兆候はすでに現われている。

もともと、日本の政治は、すでに指摘したように、格差是正のために利益を配分することをその主要な機能としてきた。いわば、平等化は日本の政治の主要な関心事である。ところで、利益配分の手段の一つは補助金である。補助金が政府支出に占める比重は、日本の場合、世界の他の国々に比して著しく高い。行政改革によって政府の減量を図ろうとするなら、補助金の整理は真っ先に試みられるべきことの一つであろうが、実際にはほとんど手をつけられていない。その背景には、補助金が与党の勢力維持の手段であり、有権者の少なからぬ部分がその受益者になっているという事情がある。そのため、政府も有権者も補助金の大幅な整理に踏み切ることができない。しかも、今や政治家の職能の中で、こうした補助金を含む利益の還元は最も重要な位置を占めており、選挙民への利益の供与さえ十分であるなら、政治倫理など無視してもかまわないという風潮を生み出すまでに至っている。こうした傾向の中に、日本の政治におけるガバナビリティの低下を見出すことは、必ずしも誇張とはいえないであろう。

平等主義社会と差別

平等主義社会は、平等という普遍的理念の実現に貢献しているという意味では、多くの評価すべき側面を備えているが、同時に若干の病理的な側面を有することも否定できない。その一つは、平等主義社会における差別である。いうまでもなく、平等化が進行しても、不平等が存在しなくなるわけではない。人間生活にとって自明な事実はむしろ不平等である。現実の人間はさまざまな能力に関して、お互いにまったく不平等である。現実には不平等であるからこそ、理念として平等を要請する必要があったということもできよう。

平等主義はこうした不平等をもできるだけ解消することを求めるが、極端な平等主義者でない限り、現実にはある程度の不平等があることは容認するのが普通である。多くの場合、法的権利での平等が確立されている限り、社会的、経済的不平等はある程度まで容認せざるをえないとされている。しかし、こうした不平等が単に特定の領域に限られず、ある集団に属する人びとの生活のさまざまな領域に累積的に現われてくる場合には、平等の理念に照らしても容認することができなくなる。これが差別にほかならない。

差別とは、特定の集団に対して、彼らの持つ何らかの特徴のゆえに彼らを異質なものとして扱い、彼らが望んでいる平等な待遇を拒否するような行動をとることである。アメリカの黒人や先住民（インディアン）、日本の被差別部落、在日韓国・朝鮮人、アイヌ系国民などは、こうした差別を受けてきた典型的な集団といえよう。日本も含めて、多くの先進諸国では、一方で平等化が著しく進行しているにもかかわらず、他方で差別も依然として明瞭に存在しているのである。

では、なぜ平等と差別が同一の社会に共存しているのであろうか。一つには、ある集団を差別して経済的・社会的劣位におくことが、他の集団の経済的・社会的利益に貢献するからであろう。例えば、ある集団の生活水準が低く教育水準も低ければ、その集団の成員を雇う場合、賃金を低く抑えることができる。しかし、こうした社会的理由と並んで、心理的理由が働いていることも否定できない。もし平等主義の心理的傾向として、他の人びとに劣っていることに耐えられないという衝動があるとすれば、それは容易に何らかの点で他の人びとに優越したいという衝動に転化するであろう。それゆえ、平等主義が強くなればなるほど、差別の衝動も強まりうるのである。それを克服するためには、平等主義が普遍的な権利意識に支えられることが必要であろう。

差別の解消

一方で平等化が著しく進行しているにもかかわらず、他方で差別も依然として解消されていないことは、すでに述べた通りであるが、今日の日本で無視しえない差別を受けている少数派集団としては、何よりもまず被差別部落出身者、在日外国人、女性の三つを挙げることができよう。

被差別部落出身者は、部落解放運動の九〇年余の努力にもかかわらず、依然として差別を免れていない。被差別部落とは、江戸時代に「身分外の身分」として扱われた賤民の子孫とされる人びとの居住地の呼称である。明治維新に際して、一八七一年に被差別部落の住民を身分・職業ともに平民同様にするとの「賤民解放令」が発せられたが、彼らを実質的に差別と貧困から解放するための施策はまったく講じられなかったため、社会的差別は何ら改められることなく残存した。一九二二年に、被差別部落民の自主的な解放運動組織として水平社が結成され、第二次世界大戦後には、部落解放同盟が再組織されて差別撤廃のためのさまざまな運動に取り組んできた。こうした運動の高揚のもとで、一九六〇年に同和対策審議会が設けられ、六五年の同審議会答申をへて、六九年には同和対策事業特別措置法が制定された。この特別措置法は一〇年間の時限立法であったが、延長されて一九八二年三月まで施行された。その後は地域改善特別措置法によって一九八七年まで、従来の政府や自治体の措置の継続が認められた。さらに、一九八七年四月には「最後の同和対策立法」とされている地対財特法（地域改善対策特定事業に係る国の財政上の特別措置に関する法律）が施行された。この法律は数次の改正をへて二〇〇二年に失効した。これによって国策としての同和対策事業＝地域改善対策事業は終わりをみた。ただし、自治体によって独自の事業が展開されているところもある。

三〇年以上に及ぶ同和行政によって、劣悪な住宅や道路など被差別部落の環境はかなり改善されたし、労働や教育などにみられた格差も縮小の傾向にあるといえよう。ただ、労働の面では、雇用先が自治体の現業部門や中小企業であることが多く、大企業で働く人はきわめて少ないし、教育の面では、高校進学率における格差は大幅に縮小したが、高校中退者の率が依然として高いなどの問題が残されている。結婚にしても、被差別部落外との通婚は急速に増加しているが、まだ結婚差別はいろいろな形で残されている。こうした現状を踏まえて、運動団体の間では、部落解放基本法の制定を求める声も強い。いずれにしても、物的環境の整備だけで部落差別を根絶することは困難であり、少数者や異端者の排除に傾きやすい日本の政治文化を根本的に変革することが必要であろう。

在日外国人の最大の集団は、在日韓国・朝鮮人の集団で、その数は約五二万人（二〇一三年在留外国人統計）とされ、その大多数は、日本の朝鮮支配の結果、日本に移住ないし強制連行されてきた者で解放後も日本に住み続けることになった者と、その子孫たちである。在日韓国・朝鮮人の生活はけっして恵まれた状況にはなく、おもな生業は、パチンコ店、焼肉屋、金融業、屑鉄商、日雇い労働者などで、大企業に就職したり専門職業に従事したりするものはきわめて少ない。その圧倒的多数は永住許可を得ているが、しかし、いかに長く日本に住んで税金を納めても、参政権は得られないし、特別な場合を除いて、公務員にもなれない。また権利として生活保護を受給する資格はない。これらは日本「国民」にのみ認められる権利と解されているからである。さらに兵士あるいは労働者として日本の戦争の犠牲になった朝鮮人は多数にのぼるにもかかわらず、恩給法、戦傷病者戦没者遺族等援護法、戦傷病者特別援護法などは、日本の国籍を持たないものを完全に排除しているのである。

こうした差別に加えて、外国人差別として大きな問題になったのは、外国人登録に伴う指紋押捺義務であった。一九五二年に日本の独立が回復されると同時に公布された外国人登録法は、日本に在留する一六歳以上の外国人に指紋押捺を義務づけたが、その目的が治安の維持にあったことは明らかである。この差別的な制度に対して在日韓国・朝鮮人を中心にした外国人の有志が、一九八〇年から指紋押捺を拒否し始め、八五年には多数の人が押捺を拒否して、社会問題になった。そのため、八七年には法改定が行われて、五年ごとの指紋押捺は大多数の外国人にとり不必要になった。さらに戦前から居住する在日韓国・朝鮮人らの「特別永住者」についての指紋押捺義務は、一九九二年に廃止された。

二〇一二年には外国人登録証に替わって在留カード制度が導入された。これは入管法上の在留資格をもって日本に入国し三ヵ月以上在留する外国人を対象として在留カードを発行し、住民基本台帳に登録するものである。そして市町村と入国管理局を専用回線で結び、入管局が外国人の居住・転居情報を一元的に管理するものである。在留カードには氏名等の基本的身分事項、在留資格、在留期間が記載され顔写真が添付される。この制度のもとで従来滞在者の在留期間の上限が三年とされていたが五年に延長された。また出国してから一年以内の再入国は許可が不要とされた。携帯義務については定住・永住者は引き続き携帯せねばならないが、「特別永住者」については携帯義務がないとされた。

たしかに、これによって定住・在留外国人に対する「管理」は、改善された面がある。しかし、この在留カード

✣コラム　学校給食の停止

教育の平等化が上級学校への進学という観点から見ると高度に進んでいることは，本文で述べた．もちろん，これが生み出している弊害もけっして無視できない．そのようななかの 2015 年 6 月，埼玉県北本市の中学校 4 校が，学校給食費の支払いが遅延している家庭の生徒に，給食を提供しないことを決めたというニュースが報じられた．これに同調する動きもみられる．学校給食費は自治体によって異なるが，月あたり 4,000 円前後である．「子どもの貧困」という言葉が，多様なメディアで報じられる．子どもは自分で働いて収入を得ているわけではないから，だれが考えたのかはともかく，筆者は変な言葉だと思う．他の子どもたちと比較したとき，さまざまなレベルで「貧困」状態にある子どもが少なくないのは事実だが，それは保護者の貧困さらには保護者の欠けていることの結果である．給食費を意図的に滞納している保護者がいない訳ではないだろうが，「払えない」事実を無視してはならないだろう．しかも，給食の時間に特定の子どもに給食を食べさせないのは，「いじめ」以外の何ものでもない．食べられない子どもの心情に配慮できない教育とは何なのか．学校給食は単なる食事の提供ではなく「教育だ」と語ってきたのは，文科省を筆頭にした教育行政関係者だ．ならば無償であってもおかしくない．平等主義の弊害があるとしても，このようなことが教育現場で平然と行われてはならない．

のもう一つの側面は、「不法滞在者」を取り締まることにあるとされる。「在留カード」をもたない者は、身分を公証できないから強制退去の対象となる。

男女差別も深刻な問題である。今日でもなお、学歴、就職、昇進、所得、資産など多くの面で、女性と男性との間には大きな格差が存在している。こうした性別格差の影響がめだつのは労働と政治の分野であるが、とくに大きな関心を集めてきたのは雇用における男女間の不平等であろう。募集、採用、配置、昇進、訓練、福利、退職など雇用のあらゆる面で男女間には歴然たる格差が存在していた。働く女性の数が飛躍的に増大し、同時に女性労働力の成熟化も著しく進んだ現在、男女が平等に働ける職場環境の整備を求める声が強まるのは当然である。こうして一九八六年四月、男女雇用機会均等法が成立施行された。同法は、教育訓練、福利厚生、退職・解雇における差別は禁止しながらも、募集、採用、配置、昇進における機会均等は努力目標にとどめるなど、不十分な点もみられる。だからこそ、女性管理職の少なさどころか、出産による退職勧奨、さらにはパート労働などの非正規労働者への差別的取り扱いが後を絶たないといえよう。

政治面での不平等も著しい。二〇一五年四月現在、女性の国会議員は衆議院四五人、参議院三九人で、その比率はそれぞれ九・五％と一六・一％である。一九九六年の衆議院選挙制度への小選挙区・比例代表並立型の導入以降、女性議員の比率はたしかに増加しているが、国際的にみれば下位に属す。各国の議会で作る列国議会同盟は、二〇一四年四月、日本における下院議員（日本の場合は衆議院）のなかの女性議員比率は八％（二〇一四年一月一日現在）であって、世界平均を下回る一二七位、先進国では最低と公表した。女性の大臣経験者は、一九六〇年の池田隼人内閣で初めて女性が登用（中山マサ）され大きな話題となったが、二〇一四年一二月に成立した第三次安倍内閣においても女性大臣は四人である（組閣時）。都道府県知事に至ってはわずかに二人（北海道、山形県）に過ぎない。

平等主義社会の教育

最近とみに人びとの関心を集めている教育の問題も、平等主義社会と切り離して考えることのできない問題だといえる。一般に、教育は平等化を促進する有力な手段である。とくに機会の均等を平等の核心的部分とみるなら、教育は機会の均等を実現するほとんど唯一の手段だといってよい。第二次世界大戦後の日本が教育による平等化の推進において、大きな成果を達成してきたことは周知のところである。実際、高校進学率は一九七〇年代半ばに九割以上となった。それ以降は横ばいであり二〇一〇年に九七％である。大学進学率は、一九五〇年代に約一割だったが、一九七六年に三八・六％となり、二〇〇五年に五〇％を超え、二〇一〇年には五六・八％となった。

ただ、それにもかかわらず、他面で平等主義教育の弊害が人びとの注目を集めていることも事実である。その一つは、平等主義の圧力が進学競争を過熱させたことであろう。現在の日本の教育では、定評ある上級学校に進学することが、社会において有利な職業につき、優越した地位につく上で決定的な重要性を持つとされている。そのため、すぐれた上級学校に進学するための競争はきわめて熾烈なものとなった。その背景には、平等化によって非常に多くの人びとが上級学校へ進学できるようになったという事実があり、また上級学校に進学すれば、社会的地位の向上が期待できるという平等主義的要求もある。さらに、「教育の機会の平等化が進んだ大衆社会になると、……卒業後の就職や出世のため」というよりは、「社会的威信の高い学校に入学して、親子とも心理的な満足感を得たいという欲望が強くなってきた」ことも無視できないであろう（天野郁夫「『学校』とは何か」『朝日新聞』一九八五年四月二日夕刊）。

今日の教育の弊害とされている他の現象にも、平等主義に関連するものは少なくない。例えば、平等主義的志向が強まれば強まるほど、「人並み」の成績を収められなかったもの、あるいは「落ちこぼれたもの」の絶望は深まる。ここにいじめ、校内暴力や登校拒否などの発生する理由の一半があるといえよう。また平等化の進行は、教室における教師の権威をも低下させる。権威を失った教師が大量の生徒を指導するには管理が最も効率的な方法であろう。ここに管理教育の生ずる理由の一つがあると考えられる。

かつて、プラトンは民主制的人間について次のように語った。「父親は子供に似た人間となるように、また息子たちを恐れるように習慣づけられ、他方、息子は父親に似た人間となり、両親の前に恥じる気持も恐れる気持ももたなくなる。……先生は生徒を恐れて御機嫌をとり、生徒は先生を軽蔑する」（プラトン『国家』下、藤沢令夫訳）。ここには、われわれ自身の住む社会の一面があざやかに指摘されている。こうした平等主義社会の病理を克服することは、今日の教育に課せられた最大の課題であるといわなければならない。

18　日本のナショナリズム

ナショナリズムの起源

ナショナリズムとは、あるネーションの統一、独立、発展をめざす思想と運動である。ネーションの語源は、nasci（生まれる）という動詞に由来するラテン語 natio であり、それはもともと出生地の同じ人びとを指す言葉であった。今日では同一の地域に居住して、言語、習俗、文化などを共有する人びとの総体をネーションとよぶのが普通である。前近代においては、地域的に局限された共同体が、大多数の人びとの生活を包摂していたため、共同体の規模を超えた地域社会は存在しなかった。こうした共同体が解体して、人びとの生活圏が拡大し始めたとき、近代国家が形成される。近代国家は遅かれ早かれ国民国家の形をとるが、それはネーションが近代国家という枠組と密接な関連を持ちながら発展したことを意味する。

日本における国民国家の形成は、明治維新に始まるから、日本のナショナリズムもまた明治維新に始まるといってよいであろう。ただ、ナショナリズムの初期的現象はすでに明治維新以前に現われていた。いわゆる「攘夷」思想がそれである。「攘夷」思想は欧米列強の侵略に対して実力で日本を守ろうとするもので、その担い手は特権的支配層であった。丸山真男によれば、こうした「前期的」ナショナリズムには二つの特徴がみられる（丸山真男『増補版　現代政治の思想と行動』）。第一に、それが特権的支配層によって担われたため国民的な連帯意識はほとんどみられず、むしろ支配層の間には、庶民を外敵と同様に敵視するものさえあった。水戸学などの文献に現われる「姦民狡夷」といった言葉は、それを典型的に示すものといえよう。第二に、特権的支配層は国際関係をみる場合にも、国内の階層的支配関係になれた目でみることになるので、国と国との間に成り立つ関係は、征服か被征服かという二者択一になりやすい。西欧諸国の場合は、国際関係にも普遍的規範が存在して、ナショナリズムを合理化する役割を果たすが、日本の「前期的」ナショナリズムにおいては、むしろ非合理的な側面が強いといえよう。

こうした「前期的」ナショナリズムは、やがて欧米列強の圧倒的に優勢な産業・技術・軍備に直面すると、自己防衛のためにも「敵」の文明で自らを武装する必要に迫られた。いいかえると、そこでは近代化が必須の課題になってきたのである。しかし、近代化が政治の領域にまで波及すれば、特権的支配層を支えてきた権力構造も崩壊する。そこで求められたのは、近代化は「物質文明」だけに限定し、思想的あるいは政治的原理に関しては欧米の影響を最小限度にとどめることであった（丸山、前掲書）。「東洋道徳・西洋芸術」（佐久間象山）とか「和魂洋才」といった言葉は、こうした態度を示すものといってよい。明治維新がある程度までこの「使い分け」による近代化を成功させたことは周知のところであろう。

明治国家のナショナリズム

明治国家はもともと欧米列強の侵略に対抗するために形成されたものであるから、国民に愛国心を培養させ、ナショナリズムを育成することは緊急の課題であった。明治国家はそれをいかなる形で遂行したであろうか。まず第一に、天皇への忠誠を国家への愛着に結びつけることであった。明治国家が形成された時期においては、国民はまだ自らを国民として自覚していなかったし、国家への帰属感も希薄であった。こうした国民に直接愛国心を植えつけるのは著しく困難である。そこで、国家といった抽象的存在でなく、天皇という具体的人格への忠誠心を喚起し、それを愛国心の代替物とすることが試みられた。こうして「忠君愛国」の観念が確立されたのである。第二に、天皇への忠誠を強化するために、家族と国家との類似性が説かれ、家族に家長があるように、国家には天皇があるとされた。そして、国民は家にあっては家長に服従し、父母に孝行を尽くすことが義務であるように、国にあっては天皇に忠誠を尽くすことが義務であるとされた。これがいわゆる「忠孝一致」の道徳にほかならない。

このように、明治国家のナショナリズムは、「忠孝一致」と「忠君愛国」という二つの道徳原理の上に立つものであったが、そのことは日本のナショナリズムにおける国家の観念が、第一次的集団（家族や村落など）と密接に結びついていることを意味する。ここでは、祖国愛は郷土愛として現われる。それは短期間にナショナリズムを培養することを可能にしたが、しかし同時に郷土意識や家族的エゴイズムによってナショナリズムに亀裂が生ずる恐れもあった。与謝野晶子の痛烈な反戦歌「君死に給ふこと勿れ」は、家族的擬制の上に築かれたナショナリズムの矛盾を鋭くついていたといえよう。

家族や村落などの共同体と結びついたナショナリズムは、非合理的で情緒的な傾向を持つことを避けられない。こうしたナショナリズムを抑制するには、ナショナリズムと個人主義とを結びつけることが一つの方法であろう。自律的個人を基礎にしてナショナリズムが構成されるなら、ナショナリズムの抑制が期待されるからである。福沢諭吉の「一身独立して一国独立する事」も、こうした関係を表現したものといってよい。日本でナショナリズムと個人主義を結びつけようとした試みの一つは、自由民権運動であった。この運動に参加した人々のほとんどは、国権論者であり、日本の国際的な独立を達成するためには、人民の一人一人が国家を支えているという気概を持たなければならないと考えて、民権の確立を唱えていたのである（丸山真男『戦中と戦後の間　一九三六—一九五七』）。しかし、自由民権運動の挫折とともに、国権論と民権論の結合も破れ、民権論抜きの国権論が支配的になっていく。

明治国家において非合理的なナショナリズムを抑制しようとしたもう一つの試みは、陸羯南や志賀重昂らによって率いられた『日本人』あるいは『日本新聞』による日本主義の運動である。この運動は、欧化主義という形で進められた上からの近代化に対して、国民が下から自主的に進める近代化を対抗させようとするものであった。例えば、陸羯南は「国民的政治とは外に対して国民の特立を意味し、しかして内においては国民の統一を意味す。国民の統一とはおおよそ本来に於て国民全体に属すべき者は必ず之を国民的にするの謂なり……されば国民的政治とはこの点においては即ち世俗のいわゆる輿論政治なりというべし」(『近時政論考』)と述べている。しかし、日本主義の運動も民権論が衰微していく大勢を覆すことはできなかった。

超国家主義への移行

個人主義によって合理化されることのなかった日本のナショナリズムは、大正デモクラシーの下で一時的に安定期を迎えるが、昭和期に入って経済的な行き詰まりに直面するとともに、非合理的で情緒的な傾向を強めていった。そして、政党に代わって軍部が政権を掌握するとともに、こうした非合理的ナショナリズムは、国民を戦争体制に動員するための全体主義的イデオロギーとしての役割を果たすことになる。それはナショナリズムとしては著しく均衡を失したものであったといえよう。この均衡を失したナショナリズムは、諸外国から日本を観察していた人びとによって、超国家主義あるいは極端国家主義とよばれることになったのである。

それはなぜ超あるいは極端という接頭語をかぶせられていたのであろうか。簡単にいえば、日本のこの時期のナショナリズムは、他国のナショナリズムとは質的に異なる特徴を持っていたからである。その特徴とは、要するに日本の国家が個人の内面まで支配する絶対性を持っていたことにある（丸山真男『現代政治の思想と行動』）。もともと西欧の近代国家は、宗教改革につづく宗教戦争の惨禍を経験していたため、思想、信仰、道徳など人間の内面に関わることには介入せず、専ら人間の外面的行動だけを統制することとしていた。しかし、日本に成立した近代国家は、国民に対して思想や信仰など内面に関わることについても国家の命令に服従することを求めた。道徳さえ君主の命令という形で国民に与えられたことはすでに述べたとおりである。

もちろん、こうした超国家主義的側面は、明治憲法の中に制定以来ふくまれていたものであった。明治憲法によって作られた制度には、初めから立憲君主制的側面と超絶対君主制的側面とが共存していたのである。大正デモクラシーが立憲君主制的側面を強調したものであったとすれば、超絶対君主制的側面をことさらに誇張したものが超国家主義であったといえよう。明治憲法の下に形成された国家観が、天皇を国家という一大家族の家父長とみる家族国家観であったように、昭和期の超国家主義も家族的擬制の上に成り立つものであった。

それは、軍部独裁体制の下で全体主義的イデオロギーとして機能したが、その意味では、日本の全体主義もまた「家族的全体主義」にほかならなかった。例えば、小倉鏗爾の『全体主義の本質』（一九三八年）は、「大和族（日本族）は、皇室を中心とせる族であって、一大血族関係によって成立する、いわば本家と分家との関係である」といい、日本の全体主義を「日本族の血族関係に由来する、一心一体の全体主義」とよんでいた。また、当時の代表的政治学者矢部貞治は、『全体主義政治学』（一九四三年）の中で、ドイツを「民族全体主義」、イタリアを「国家全体主義」としたうえで、日本を「家族的共同体国家」と規定し、それは「正に共同体の最も典型的な型態たる家族の関係をもって、表現せられた」国家であるとしていた。日本の全体主義的独裁は、少なくともイデオロギー面では、明治国家との著しい連続性を持っていたといえよう。

ナショナリズムの崩壊

一九四五年八月一五日の日本の軍事的敗北は、軍国主義的独裁体制に終止符をうった。それとともに、日本のナショナリズムもまた急速な凋落をみるに至った。敗戦がむしろナショナリズムを燃えあがらせる場合もあることは、ナポレオンに征服された後のプロシャ、普仏戦争に敗れた後のフランス、日清戦争で苦杯をなめた後の清国などの例に明らかであろう。しかし、日本ではこうしたナショナリズムはついに盛りあがらなかった。それは、一つには日本のナショナリズムが武力における優越をよりどころとしていたことによる。すなわちそれは、「皇軍の必勝と神州の領土を嘗て侵されたことがない」という事実に裏づけられていたから、軍事的敗北によって致命的打撃を受けることになったのである。また、日本国家の独自性は「国体」にあるとされてきたが、「国体」はあらゆる日本的価値の統合体であり、それに根ざす日本の国民的「使命感は全体的であっただけ、それだけその崩壊がもたらす精神的真空が大きかった」ことも、敗戦後にナショナリズムが燃えあがらなかった理由の一つに数えられよう。

もともと日本のナショナリズムは、家族や村落などの共同体と密接に結びついていたから、ナショナリズムの解体は、これまで国家と結びついていた帰属意識を家族、村落、地域的小集団などに向かって分散させることになる。敗戦後の一時期に、各地に何々組や何々一家を名乗る半暴力組織が現われて、地域的に警察機能を代行するような現象がみられたが、そこには多くの復員兵が吸収されたといわれる。こうした擬制的親子関係（いわゆる親分・子分の関係）に基礎を置く集団は、分散したナショナリズムを受け入れる役割を果たしたといえよう。また、かつて日本帝国の軍事的勝利に熱狂した大衆的ナショナリズムは、戦後はスポーツの世界における勝敗に熱狂するといった形に置き換えられたとみることもできる。その意味で、一九六四年の東京オリンピックは、新しい形のナショナリズムの幕開けであった。

今日の日本のナショナリズムは、戦前のナショナリズムとどういう関係に立つであろうか。かつての日本のナショナリズムが、家族や村落などの共同体を基盤にして成立していたとすれば、家族や村落が共同体としての同質性を失い、人びとの帰属意識の対象ではなくなりつつある今日の日本には、伝統的なナショナリズムがそのままの形で復活する条件はないといえよう。ただ、それは戦前のナショナリズムが完全に雲散霧消したことを意味するものではない。家族共同体や村落共同体はその実体が消滅してもなお、擬制としては多様な集団に残存している。例えば、企業や官庁はそこに所属する人びとにとってかつての家族に似た強い帰属感の対象になっているといってよい。また、小学校から大学に至る学校の同窓会、クラス会、地域や職域につくられている県人会などは、かつての村落共同体に似た郷土愛の培養基になっているともいえよう。ただ、こうした集団への帰属意識それ自体は非政治的なものであり、そのままの形で政治的ナショナリズムとして機能することはない。伝統的な帰属意識をナショナリズムへ動員するためには、ナショナルなシンボルが必要とされるのである。

日の丸・君が代・天皇制

伝統的なナショナリズムを再生しようとする政治集団が企図するのは、日の丸や君が代などの国民的なシンボルを復活させることであろう。一九八二年に成立した中曽根政権は、「戦後政治の総決算」をめざして、さまざまな施策を展開したが、その一つがナショナリズムの昂揚を図ることであった。靖国神社へ「公式に」参拝し、GNPの一%枠を超えて防衛力を増強するなど、いずれもナショナリズムの再生につながるものといえようが、その影響する範囲においてとくに重大なのは、公立の小・中・高校に、日の丸の掲揚と君が代の斉唱を求める政策をとるようになったことである。

文部省（現・文部科学省）は一九八五年に都道府県、政令指定都市別に公立小中学校、高校が卒業式や入学式に「国旗」を掲揚したか、「国歌」を斉唱したか、の調査結果を公表した。同時に各教育委員会に対して「国旗」と「国歌」の適切な取り扱いの徹底を求める通知を、初等中等教育局長名で出した。これ以降、北九州市、沖縄県、京都市、福岡県などを手始めとして、各地で日の丸の掲揚や君が代の斉唱と起立、ピアノ伴奏などが、学校長と教員に求められていった。さらに学習指導要領の一九八九年版は「入学式や卒業式などにおいては、その意義を踏まえ、国旗を掲揚するとともに、国歌を斉唱するように指導するものとする」（小学校、中学校、高校「特別活動」の項）とした。これ以降、この文言は現在まで変わっていない（新藤宗幸『教育委員会——何が問題か』）。

さらに、一九八八年の昭和天皇の重体・八九年明けの死去を契機として国家主義的論調は強まっていった。そして、一九九九年の通常国会において国旗・国歌法が制定された。これは日の丸を「国旗」、「君が代」を「国歌」とするわずか二条からなる法律である。だが、先に述べた文部省初等中等教育局長通知、学習指導要領に成文法の根拠が加わったことによって、各地の教育委員会は「国旗」掲揚、「国歌」斉唱の徹底を求める通達を学校長に発したばかりか、従わない教員を懲戒処分する事態が続発している。

もちろん、ナショナリズムは普遍的な現象であって、欧米諸国もアジアの諸国もみな国旗や国歌に多大の敬意を払っているではないかという主張もありうる。しかし、ナショナリズムの非合理性という観点に立てば、アメリカの国歌であろうが、フランスの国旗であろうが、国歌や国旗への傾倒を強調し過ぎることはけっして望ましいことではない。まして、日本の日の丸や君が代には、侵略戦争と結びついた忌まわしい記憶があることを忘れるべきではないであろう。

✣コラム　国旗・国歌法の制定

1999 年の第 145 通常国会で国旗・国歌法が制定された．それまでも日の丸が国旗であり君が代が国歌であるとされてきたものの，一種の慣習法であって成文法ではなかった．この法律の制定にあたっては，日本近現代の歴史を省察するならば，これらを国旗・国歌と改めて成文化することには多くの異論や反対運動が展開された．だが，日本ならびに日本人のアイデンティティを高めるためにも，明確な法的根拠が必要とする政権の主張によって法律の制定に至った．もっとも，文部省（現・文部科学省）は，すでに 1980 年代から学校の公式行事において日の丸の掲揚と君が代の斉唱を，都道府県教育委員会を通じて指導しており，学習指導要領にもそれが記載された．そして，国旗・国歌法の制定後には，従わない教員への懲戒処分をふくんだ通達が，都道府県教育委員会から学校長に発せられている．主務大臣だった野中広務・官房長官は，本会議において「強制するものではない」と明言したが，政府部内で徹底されているとはいえない．さらに 2015 年 6 月，下村博文・文科相は国立大学学長会議において，国費で運営されている国立大学は，公式行事に国旗の掲揚・国歌の斉唱が望まれるとした．大学の学長のあいだからは異論が生まれている．第 1 次安倍政権のもとで大幅に修正された教育基本法は，郷土愛と愛国心の涵養を謳った．「国を愛する気持ち」自体は，否定されるべきものではない．ただし，それは思想・信条の自由や学問・教育の自由の保障のうえに開花する．特定のイデオロギーのもとに国旗の掲揚や国歌の斉唱を強制することは，偏狭な「愛国心」の高まりに結び付きかねない．

ナショナルなシンボルとして、日の丸や君が代以上に有効性を持つのは天皇制である。現行憲法では、天皇は「国民統合の象徴」とされており、しかも天皇に対する国民の敬愛の念は依然として強力である。昭和天皇の病気と死への関心は、天皇に対する国民感情がまだ必ずしも衰微していないことを示していた。ナショナリズムの再生を求める立場からは、こうした国民感情はきわめて高い利用価値を持つであろう。実際、第二次安倍政権が二〇一三年四月に行った日本独立六〇年式典では、退席する天皇・皇后に「天皇陛下万歳」の声があがり、首相・閣僚をはじめ参列者が唱和した。

しかしこの点に関しては、いくつかの疑問点が指摘されなければならない。第一に、現行憲法では天皇は「国政に関する権能を有しない」とされている以上、政治的な文脈で天皇をナショナルなシンボルとして利用することには、憲法の精神に照らして疑問が残る。第二に、国民がその内部に対立や紛争を含むものであるとすれば、国民統合は政治的統合過程を抜きにしてはありえない。その意味で、天皇が「国民統合の象徴」でありながら、しかもいかなる政治的役割も果たさないということは、それほど容易なことではないであろう。現行憲法は、天皇と政治との間に高度に微妙なバランスを要求しているのであって、政治はそのことを認識せねばならない。第三に、現行憲法の基本原則との関連で、天皇や天皇制に対する批判の自由は無条件に認められなければならない。いずれにせよ、天皇を伝統的なナショナリズムを復活させるためのシンボルとして活用することは、現行憲法に内在しているバランスを大きく崩すことになるのは疑いない。

国際化とナショナリズム

今日の日本のナショナリズムにみられる特徴のなかで、最も重要な点は国際化が不可避とされながら、同時にナ

ヘイトスピーチ反対デモ（2014年11月2日） ©AFP＝時事

ショナリズムが声高に説かれていることであろう。現在のわれわれの生活は、あらゆる点で国際化の影響にさらされている。日常の衣食住のうち、純粋に国産品だけで賄われている部分はきわめてわずかであろう。時々刻々われわれの周辺に押し寄せてくる膨大な情報の流れは全世界からのものである。かつてないほど多くの人びとが、海外旅行に参加し、外国の風物を見聞している。同時に、海外からもきわめて多くの人びとが長期のあるいは短期の滞在者として日本を訪れている。そのなかには、難民として日本に漂着し、日本に定住を求めているものもいる。国際化はもはや逃れられない現実なのである。

　この国際化のもとでなぜナショナリズムが強調されるのか。基本的にはそれは、とどまるところを知らない国際化の流れのなかで、日本人としてのアイデンティティを保ちたいとする要求に根ざすものであろう。それは文化的なものでもあるが、同時に経済的なものでもある。すなわち、日本人が国内で営々として築き上げてきたさまざまな権益を国際化の流れに抗して守り抜くためにも、あるいは、日本人の海外進出に伴って生ずるさまざまな摩擦に際して、諸外国の反発に対抗するためにも、日本人の団結が不可欠だとされる。国際化は経済の論理の帰結であるが、ナショナリズムもまた経済的利益の帰結であることは疑いない。しかし、経済社会のよりいっそうの国際化の推進をいう政治が、一方において国家主義ともいえるナショナリズムを後押しし、一段と周辺諸国との緊張を高めていることをみない訳にはいかないであろう。

日本人のアイデンティティを高めるためには、初等教育の段階から「愛国心」教育を基軸とせねばならないとされる。二〇〇六年の教育基本法の全面改定は、多くの議論をよびながらも「郷土愛」「愛国心」教育を教育の基本目標に加えた。

また、近年の日本政治には、日本の歩んだ歴史について国家主義的な見直しの論調が強まっている。それらは日本の朝鮮半島・中国大陸への「進出」を「侵略」とし、足跡を否定的に描くことは、「自虐史観」にほかならないとする。こうした論調は一九八〇年代から強まっていたが、歴史教科書の検定では「正当な」記述の名による修正が繰り返されている。文科省は日本の戦前・戦中の海外での行為について、歴史教科書には政府見解を載せるように教科書検定で指示している。安倍晋三首相の「日本を、取り戻す」という情緒的・復古的な言説に加えて、戦争責任についての発言や靖国神社参拝などは、諸外国から「歴史修正主義」との批判を受けている。さらには在日韓国・朝鮮人への常軌を逸脱した「ヘイトスピーチ」とデモを規制しない政府に対する諸外国の批判も強い。

ナショナリズムは、現代の大衆民主主義にとって必要条件であるとする議論もある。それは一面の真理であるとしても、少なくとも以下の二つの要請を無視すべきではないであろう。第一に、諸国民との協調、すなわちインターナショナリズムによって相対化されていないナショナリズムは、今日の世界に存在する理由を見出すことはできない。第二に、国旗・国歌の強調や戦争責任を無視することで初めて成り立つナショナリズムには、ナショナリズムの合理化も国際化も期待できないであろう。

もしわれわれが日本人としてのアイデンティティを必要としているなら、それを獲得する唯一の妥当な方法は、国境を越えた市民相互間の連帯を作り出すことである。市民相互の連帯によって作り出されるネットワークを社会とよぶなら、今必要なのは国家とは別の次元で社会を形成することである。明治近代化以降、家族や村落や国家の一体性が強調され、社会の連帯は等閑視されてきた。ここ二〇年ほどの間に政治による国家主義的政策が目立っているが、その一方においてNGO・NPO、ボランティア活動に加わる人びとも増えている。われわれに求められているものは、国家を抜きにしたナショナル／インターナショナルな連帯を強めることである。それによって初めてわれわれは、諸国民との連帯を、あるいは日本の国際化を語りうる地点に到達しうるのである。

19　日本の政治課題

東日本大震災と原発事故

二〇一一年三月一一日一四時四六分、青森県から千葉県にかけての太平洋岸をマグニチュード九・〇の巨大地震が襲った。とりわけ岩手県から宮城県に至る三陸沿岸の地域は、押し寄せる大津波によって壊滅的打撃を被った。三陸沿岸はこれまでにも大津波に襲われているが、今回は死者・行方不明者二万名を超える大惨事であった。

だが、この巨大地震による大災害・東日本大震災は、大津波による地域の崩壊にとどまらなかった。東京電力福島第一原子力発電所の四基の原子炉が崩壊し、このうち運転中だった三基の原子炉は核燃料の溶融（メルトダウン）を引き起こした。政府・電力会社や原子力学者の多数が多様なメディアを通じてPRしてきた「絶対安全な原発」は、もろくも神話と化した。この重大事故の原因は、いまだに全容が解明されていない。メルトダウンした核燃料の形状・位置についても判然としていない。

原子力発電所の重大事故は、原発立地地域はもとより広範な地域に放射性物質による汚染をもたらした。海洋も同様であるばかりか、原子炉の冷却を続行せざるをえないため、放射能汚染水が流出し続けている。こうして、原発立地地域を中心として職と住居を失った一二万人を超える人びとが、避難生活を余儀なくされている。そして子どもたちは、一九八六年のチェルノブイリ原発事故と同じく、放射性物質による甲状腺がんの発病に脅えながら生活を送らざるをえない状況にある。

大津波と原発事故の複合災害である東日本大震災を、地震列島・災害列島の一齣として片づけるわけにはいかないだろう。政治が責任をもって三陸沿岸の復興をすすめることは現代日本の重要課題だ。この復興には具体的な事業の計画と実施方法については議論が分かれている。ただし、三陸沿岸の復興が必要か不必要かは争点ではない。

これに対して、原発事故を踏まえて日本のエネルギー構成をいかなるものとするのか、より直接的には原子力発電をどのように位置づけるかには、社会的かつ政治的に重大な対立が存在する。政権は二〇三〇年におけるエネルギー構成比における原発の比率を二〇から二三％とすることを決定している。自民党はもとより公明党もこれに同意している。そして、原子力規制委員会は、運転を停止している原発について電力事業者の申請にもとづき「安全審査」を実施している。原子力規制委員会は、二〇一五年二月以降関西電力高浜三、四号機、九州電力川内原発一、二号機、四国電力伊方原発一、二号機について「安全審査」に合格したとして再稼働を認めた。今後、これらの原発は実際に再稼働していくと思われる（川内原発は二〇一五年九月に営業運転を再開）。

原発をベースロード電源と位置づける政府や経済界の論理は、福島の事故以前とさして変わらない。原発の発電コストが他の電源に比して廉価である、安定的電力供給ができる、CO_2を出さない、といったものである。いずれも日本経済の成長に不可欠な要件であるとされる。

しかし、発電コストには放射性廃棄物の処理費用は算入されていない。それどころか放射性廃棄物の最終処分場は目途すらついていない。仮に最終処分場がつくられたとしても高レベル放射性廃棄物の無害化には一〇万年余の時間を必要とする。そのような気の遠くなる安全管理が可能なのか。すでに使用済みの核燃料は一万七〇〇〇トンに及ぶ。原発を再稼働させれば、いうまでもなく増加する。自然災害や人為的ミスによる原発事故には、多重な安全装置が機能するとはいうものの、「絶対安全」がないことを示したのが福島の重大事故である。

原発の再稼働を求める動きは、政権や経済界にとどまらない。原発立地自治体の首長や住民からも起きている。地域経済が成り立たないというものだ。ただし、原発「城下町」としての繁栄する夢を無惨に砕いたのが福島の事故である。

原発をめぐる亀裂は深い。原発をエネルギー源としてどのように取り扱うのか。そこには、福島の事故についての政治の責任が問われているだけではない。経済成長と生活、科学・技術と政治をはじめとした、多重連立方程式を解くような難題が横たわっているのも事実である。とはいえ、基本的に人間の統御不可能な巨大技術システムが、人が幸せに生きる人格権と併存しうるものなのか。この観点から政治・行政・経済・社会のありかたを真摯に考察せねばなるまい。それほど福島の重大事故が投げかける問いは重いのである。

政治の責任と信託

東日本大震災の発生から復旧・復興体制の要とされた復興庁の設置（一二年二月）まで、実に一年近くが費やされている。この間に当時の菅直人民主党政権は、四月に復興構想会議（会長・五百旗頭真）を設け、大震災からの復旧・復興のありかたを審議させた。復興構想会議の「中間報告」（実質的最終報告）は、一一年六月にまとめられた。きわめて「格調」の高い散文として綴られているが、具体性はまったく乏しかった。唯一、具体的であったのは「復興増税」の提言のみである。増税の是非が復興構想会議に課せられた使命ではないはずだが、実際のところ、復興構想会議は三陸沿岸であれ福島であれ、現地の詳細な調査を行っていないのだから、復興のための増税を必要とし国民全体で支援するといった程度の「提言」とならざるをえないのだろう。

ここには復興構想会議の責任も問われなくてはならないが、それ以上に大震災を眼前とした政治のありかたが、論じられなくてはならない。学者・文化人を集めた復興構想会議を設置し、「悠長」に東京で会議を開いている事態なのか。政治の緊張感の欠如である。もう一つは、今日にもつづく問題だが、当時の民主党政権は、「官から政へ」を掲げていたものの、官僚機構をあたかも「敵」であるかのように扱い、結果的に政治（政権党）で問題を処理できるとする認識に支配されていた。いわば、政治が官僚機構にリーダーシップを発揮し、全力をあげて事態の処理にあたらせる発想を欠いていたのだ。それが不必要ともいえる復興構想会議の設置の要因でもあった。

東日本大震災の復興を担うとされた復興庁の設置は、先にも述べたように大震災の発生から一年近くをへている。この間に復興にあたる新たな行政組織の構想は、二転三転する。結局、発足した復興庁は、復旧・復興の企画権限も実施権限も脆弱な、あえていえば被災自治体からの復興事業計画と予算要求の受付窓口にほかならなかった。被災自治体はそれぞれ復興計画を住民の参加を得ながらまとめ復興庁に申請した。だが、そこに掲げられた計画事業と予算は、それぞれを所管する府省に送られ、その査定の結果が復興庁を通じて被災自治体に送付された。「官から政へ」といったスローガンを掲げた民主党政権ではあったが、実のところ、割拠的な官僚機構の活動を許容するものだった。

原発の重大事故への対応は、いかに予想だにしなかった深刻な危機の発生とはいえ、政権の対応はけっして正当化できないものだった。事故発生直後当時から枝野幸男官房長官は、「直ちに人体に影響をもたらすものではない」と再三にわたって記者会見で繰り返した。これ自体、何をもってそういえるのか不明なのだが、避難地域の範囲を次々と同心円として広げるばかりで、正確な放射能の拡散状況を明らかにすることはなかった。しかも、後に明らかになることだが、すでに三月一一日の段階で原子炉がメルトダウンの危機にあることを東電とともに認識していたにもかかわらず、それは公表されなかった。メルトダウンが公表されたのは、実に五月末になってであった。それどころか、二〇一一年一二月一六日、野田佳彦首相は崩壊した原子炉が「冷温停止状態」にあると、事故の「収束宣言」を下した。いったい、何を根拠にこのような宣言ができるのか、多くの人間が疑問と批判をいだいたのは、いうまでもない。

こうした原発事故当初の政治の対応は次第に人びとの記憶から薄れているようにみえるが、政治が緊迫感と責任への自覚を欠いていたことは否めない。政治は予期せぬ重大事態に当面することがありうる。そのとき、事態の冷静な把握と国民の命を守るために正確な情報を徹底して提供するとともに、重大事態に対応するために、社会的諸利害を果敢に調整し、一つの意思のもとに活用しうる資源を投下せねばならない。

こうした政治の責任の欠如は、別段、東日本大震災への対応に限られないし、東日本大震災発生時に政権を担っていた民主党に特有なことでもない。政治の責任さらに政治家の責任は、多様に議論することができるが、何よりも問題視しておきたいのは、日本の政治が信託への応答責任に自覚的でないことだ。現代の民主主義政治体制を前提とするとき、どのレベルの政治・政治家であれ主権者からの信託がなければ政治はなりたたない。その信託を受ける制度が選挙である。だが、この選挙において政治家を志し、政治家として活動するためには、政治を通じて何をなそうとするのかを具体的に主権者にアピールしなくてはならない。だが、「公約」は個々の議員というよりも政党単位で示されてきた。「公約」の作成過程は熟慮の結果とはいえないし、そうであるからそれを実施する意思が堅固であるともいえない。これまでの政治において、「公約」は選挙のツール程度にしか捉えられていないといっても過言ではないだろう。

こうした傾向に弾みをつけているのが、小選挙区中心の選挙制度である。すでにこの選挙制度の内容と問題点を

東日本大震災の津波被災地で行われている復興事業．高台造成地となる山（奥）からベルトコンベヤーで土を運び出し，市街地をかさ上げする防災対策工事（岩手県陸前高田市，2015年3月10日）　© 時事

述べたが、加えていうと、この選挙制度のもとでは議席を増やそうとする党中央の指向（これ自体は批判できないが）のもとで、ほとんど政治的訓練も政治教育も受けたことのない人物を擁立するという傾向が日増しに強まっていった。これでは国会が「国権の最高機関」として機能することはできない。主権者への応答責任が希薄であるならば、東日本大震災のような重大事態が生じたとき、緊張感をもった行動が生じるはずがないのである。

政治より具体的には政党・政治家に主権者への応答責任をいかに確保させるか。それはまず何よりも現に政治の世界で活動するアクターの責任である。選挙制度のありかたのみならず、政党としての行動、さらに政治家個人の自己改革が求められる。同時に、主権者はまさに主権者であることを深く自覚せねばならないだろう。後進国型発展を遂げてきた日本においては、残念ながら政治家を個別利益のブローカーとして捉え、彼らがいかに「役立つか」をもって政治家の「成績評価」を下しがちである。

しかし、有権者がこうした行動をとる限り、政治がその使命を自覚することはない。主権者の側は政治より具体的には政党・政治家の行動を、社会的公正・公平の観点からつねに点検せねばならないのである。つまり、一人の生活者として周辺さらには社会におきている事態が妥当かどうか熟慮することが問われるのである。

そのような考察の素材には、事欠かないであろう。例えば、二〇一五年の通常国会で成立した改正労働者派遣法は、派遣労働者の雇用期間を職種にかかわらず三年とし、派遣労働者を替えれば、その職を派遣労働（非正規労働）で継続的に処理していくことを可能とした。ここには非正規労働者がたえず再生産される。それは経営コストを重視する企業にとって大きなメリットをもたらすとしても、果たして人間の基本的権利としての生活の安定にどのような意味をもっているのか。

東日本大震災からの復興を掛け声として、三陸沿岸の高台部には自動車専用道の建設が急ピッチで進んでいる。その一方で大津波に洗われた地域は、瓦礫は片づけられたものの荒涼たる原野のような状態のままであり、生活の再建には程遠い。政治が何を優先するべきか、あえて言うまでもないだろう。

政治に応答責任の重大さを自覚させるシステムを構想することこそ、現代日本の政治にきびしく突き付けられた課題である。

「決められない政治」批判は妥当なのか

二〇一〇年代に入って急速にマスコミ論調や政界の言説を支配しだしたのは、「決められない政治」批判だった。東日本大震災への民主党政権の稚拙な対応も、その要因の一つである。同時に二院制をとる日本において当然起こりうる「衆参ねじれ」現象が続いたことも大きな要因であった。衆参同日選挙をあえて行わない限り、衆議院議員総選挙と参議院議員選挙では、その時々の経済社会状況を反映して異なる政党がそれぞれの議院の第一党となることは、可能性として避けられない。

日本国憲法上衆議院が第一院であり、首班指名や予算の議決、条約の批准においては参議院に優越する。しかし、法案審議において両院は同等の権限を有している。これを前提とするとき、衆議院の第一党が再議決できる三分の二以上の議席をもっていないならば、法案の成立が遅滞することになる。

「決められない政治」批判は、こうした議会制度の枠内の議論を越えているようにみえる。とはいえ、議会制度にそくしていうならば、「ねじれ」現象のもとで衆参両院の法案審議の結果が異なるとき、衆参両院議長のリーダーシップや両院協議会が実質的に機能するように改めることで、一定の結論を導くことができよう。もっとも、まさに議会政治の「未成熟」といってもよいのだが、議院を構成する政党から両院協議会の改革が真剣に議論されたことはないし、衆参両院議長も議会での合意の調達にむけて改革のリーダーシップを発揮することがない。こうした改革の重要性は指摘しておかねばならないし、日本の議会政治における重要課題である。

議会政治の改革が疎かにされているからだともいえるが、「決められない政治」批判は、議会改革の次元を省みることなく、政治の非効率さと政治決定の遅滞批判へとむかい、政治権力による効率的かつ迅速な行動の必要性論に結び付いていった。いい方を換えるならば、「議会政治の安定」のみを掲げて、「絶対」多数派の形成とそれによる迅速な政治意思の決定こそが、日本政治に必要とされているという言説となって展開されたのである。

さて、こうした「決められない政治」批判をどのように受け止めるべきだろうか。そもそも政治的意思の決定は、民主主義政治体制を前提とする限り、ある意味で「決められない政治」を避けられない。つまり政治の役割は社会に表出される諸利害を調整し、一つの意思に形成することである。ただし、表出する集団の社会的・政治的影響力には、当然差異がある。大集団の利害にのみ反応するのは政治とはいえない。諸利害が何を語っているのかを見極め、社会的秩序と公正の確保に努めていかねばならないのである。

熟議デモクラシーという言葉がある。まさに民主主義は社会的利害の調整のために熟議を必要としているのである。それは迅速な意思決定、もっというならば政治権力による「独裁的」判断とは遠いものである。そして、本来、こうした熟議のために工夫されたのが、代議制民主主義にもとづく議会制度であるといってよい。

ところが、現代の日本政治からは、このような熟議による利害調整の意思が失われているようにみえる。政権は密室のなかで決定した意思へのＹＥＳないしＮＯの即時的判断を国民に迫り、それがあたかも効率的で責任ある政治であるかのような言説を展開している。もちろん、重大な問題の発生にもかかわらず、その解決を放置することは、あってはならない。とはいえ、熟議し国民に情報公開と説明責任を果たすことが政治の責任なのである。こうした政治を追求することなく、「決められない政治」批判への同調が社会に高まるならば、民主主義政治体制の危機に通じてしまう。

「決められない政治」批判の言説が何を意味しているのかを洞察するとともに、政治的意思の決定には本来、多くの時間コストがかかることを認識せねばなるまい。この観点から議会政治の改革をふくめて政治のありかたを考察することが大切なのである。

政治主導――政治と官僚の関係

二〇〇九年に政権の座に就いた民主党は、「官から政へ」を総選挙時のスローガンとし、官僚機能に依存しない政権主導の政治をすすめるとした。これが有権者の心に響いたのには、それなりの理由がある。すでに述べたように、自民党一党優位時代の政治は、官僚機構との融合関係を深めた。国内政治の多くの局面において、政権は大局的観点を示すことはあっても、多くの政策・事業は官僚機構の部局によって原案が作成され、自民党政務調査会の府省編制に応じてつくられた部会との協議で決定されてきた。また政策・事業の実施過程においては公共事業の個所付けが端的に物語るように、政治家の介入を常態とした。

自民党は政権の安定とともにさまざまな利益を包摂する超包括政党と化した。党内には個別利益の追求を政治と認識する「族議員集団」が作られ、官僚機構・利益集団との一種の利益共同体が支配したのである。

こうした状況が政治腐敗の「温床」ともなり、現実にも大小の政治スキャンダルを生み出した。また財政規律の緩みをもたらし財政破たん状況に通じたのは否めない。

一九九〇年代に入って政官関係のありかたが、政治の世界のみならず学問的にも課題とされた。背景としては自民党政治が引き起こした政治スキャンダルへの批判があるとともに、日本を取り巻く国際環境の激変（米ソ冷戦の崩壊）を受けて、政権の統治能力への疑問がある。政権の政治的リーダーシップを確立せねばならないという、ごく当然の命題が改めて認識された。

これ以降、今日に至るまで歴代政権は、政治主導、政権主導、官邸主導を掲げつづけている。しかし、政治主導のシステムは、いずれの政権においても明確な設計図を描けていないのが実態といってよいだろう。政治主導は「族議員集団」の主導ではなく、執政部としての政権（内閣）が政治・行政にリーダーシップを明確に発揮することである。ただし、この際に不可欠なのは、指導の内容に関する説明責任を直接的には議会に、それを通じて国民に全うすることである。

ところが、これは一九八〇年代の中曽根政権時代にも顕著だったことだが、政権に政治的価値観で同調する人間を「ブレーン」として集め、閉鎖的なサークルのなかで意思の原型を形成する手法がとられがちである。安倍政権はもとより民主党政権のもとにおいても、きわめて多数の「有識者会議」がつくられている。しかも、それは「国民の声」を聞いたかのように演出される。はたして、こうした手法は、民主政治のもとの政治責任と説明責任を全うするものであろうか。

日本の内閣制度の根幹に所轄の原則があるのはすでに述べた。この結果、閣議は実質的な議論の場でなく、会議時間も一〇分からせいぜい二〇分とされている。一方で、内閣運営の原則に合議制の原則があり、内閣は連帯して「国権の最高機関」たる国会に責任を負っている。内閣が執政部としてリーダーシップを発揮するには、閣僚の所管を超えて閣議自体を議論の場に再構成する必要があろう。

ところで、二〇一四年の公務員制度改革は、政権主導を掲げて内閣に人事局（局長は内閣官房副長官）を設け、部長級以上の幹部公務員人事を内閣人事局の権限とした。官僚機構を「敵視」し政務三役（大臣・副大臣・大臣政務官）で各省を仕切ろうとした民主党政権の行動は誤りであり、そのようなことができるはずもないことである。しかし、政権による高級官僚人事の掌握は、猟官制につながりかねない危うさを含んでいる。官僚機構のモラル（職業倫理）とモラール（士気）の低下は、政権の補助・補佐機構としての官僚機構の機能と能力の低下につながる。

官僚機構にはいかなる政党の政権であろうとも、その指導に専門技術的能力をもって従う職業倫理の確立が問われる。長期にわたる自民党機軸の政権のもとで、こうした職業倫理が薄れているのは否めない。しかし、それは官僚機構側の問題でもあるが、それ以上に、個々の政策・事業の立案にリーダーシップを発揮することのなかった政治の側の問題なのである。「透明度の高い政治」を築くためには、まず何よりも内閣の意思決定システムを改革することであり、それにより官僚機構の職業倫理を高め専門技術的能力を活用していくことである。このような意味の政官関係を制度設計していかねばならない。

立憲主義の原点に立つ

現代日本の政治が抱え込んでいる課題は、以上に尽きるわけではなく大小無数にあるといわねばなるまい。だが、最も基本にあるのは、立憲主義の原点を絶えず確認する政治の実現であるといえよう。

現代民主制国家における立憲主義は、主権者たる国民の「権力からの自由」に加えて「権力への自由」を保障するための規範である。立憲主義の原点に返るならば、専制的な権力者の行動に歯止めを掛け、市民の行動の自由（とりわけ経済活動の自由）を保障するものであったが、経済・社会構成の複雑化・高度化は参政権の拡大要求にみるように、権力への参加の自由を求める運動と制度化を促した。民主主義は経済階層、出自、宗教、民族などを異にする人びとが人格的に平等であり、等しく主権者であることを基本としている。それを前提とした政治的意思の決定を最高理念とするものである。この民主主義の理念を法規範として具体化したのが、現代民主制における憲法であるといってよい。したがって、現代民主制における立憲主義は、何よりも政治権力の独断的ないし専制的行動を縛るものなのである。立憲主義のこの規範は、何よりも政治権力に自覚されねばならない。

ところが、二〇一〇年代の日本政治には、かつてから底流にあったとはいえ、現行憲法への否定論が台頭している。現行憲法はＧＨＱ（アメリカ）による「押し付け憲法」であり、日本国民の自発的な制定運動の結果ではない。日本の歴史、文化、民族性にもとづく「自主憲法」を制定せねばならないといった論調が強まってきた。なるほど、占領下という政治状況に照らせば、ＧＨＱの現行憲法への影響力を否定することはできまい。ただし、第二次世界大戦の敗戦と惨禍のもとで日本政府側が用意した憲法改正草案は、明治憲法の修正で事足りるとするものであった。ＧＨＱの憲法草案に影響を与えたのは、鈴木安蔵らの憲法学者による草案であったというのは、いまや定説といってよい。しかも、現行憲法を議定した最後の帝国議会は戦前期議員から構成されたのではない。男女平等選挙権を定めた新たな選挙法のもとに選出された議員から構成されたのである。

国民は天皇主権のもとで戦争に動員され多大な犠牲を被ったばかりか、言論、集会、出版などの自由を秘密警察（特別高等警察）や軍によってきびしく取り締まられた。この過酷な政治社会を経験した国民にとって現行憲法は、国民主権、戦争の放棄、政治活動の自由、基本的人権の保障を宣言したゆえに、新たな日本を導くものとして受けとめられたのである。「押し付け憲法」をいう前に、明治憲法のもとの国民生活がとりわけ戦時色の強まりとともにいかなる状況を示したのか、歴史に学ばねばならないであろう。同時にその時代に想いをめぐらせてみなくてはなるまい。

もちろん、憲法は一切の改正を否定する「不磨の大典」ではないから、時代情況に応じて改正されてよいだろう。ただし、それにはなぜ改正を必要とするのかが明確に説明されるとともに、それをもとにした徹底した議論が展開される必要がある。

とはいえ、急速に勢いを増している「自主憲法」制定論の背後にあるのは、現行憲法の「出自」を問題視しているものの、より直接的狙いは憲法第九条の「改定」であるといってよい。勢いを増している国家主義的政治集団にとっては、憲法九条の「平和主義」は、国際社会における日本の地位を貶めるものであり、機動的な軍事力を背景として日本なる国の国際政治におけるプレゼンスを高めることが指向される。そのためにか、近隣諸国の「軍事的脅威」がことさらに強調される。

憲法九条の戦後日本さらには国際政治における意義については、多様な議論がありうる。戦後政治が自衛隊の存在自体をはじめとして憲法九条に真に忠実であったかには疑問がもたれる。とはいえ、歴代政権は自衛隊を国連P

ＫＯ活動への派遣、小泉政権時のイラク戦争における多国籍軍への後方支援をのぞけば、海外における軍事活動は、たとえ同盟国軍の後方支援であってもできないとしてきた。この抑制的な対応は、憲法の規定があるゆえであり、その結果としてアジア諸国をはじめとした日本の「平和主義」への評価を生み出してきたといってよい。

自民党の憲法草案は、自衛隊を「国軍」と位置づけるものであり、日米軍事同盟の強化を指向していることは否めない。ただし、そのような政治指向を現実政治に具体化するためには、憲法の改正に正面から取り組まねばならないはずである。政治の基本に重大なかつ根底的変更を加えようとするならば、そこに多大な困難を伴うのは当然である。しかし、安倍政権は、政治が歩むべき「正道」をバイパスし、憲法解釈の変更によって自衛隊の実質的国軍化と海外における軍事行動を可能とした。これは本文中でも述べたが、立憲主義の否定であるといわねばならない。

タテマエとして立憲主義を掲げながらも、憲法に縛られない政治権力の行動が広がっていくならば、自衛隊の海外展開といった問題のみならず、基本的人権、生存権、社会権の保障など現代民主制のもとの立憲主義政治は、空洞化していかざるをえないであろう。立憲主義の形骸化に歯止めを掛け、現代民主制を豊かにすることが、日本政治の重要課題である。立憲主義の原点につねに立ち返って政治を考察することが、われわれに問われている。

参考文献

＊文で参照した文献、ならびに学習上参考となりうる文献を挙げた。

1　日本国憲法体制と政治の枠組

丸山真男『日本の思想』岩波新書、一九六一年。

藤田省三『天皇制国家の支配原理』未來社、一九六六年。

川島武宜『日本社会の家族的構成』日本評論社、一九五〇年。

東京大学社会科学研究所編『戦後改革3　政治過程』東京大学出版会、一九七四年。

石川真澄・広瀬道貞『自民党——長期支配の構造』岩波書店、一九八九年。

石川真澄・山口二郎『戦後政治史　第三版』岩波新書、二〇一〇年。

新藤宗幸『財政投融資』東京大学出版会、二〇〇六年。

2・3　「国権の最高機関」としての国会の機能、日本の立法過程

大山礼子『日本の国会——審議する立法府へ』岩波新書、二〇一一年。

大山礼子『国会学入門　第二版』三省堂、二〇〇三年。

福元健太郎『日本の国会政治——全政府立法の分析』東京大学出版会、二〇〇〇年。

高見勝利『現代日本の議会政と憲法』岩波書店、二〇〇八年。

前田英昭『国会の立法活動——原理と実相を検証する』信山社出版、一九九九年。

4　日本の官僚制

辻清明『新版　日本官僚制の研究』東京大学出版会、一九九五年。

辻清明『公務員制の研究』東京大学出版会、一九九一年。

マックス・ウェーバー『支配の社会学』Ⅰ〜Ⅲ、世良晃志郎訳、創文社、一九六〇〜七〇年。

西尾勝『行政学　新版』有斐閣、二〇〇一年。

新藤宗幸『講義　現代日本の行政』東京大学出版会、二〇〇一年。

　『行政指導——官庁と業界のあいだ』岩波新書　一九九二年。

　『政治主導　官僚制を問い直す』ちくま新書、二〇一二年。

菅直人『大臣　増補版』岩波新書、二〇〇九年。

後藤田正晴『政と官』講談社、一九九四年。

5　政策と政策の形成・実施

新藤宗幸『概説　日本の公共政策』東京大学出版会、二〇〇四年。

　『講義　現代日本の行政』東京大学出版会、二〇〇一年。

加藤芳太郎「財政のしくみ」肥後和夫編『財政学要論』有斐閣、一九九三年。

西尾勝『行政学　新版』有斐閣、二〇〇一年。

山口二郎『大蔵官僚支配の終焉』岩波書店、一九八七年。

6　予算と政治・行政

新藤宗幸『日本の予算を読む』ちくま新書、一九九五年。

小西砂千夫編『日本財政の現代史Ⅲ――構造改革とその行き詰まり』有斐閣、二〇一四年。

田中秀明『財政規律と予算制度改革――なぜ日本は財政再建に失敗しているか』日本評論社、二〇一一年。

清水真人『財務省と政治――「最強官庁」の虚像と実像』中公新書、二〇一五年。

7　行政改革

日本行政学会編『年報行政研究19　臨調と行政改革』ぎょうせい、一九八五年。

日本行政学会編『年報行政研究41　橋本行革の検証』ぎょうせい、二〇〇六年。

臨時行政調査会事務局編『臨調緊急提言』『臨調基本提言』『最終提言』行政管理研究センター、一九八一―一九八三年。

神原勝『転換期の政治過程――臨調の軌跡とその機能』総合労働研究所、一九八六年。

新藤宗幸『講義　現代日本の行政』東京大学出版会、二〇〇一年。

8　選挙制度

谷口将紀『現代日本の選挙政治――選挙制度改革を検証する』東京大学出版会、二〇〇四年。

竹中治堅『参議院とは何か――1947～2010』中央公論新社、二〇一〇年。

読売新聞政治部編著『基礎からわかる選挙制度改革』信山社、二〇一四年。

佐々木毅編著『政治改革１８００日の真実』講談社、一九九九年。

長谷部恭男・柿崎明二・杉田敦・高見勝利「座談会　選挙制度と政党システムの未来」『論究ジュリスト』二〇一三年春号、有斐閣。

9　マス・メディアの政治機能

京極純一『日本の政治』東京大学出版会、一九八三年。

丸山真男「政治的無関心」『政治学事典』平凡社、一九五四年。

ＮＨＫ放送文化研究所『日本人の生活時間二〇一〇　ＮＨＫ国民生活時間調査』ＮＨＫ放送文化研究所、二〇一一年。

柏倉康夫・佐藤卓己・小室広佐子『日本のマスメディア』放送大学教育振興会、二〇〇七年。

10～13　地方自治の歴史と制度、地方政治の変遷、地方議会と地方選挙、地方分権改革

高木鉦作「知事公選制と中央統制」渓内謙他編『現代行政と官僚制　上』東京大学出版会、一九七四年。

新藤宗幸『教育委員会――何が問題か』岩波新書、二〇一三年。

『地方分権　第二版』岩波書店、二〇〇二年。

西尾勝「過疎と過密の政治行政」日本政治学会編『年報政治学1977　五五年体制の形成と崩壊』岩波書店、一九七九年。

『未完の分権改革――霞が関官僚と格闘した一三〇〇日』

岩波書店、一九九九年。

『地方分権改革』東京大学出版会、二〇〇七年。

GHQ *Report on Japanese Taxation by Shoup Mission, Vol. 1~4*, Sep.1949. この報告書は、見開きページの左ページが英文、右ページが日本文となっている。なお、日本語に全訳したものとして『シャウプ勧告全文』日本経済新聞社、一九四九年がある。

大森彌『新版　分権改革と地方議会』ぎょうせい、二〇〇二年。

神原勝『自治・議会基本条例論――自治体運営の先端を拓く』公人の友社、二〇〇九年（増補版）。

14　日本の民主主義

岡義武編『吉野作造評論集』岩波文庫、一九七五年。

カール・ベッカー『現代民主主義論』石上良平・関嘉彦訳、現代教養文庫、一九五一年。

ジョン・ダワー『敗北を抱きしめて――第二次大戦後の日本人』(上・下) 三浦陽一、高杉忠明・田代泰子訳、岩波書店、二〇〇四年（増補版）。

辻井喬・山口二郎『辻井喬&山口二郎が日本を問う』平凡社、二〇一一年。

15　日本の自由主義

福沢諭吉『私権論』(『福沢諭吉全集』第一一巻)、日本政治学会編『年報政治学 1982　近代日本の国家像』岩波書店、一九八三年より引用。

石田雄『日本近代思想史における法と政治』岩波書店、一九七六年。

藤田省三『転向の思想史的研究――その一側面』岩波書店、一九七五年。

大嶽秀夫「戦後保守体制の対立軸」『中央公論』一九八三年四月号。

アンソニー・ギデンズ『第三の道――効率と公正の新たな同盟』佐和隆光訳、日本経済新聞社、一九九九年。

伊東光晴『アベノミクス批判――四本の矢を折る』岩波書店、二〇一四年。

16　保守主義の政治

高畠通敏編『討論・戦後日本の政治思想』三一書房、一九七七年。

高畠通敏「大衆運動の多様化と変質」日本政治学会編『年報政治学 1977　五五年体制の形成と崩壊』岩波書店、一九七九年。

佐藤誠三郎・松崎哲久『自民党政権』中央公論社、一九八六年。

新藤宗幸『選挙しかない政治家・選挙もしない国民』岩波書店、二〇〇〇年。

17　平等化と平等主義

天野郁夫『学歴の社会史――教育と日本の近代』平凡社ライブラリー、二〇〇五年。

潮木守一『学歴社会の転換』東京大学出版会、一九七八年。

杉本弘幸『近代日本の都市社会政策とマイノリティ――歴史都市の社会史』思文閣出版、二〇一五年。

五石敬路『現代の貧困　ワーキングプア――雇用と福祉の連携

策』日本経済新聞出版社、二〇一一年。
プラトン『国家』下、藤沢令夫訳、岩波文庫、一九七九年。

18 日本のナショナリズム

丸山眞男『増補版 現代政治の思想と行動』未來社、一九六四年。
『戦中と戦後の間――一九三六―一九五七』みすず書房、一九七六年。
陸羯南『近時政論考』岩波文庫、一九七二年。
小倉鏗爾『全体主義の本質』(一九三八年)。
矢部貞治『全体主義政治学』(一九四三年)。
山住正己『日の丸・君が代問題とは何か』大月書店、一九八八年。
野田正彰『させられる教育――思考途絶する教師たち』岩波書店、二〇〇二年。
新藤宗幸『教育委員会――何が問題か』岩波新書、二〇一三年。

著者略歴

新藤宗幸（しんどう・むねゆき）

1946年　神奈川県に生まれる．1972年中央大学大学院法学研究科修士課程修了．立教大学教授，千葉大学教授を経て，現在，公益財団法人 後藤・安田記念東京都市研究所理事長，千葉大学名誉教授．主著『財政破綻と税制改革』（1989年，岩波書店），『福祉行政と官僚制』（1996年，岩波書店），『講義　現代日本の行政』（2001年，東京大学出版会），『地方分権［第2版］』（2002年，岩波書店），『技術官僚』（2002年，岩波新書），『概説　日本の地方自治［第2版］』（共著，2006年），『財政投融資』（2006年，以上東京大学出版会），『司法官僚』（2009年），『教育委員会』（2013年，以上岩波新書）

阿部　齊（あべ・ひとし）

1933年　東京に生まれる．1963年東京大学大学院社会科学研究科博士課程修了．成蹊大学，筑波大学，放送大学教授を歴任．放送大学名誉教授．2004年逝去．主著『アメリカの民主政治』（1972年，東京大学出版会），『デモクラシーの論理』（1973年，中公新書），『二〇〇年目のアメリカ』（1976年，日本経済新聞社），『アメリカ大統領［第2版］』（1984年，三省堂選書），『現代政治と政治学』（1989年，岩波書店），『概説　現代政治の理論』（1991年），『アメリカ現代政治［第2版］』（1992年），『政治［第2版］』（共著，1994年，以上東京大学出版会），『政治学入門』（1996年，岩波書店）

現代日本政治入門

2016年2月24日　初　版

［検印廃止］

著　者　新藤宗幸《しんどうむねゆき》・阿部《あべ》 齊《ひとし》

発行所　一般財団法人　東京大学出版会

代表者　古田元夫

153-0041 東京都目黒区駒場 4-5-29

http://www.utp.or.jp/

電話　03-6407-1069　Fax 03-6407-1991

振替　00160-6-59964

印刷所　株式会社理想社

製本所　牧製本印刷株式会社

ISBN 978-4-13-032223-2　Printed in Japan